중국인 학습자를 위한
한국어 억양 교육 연구

한국문화사 국제 한국학 총서

중국인 학습자를 위한 한국어 억양 교육 연구

가맹맹(贾萌萌) 著

한국문화사

머리말

본 연구는 한국어 억양의 각 기능에 관한 단서들에 대한 한국인 모어 화자와 초·중·고급 중국인 학습자의 지각 양상 및 산출 양상, 그리고 지각과 산출의 관계를 밝혀 중국인 학습자를 위한 한국어 억양 교육 내용 및 교육 방법, 그리고 교육 시기에 시사점을 제공하여 교수·학습 모형을 마련하는 데 목적을 둔다. 기존의 연구는 한국어 억양에 대한 한국인 모어 화자와 학습자의 발화를 수집하고 실험음성학적으로 한국인 모어 화자와 학습자의 발화 간의 차이를 밝힌 경우가 대부분이며 한국어 억양에 대한 지각을 상대적으로 소홀히 다루어 왔다. 그러나 제2언어나 외국어 습득 과정에서 억양에 대한 지각 능력은 자연스럽게 습득되는 것이 아니기 때문에 억양에 대한 학습자의 지각 양상을 파악하는 것이 중요하다.

또한 억양 교육 방법에는 일반적으로 듣고 따라하는 기법, 즉 지각 훈련을 통한 산출 능력의 향상이 포함된다. 이는 지각 능력과 산출 능력 간 비례적 관계가 존재한다는 인식이 일반적임을 알려 준다. 그러나 학습자의 실제 습득 양상을 관찰하면 지각과 산출 간 상관관계가 높지 않은 경우가 있다. 이 때문에 적절한 억양 교육 방법을 마련하는 데 지각과 산출의 관계를 밝히는 작업이 필요하다. 따라서 본 연구는 억양에 대한 산출 양상뿐만 아니라, 억양에 대한 지각 양상, 그리고 지각과 산출의 관계도 분석함으로써 억양에 대한 보다 전면적인 분석을 진행하고자 한다.

억양의 기능은 의사소통에서 큰 영향을 미치며 교육 가능성이 높다. 이러한 점을 고려하여 본 연구는 억양의 기능을 중심으로 논의를 전개하였다. 따라서 II장에서 한국어 억양의 기본 단위인 핵억양과 말토막 억양의 기능을 여섯 가지로 분류하였고(핵억양의 문법적 기능, 화용론적 기능, 감정 및 태도의 전달 기능 및 말토막 억양의 초점 전달 기능, 말토막 억양 경계의 의미 전달 기능, 자연스러운 억양의 형성 기능), 각 기능에 관한 억양 단서가 무엇인지를 파악하였다.

III장에서는 각 기능에 관한 억양 단서들에 대한 한국인 모어 화자와 중국인 학습자의 지각 양상 및 산출 양상, 그리고 지각과 산출의 관계를 분석하였다. 지각에 대한 분석에서 자연 발화의 음성학적 특징을 점차적으로 조절하여 작성한 일련의 자극 연속체를 활용하여 지각 정오뿐만 아니라 억양 단서에 대한 참여자의 지각 범주화 양상도 분석하였다. 이를 통하여 억양 기능을 수행하는 데 핵심적인 단서가 무엇인지, 단서들의 상호작용이 어떠한지를 밝혔다. 구체적으로 지각 분석에서 우선 여섯 가지의 기능에 관한 억양 단서의 실험음성학적 특징을 프라트(Praat) 6.1.16을 통해서 조절하여 자극 연속체를 작성하였다. 이어서 작성한 자극을 활용하여 지각 범주화를 밝히는 데 꼭 필요한 지각 구별 실험 및 지각 식별 실험을 마련하여 19명의 한국인 모어 화자와 57명의 초·중·고급 중국인 학습자의 지각 양상을 분석하고 비교하였다. 또한 통계분석을 활용하여 각 기능을 지각하는 데 중요한 영향을 미치는 억양 단서가 무엇인지, 단서들 간에 어떻게 상호작용을 하는지, 그리고 참여자의 지각 능력을 밝혔다. 산출 분석에서는 76명의 참여자의 1140개의 발화를 수집하여 실험음성학적 방법으로 한국인 모어 화자와 중국인 학습자의 산출 양상을 분석하였다. 이를 통하여 각 기능을 수행하는 데 관련된 억양 단서가 어떻게 실현되었는지, 그리고 핵심적인 단서가 무엇인지를 밝히고 집단 간의 공통점과 차이점을 비교하였다. 또한 5명의 한국인 모어 화자의 청취평가를 통하여 학습자의 산출 정확도를 밝혔다. 지각과 산출의 상관관계 분석에서는 첫째, 상관분석 통계 방법을 통해서 기능에 대한 각 집단의 지각 능력과 산출 능력 간 유의미한 상관관계가 존재하는지를 분석하였고 교육 방법의 마련에 시사점을 제공하였다. 둘째, 지각에 대한 분석 결과와 산출에 대한 분석 결과를 비교하여 각 기능을 수행하는 데 핵심적인 억양 단서가 무엇인지를 밝혀 교육 내용의 마련에 시사점을 제공하였다. 또한 숙달도에 따른 학습자의 습득 양상을 비교함으로써 각 기능에 대한 교육 시기, 그리고 자연 발화를 활용하는 교육 방법이 효과가 있는지를 논의하였다.

Ⅳ장에서는 각 억양 기능에 대한 교수·학습 모형을 마련하는 데 목적을 두었다. 이를 위하여 억양 교육에서 공통적으로 준수하여야 하는 원리를 살펴보고 실험 결과를 바탕으로 억양 기능에 따른 교육 내용 및 숙달도에 따른 교육 내용을 제시하였다. 또한 지각과 산출의 관계에 따른 교육 방법을 어떻게 마련하여야 하는지를 논의하였다. 이어서 교육 원리와 교육 내용, 교육 방법을 결합하여 각 억양 기능에 대한 교수·학습 모형을 마련하였다. 본 연구는 핵억양과 말토막 억양 기능을 지각과 산출의 측면에서 모두 분석하는 데 의의를 가지나 연구 방법의 제한으로 인하여 말마디 억양에 대한 분석을 진행하지 못했다는 점에서 한계점을 지닌다.

끝으로 감사의 말씀을 남기고자 한다. 우선 석사과정과 박사과정을 지도해 주신 구본관 선생님께 감사의 말씀을 드린다. 그리고 대학 시절 많은 가르침을 주신 안인환 선생님과 제효봉 선생님께도 감사한 마음을 전한다. 여러 선생님들 덕분에 많은 것을 배울 수 있었고, 모든 학위 과정을 순조롭게 마칠 수 있었다. 또한 본서가 세상에 나올 수 있도록 출판을 맡아 주신 한국문화사 여러분께도 고개 숙여 감사드린다.

2024년 5월

贾萌萌

목 차

머리말 ···5

Ⅰ. 중국인 학습자를 위한 한국어 억양 교육에 대한 탐색 ─────── 13

1. 연구의 목적 및 필요성 ···13
2. 연구사 ···22
   2.1. 한국어 억양 지각 및 산출에 관한 연구 ·································22
      2.1.1. 억양 지각에 관한 연구 ···22
      2.1.2. 억양 산출에 관한 연구 ···24
      2.1.3. 억양 지각과 산출의 상관성에 관한 연구 ·····················28
   2.2. 한국어 억양 교육 내용에 관한 연구 ·······································30
   2.3. 한국어 억양 교육 방법에 관한 연구 ·······································32
3. 연구 방법 및 자료 ··34

Ⅱ. 이론적 전제 ─────────────────────── 37

1. 억양의 이해 ··37
   1.1. 강세, 성조, 분절음과 음높이 간의 상호작용 ·························37
   1.2. 억양 단서 ···41
2. 한국어 억양의 체계 및 기능 ···43
   2.1. 한국어 억양의 체계 ···43
   2.2. 한국어 억양의 기능 ···53
      2.2.1. 말토막 억양의 기능 ···55
         2.2.1.1. 문장 초점의 전달 기능 ···55

　　　　2.2.1.2. 말토막 억양 경계의 의미 전달 기능 59
　　　　2.2.1.3. 자연스러운 억양의 형성 기능 62
　　　　2.2.1.4. 감정 및 태도의 전달 기능 66
　　2.2.2. 핵억양의 기능 67
　　　　2.2.2.1. 문법적 기능 68
　　　　2.2.2.2. 화용론적 기능 74
　　　　2.2.2.3. 감정 및 태도의 전달 기능 78
3. 한국어 억양의 지각 및 산출 83
　3.1. 억양의 지각: 지각 범주화 및 점진하강 83
　3.2. 제2언어 습득에서의 지각과 산출의 관계 88
4. 한국어 억양 교육의 현황 91

Ⅲ. 한국어 억양 기능의 지각 및 산출 양상 ─ 97

1. 연구 참여자 97
2. 말토막 억양 기능의 지각 양상 102
　2.1. 문장 초점의 전달 기능에 대한 지각 양상 102
　　2.1.1. 자극의 작성 102
　　2.1.2. 실험 절차 109
　　2.1.3. 지각 결과 분석 112
　　　　2.1.3.1. 최고점 음높이에 대한 지각 양상 112
　　　　2.1.3.2. 지속 시간에 대한 지각 양상 120
　　　　2.1.3.3. 말토막 억양 경계 해지와 초점의 관계,
　　　　　　　　 그리고 다른 억양 단서와의 관계 128
　　　　2.1.3.4. 최고점 음높이와 지속 시간의 관계 138
　　　　2.1.3.5. 학습자의 지각 능력 142
　2.2. 말토막 억양 경계의 의미 전달 기능에 대한 지각 양상 144
　　2.2.1. 자극의 작성 144
　　2.2.2. 실험 절차 149
　　2.2.3. 지각 결과 분석 151

           2.2.3.1. 선행 말토막의 끝음절과 후행 말토막의 첫음절의
                   음높이 차이에 대한 지각 양상 ···151
           2.2.3.2. 선행 말토막의 음절말 장음화에 대한 지각 양상 ·····159
           2.2.3.3. 선행 말토막의 음절말 장음화 및 선행 말토막의
                   끝음절과 후행 말토막의 첫음절의 음높이
                   차이의 관계 ···163
           2.2.3.4. 학습자의 지각 능력 ···163
   2.3. 자연스러운 억양의 형성 기능에 대한 지각 양상 ·······················165
       2.3.1. 자극의 작성 ···165
       2.3.2. 실험 절차 ···169
       2.3.3. 지각 결과 분석 ···169
           2.3.3.1. 음높이 변화에 대한 지각 양상 ···································169
           2.3.3.2. 학습자의 지각 능력 ···173

3. 핵억양 기능의 지각 양상 ··175
   3.1. 문법적 기능에 대한 지각 양상 ···175
       3.1.1. 자극의 작성 ···175
       3.1.2. 실험 절차 ···182
       3.1.3. 지각 결과 분석 ···184
           3.1.3.1. 내림조로 실현된 의문문에 대한 지각 양상 ···············184
           3.1.3.2. 판정의문문과 설명의문문에 대한 지각 양상 ············186
   3.2. 화용론적 기능에 대한 지각 양상 ···188
       3.2.1. 자극의 작성 ···188
       3.2.2. 실험 절차 ···191
       3.2.3. 지각 결과 분석 ···192
           3.2.3.1. 음높이 변화에 대한 지각 양상 ···································192
           3.2.3.2. 학습자의 지각 능력 ···200
   3.3. 감정 및 태도의 전달 기능에 대한 지각 양상 ···························202
       3.3.1. 자극의 작성 ···202
       3.3.2. 실험 절차 ···206
       3.3.3. 지각 결과 분석 ···207

3.3.3.1. 핵억양의 지속 시간에 대한 지각 양상 ·················207
3.3.3.2. 핵억양 기본주파수에 대한 지각 양상 ·················212
3.3.3.3. 핵억양 패턴에 대한 지각 양상 ·························217
3.3.3.4. 핵억양의 음높이 변화 정도에 대한 지각 양상 ········219
3.3.3.5. 감정 및 태도 전달에 관한 억양 단서들의 관계 ·······222
3.3.3.6. 학습자의 지각 능력 ·······································225

4. 말토막 억양과 핵억양의 산출 양상 ·····································226
  4.1. 말토막 억양의 산출 양상 ···227
    4.1.1. 문장 초점의 전달 기능의 산출 양상 ·····················227
    4.1.2. 말토막 억양 경계의 의미 전달 기능의 산출 양상 ······234
    4.1.3. 자연스러운 억양의 형성 기능의 산출 양상 ·············239
  4.2. 핵억양의 산출 양상 ··241
    4.2.1. 문법적 기능의 산출 양상 ····································241
      4.2.1.1. 내림조로 실현된 의문문의 산출 양상 ···············241
      4.2.1.2. 설명의문문과 판정의문문의 산출 양상 ············243
    4.2.2. 화용론적 기능의 산출 양상 ·································246
    4.2.3. 감정 및 태도의 전달 기능의 산출 양상 ··················249

5. 참여자 및 억양 단서 측면에서 본 지각과 산출의 관계성 ··········254
  5.1. 문장 초점의 전달 기능에 대한 분석 ······························255
  5.2. 말토막 억양 경계의 의미 전달 기능에 대한 분석 ···············257
  5.3. 자연스러운 억양의 형성 기능에 대한 분석 ······················260
  5.4. 문법적 기능에 대한 분석 ··261
    5.4.1. 내림조로 실현된 의문문에 대한 분석 ·····················261
    5.4.2. 설명의문문과 판정의문문에 대한 분석 ···················262
  5.5. 화용론적 기능에 대한 분석 ···264
  5.6. 감정 및 태도의 전달 기능에 대한 분석 ··························266

IV. 지각과 산출로 본 중국인 학습자를 위한 한국어 억양 교육 방안 — 269

1. 한국어 억양 교육의 원리 ··269
2. 억양 기능 및 학습자 숙달도에 따른 교육 내용 ····················273
3. 억양 기능에 따른 교육 방법 ··278
   3.1. 억양 지각 능력을 향상시키는 방법 ······························278
   3.2. 억양 산출 능력을 향상시키는 방법 ······························284
4. 억양 기능에 따른 교수·학습 사례 ····································288
   4.1. 문장 초점의 전달 기능에 대한 교수·학습 사례 ··············289
   4.2. 말토막 억양 경계의 의미 전달 기능에 대한 교수·학습 사례 ···292
   4.3. 자연스러운 억양의 형성 기능에 대한 교수·학습 사례 ······294
   4.4. 문법적 기능에 대한 교수·학습 사례 ·····························295
      4.4.1. 내림조로 실현된 의문문에 대한 교수·학습 사례 ·······295
      4.4.2. 설명의문문과 판정의문문에 대한 교수·학습 사례 ······296
   4.5. 화용론적 기능에 대한 교수·학습 사례 ··························299
   4.6. 감정 및 태도의 전달 기능에 대한 교수·학습 사례 ··········301

V. 나가며 — 303

참고문헌 ··307
찾아보기 ··320

I. 중국인 학습자를 위한 한국어 억양 교육에 대한 탐색

1. 연구의 목적 및 필요성

억양은 의사소통에서 다른 요소가 대체할 수 없는 기능을 수행하기 때문에 기존의 연구에서 억양 교육의 중요성을 충분히 논의하였다.(권성미, 2016; 박기영·이정민, 2018; 오재혁, 2018 등) 이를 전제로 하여 억양을 가르치는 방법이 무엇인가, 끝부분을 오름조나 내림조로 실현한다고 제시하는 것이 억양 교육의 전부인가라는 두 가지 질문이 바로 본 연구의 출발점이 된다. 억양을 어떻게 가르칠 것인가라는 질문을 받게 되면 흔히들 듣고 따라하는 방식을 떠올린다. 이는 그간의 발음 교육이 내용적으로 지각('듣는다')과 산출('따라한다')이라는 측면에서 이해되었다는 점을 알려 준다. 이와 관련되어 학습자를 위한 한국어 억양 교육 연구를 살펴보면 하나의 현상에 주목하게 된다. 그것은 바로 학습자의 지각에 초점을 둔 억양 연구보다 학습자의 산출에 근거한 억양 연구가 압도적 다수를 차지함에도 불구하고,[1] 대부분의 교육 방법에는 지각 훈

---

[1] 리스에서 '학습자 억양 지각'과 '학습자 억양 인지'로 검색하자 총 24 편의 학술논문이,

련과 관련된 내용이 포함되어 있다는 점이다. 이는 억양 지각이 억양 산출을 위한 수단으로 간주된 경우가 흔하고, 학습자의 정확한 억양 산출이 더 많은 관심을 받으며 일반적으로 교육의 목표가 된다는 점을 알려 준다. 이 사실을 통하여 알 수 있는 점은 첫째, 억양 지각을 하나의 독립된 분야로 삼는 경우는 드물고 흔히 산출과 관련시킨다. 둘째, 억양에 대한 지각 능력과 산출 능력 간 비례적인 관계를 맺고 있다는 인식이 일반적이다.

그러나 이 두 가지 사실은 한계점을 지닌다. 먼저 억양 지각의 중요성에 대해 살펴보도록 하겠다. 억양 지각 연구에 비교적 소홀해 왔던 원인은 다음과 같이 두 가지로 추정할 수 있다. 첫째, 학습자의 산출 양상은 지각 양상과 달리 일차적 관찰이 가능하기 때문에 발음 연구는 산출로부터 시작되었고 연구 초기에 산출에 대한 관심이 더 많았기 때문이라고 볼 수 있다. 여기서 잠깐 분절음 연구의 발전 추세를 보도록 하겠다. 중국인 학습자의 분절음 습득에 대한 연구는 산출 양상에 대한 연구로부터 출발하였고,[2] 분절음의 산출 양상에 대한 연구가 어느 정도 이루어진 후 지각 양상이 연구자의 관심을 받았으면서 지각에 대한 연구나 지각 및 산출의 관계에 대한 연구가 활발하게 이루어지고 있다.[3] 학습자의 억양에 대한 연구도 분절음에 대한 연구와 같은 발전 추세를 지닌다고 할 수 있다. 즉 상대적으로 늦게 시작된 학습자의 억양 연구는 역시 분절음에 대한

---

[1] '학습자 억양 실현'과 '학습자 억양 발화'로 검색하자 총 88 편의 학술논문이 존재하였다. (학위논문 제외)

[2] 중국어권 학습자를 위한 한국어 발음 교육에 대한 논의는 리득춘(1991)에서 출발하였다(범류, 2009:82). 이 연구는 학습자의 분절음 발음 문제에 대해 간략하게 논의하였다.

[3] 학습자의 한국어 분절음에 대한 지각 및 산출을 검토한 연구는 황유미·조혜숙·김수진(2002)으로 출발하였다고 할 수 있다. 그 후 박지연(2010), 김태경(2015), 김주연(2017), 김은경·인지영·성철재(2017), 최서원(2018) 등이 나타났으며 활발하게 이루어지고 있다.

연구와 마찬가지로 산출 양상에서 시작되었으며 초기 단계에서 산출 양상에 대한 연구가 폭발적으로 나타났다.[4] 그러나 이제는 학습자의 억양 지각 양상에 대한 연구, 그리고 지각과 산출을 함께 검토한 연구가 조금씩 나온다는 사실은 학습자의 억양에 대한 연구 초점도 전환하고 있음을 알려 준다.

둘째, 억양이 지닌 특징 때문이다. 억양은 일반적으로 변화하는 음의 높낮이로 정의되기 때문에 억양에 대한 지각 능력은 쉽게 무시되고는 한다. 음높이의 구별을 인간이 타고난 능력으로 이해하는 태도는 지금까지도 크게 변하지 않았다.[5] 하지만 음의 높낮이가 제2언어 습득에 적용되면 상황은 달라진다. 그 이유는 아래처럼 세 가지로 추리할 수 있다. 첫째, 음의 높낮이 변화는 언어에 따라 그 적용 단위가 다른데 이로 인해 음높이 변화를 지각하는 기준이 달라지기 때문이다. Ortega, Nemoga, & Presson(2015)과 윤은경·자오원카이(2017) 등의 연구는 성조언어의 화자가 음높이 변화(상대적 음높이)에 크게 의존한다면, 비성조언어의 화자는 절대적 음높이를 판단 기준으로 한다고 설명한다. 이와 같은 사실은 억양의 지각 양상이 언어권별로 각기 다르게 나타날 수 있다는 점을 알려주고 이러한 특징 또한 제2언어로서의 억양 습득에 영향을 끼칠 수 있다. 성조언어인 중국어를 모국어로 가진 중국인 학습자가 음의 높낮이를 구별하는 능력을 지님에도 불구하고 기존의 연구에서 밝힌 것처럼 한국어의 억양을 지각하는 데 오류가 발생했다는 것이 그 예이다.[6]

---

4   오재혁(2018:78)에 따르면 오미라·이해영(1994)은 한국어 억양 교육의 시발점이라고 할 수 있다. 이 연구는 학습자의 산출 양상을 바탕으로 억양 교육 내용과 교육 방법을 마련하였다. 그 후 실험음성학에 의하여 학습자의 억양 실현의 음성학 특징을 분석한 연구가 지속적으로 나타났다.

5   Frota, Butler, & Vigario(2014) 등의 연구는 유아들도 음높이의 변화를 감각할 수 있다는 사실을 증명하였다.

6   중국인 한국어 학습자의 억양에 대한 지각 양상을 분석한 연구가 많지 않았으나 오재혁·이정란(2012), 황선영(2014) 등에 따르면 한국어 억양에 대한 중국인 학습

둘째, Windsor(1969:58)에서 지적했듯이 언어들 간 비슷한 운율 패턴이 존재함에도 불구하고 음의 높낮이가 언어에 적용되면 언어마다 각기 다른 특징이 나타난다. 이로 인해 언어 현상에 대한 L1 화자와 L2 화자의 지각 과정이나 지각 범주화 양상에 차이가 나타날 수 있다. Halle, Chang, & Best(2004)에서 밝힌 중국어 성조에 대한 중국인 모어 화자와 영어권 학습자의 지각 양상을 예로 들어 설명하자면, 중국인 모어 화자는 성조를 범주화하고 범주화된 4 가지의 성조 안에서 성조의 유형을 파악한다. 그러나 비성조언어이지만 중국어와 마찬가지로 내림조와 오름조가 존재하는 영어를 모국어로 가진 학습자는 중국어 성조를 범주화하지 못하고 직접적으로 일차적인 음성학 특징을 바탕으로 성조를 지각하기 때문에 모어 화자의 지각 양상과 차이가 나타나는 경우가 많다. 이 사실 또한 화자의 모국어가 음높이에 대한 지각에 영향을 미칠 수 있다는 점을 알려 준다.

셋째, 음의 높낮이가 언어에 적용되면 의미 전달 기능을 포함한다.[7] Taylor(1993:14)는 억양의 기능을 고려하지 않는 채 억양 단위를 다루는 것이 무의미하다고 지적하였다. 또한 Taylor(1993:2)에서 억양 교육은 의사소통에서 중요하고 교육 가능성이 높은 기능을 중심으로 진행해야 한다고 지적하였다. 이와 관련하여 Levis & Pickering(2004), Mitrofanova(2012), Grant & Brinton(2014) 등의 연구에서도 학습자가 기능이나 의미와 결합하는 억양 단위를 배워야 한다고 주장하였다. 따라서 언어 교육에 있어 단순한 음높이 변화를 지각하는 것보다 의사소통에 큰 영향을 미치는 억양의 기능 수행을 지각하는 능력이 보다 강력하게

자와 한국인 모어 화자의 지각 양상에 차이가 나타났다는 것을 알 수 있다.
7 일찍이 Luthy(1983)는 하나의 음절에 얹힌 음높이의 14 가지의 변화가 전달하는 의미가 달라진다는 사실을 밝혔다. 그 후 억양의 기능에 초점을 두어 수많은 연구들이 진행되었다.

요구된다.

　이상의 논의를 통해서 음높이 위주로 실현되는 억양에 대한 지각 양상에서 모어 화자와 학습자 간 차이가 존재할 가능성이 높고 억양 지각에 대한 교육은 하나의 독립된 분야로 간주할 필요가 있다는 사실을 알 수 있다. 또한 모국어가 억양에 대한 지각에 큰 영향을 미치는 만큼 억양에 대한 지각 분석은 언어권별로 진행할 필요가 있다는 것도 알 수 있다.

　그러나 억양에 대한 학습자의 지각 양상을 분석한 연구는 크게 부족할 뿐만 아니라 그 연구 성과 또한 한계들을 드러내고 있다. 첫째, 기존 연구들은 주로 핵억양(문말 억양)에 집중하고 있었다(윤은경·김슬기, 2011; 오재혁·이정란, 2012; 황선영, 2014 등). 물론 핵억양이 보다 많은 기능 부담량을 담당하고 있다는 사실을 인정하여야 한다. 그러나 한국어 억양의 다른 단위도 핵억양이 대체할 수 없는 의미 전달 기능을 담당하고 있다는 사실을 고려하면 핵억양에 대한 연구만으로 부족하다고 할 수 있다.

　두 번째 한계점은 대부분 연구에서 자연 발화에 대한 지각 양상을 분석하고 있었다는 것이다. 이와 같은 분석을 통하여 학습자의 지각 정오 양상을 설명할 수는 있지만[8], L2 화자와 L1 화자 사이에 나타나는 억양 단서에 대한 지각 범주화의 차이를 밝히는 데는 한계가 존재한다. 이는 앞서 언급한 끝부분을 오름조나 내림조로 실현한다는 것이 억양 교육의 전부인가라는 질문과 직접적인 관련을 맺고 있다. 억양 단서의 지각 범주화의 중요성에 대해서 간단한 예를 들어 설명하자면 중국인 한국어 학습자는 한국인처럼 오름조로 한국어의 판정의문문을 실현하지만(가맹맹, 2019:23), 한

8　자연 발화를 통해서 학습자의 지각 정오를 밝힐 수 있다고 하더라도 그 결과가 제한적이다. 모든 모어 화자의 발화 양상을 수집하여 실험에 적용할 수 없기 때문이다. 다시 말해서 실험에서 사용한 자연 발화를 정확하게 지각한다고 해서 다른 모어 화자의 발화도 정확하게 지각할 수 있는 것이 아니다. 억양에 대한 산출 양상이 매우 다양하기 때문이다.

국인은 중국인의 판정의문문 발화를 질문으로 인식하지 못하거나 반응이 없는 경우, 또는 다시 반문하는 경우들을 관찰할 수 있다. 이를 통해서 알 수 있는 점은 억양에는 억양 패턴 외에도 다양한 단서들이 있으며 그 단서들 간의 상호작용과 청자가 억양 단서를 범주화하는 양상이 억양 지각에 중요한 영향을 끼친다는 것이다.[9] Gilbert(1993)에서도 학습자가 배워야 하는 내용은 억양 단서를 통한 대화의 이해라고 지적하면서 제2언어 습득에서 억양 단서에 대한 지각의 중요성을 강조하였다. 이러한 단서 간의 상호작용, 억양 단서에 대한 지각 범주화 양상은 자연 발화가 아닌 각 단서의 음성학적 특징이 점차적으로 변화하는 인공적으로 조절한 자극들을 통해서만 밝힐 수 있다.

이상의 논의를 통해서 알 수 있듯이 억양 연구에는 청자의 지각적 측면에서 억양의 전달 의미가 변형되는 핵심적인 단서는 무엇인가, 그리고 그러한 단서에 대한 청자의 인지 양상이 무엇인가가 포함되어야 한다. 일찍이 Collier(1975)에서 지각 지향 연구(perception-oriented study)의 중요성을 강조하였다. 즉 똑같은 성질을 가진 자연 발화가 없기 때문에 산출의 측면에서 말소리는 양적으로 경계가 없다. 그렇지만 그 발화들에 대한 청자의 지각적 반응은 범주적이다. 다시 말해서 주관적 지각 반응에 대한 분석을 통하여 수많은 자극들을 범주화시키는 단서를 찾아낼 수 있다.

이상은 하나의 독립 범주로 간주하여야 하는 억양 지각의 중요성 및 지각에 대한 연구 초점을 살펴보았는데 이어서 억양에 대한 지각과 산출의 관계를 살펴보도록 하겠다. 최근 들어 한국어 발음 교육에 있어서 분절

---

9   Chang & Amanda(2012)는 오름조와 내림조에 대한 중국어 화자와 영어 화자의 지각 범주화 양상을 분석한 바 있다. 그 결과에 따르면 영어 화자보다 중국어 화자의 범주화 양상이 더 급격하게 나타났다. 이 때문에 영어 화자가 평서문으로 지각하는 발화를 중국어 화자가 의문문으로 지각할 수 있다. 이처럼 억양에 대한 지각 범주화는 억양 연구에서 중요한 위치를 차지한다.

음에 대한 지각과 산출의 상관성에 관련된 연구들이 크게 늘어나고 있으나(박지연, 2010; 김태경, 2015; 김주연, 2017; 김수미, 2017; 김은경·인지영·성철재, 2017; 홍진혁, 2017; 최서원, 2018 등), 억양에 대한 학습자의 지각 양상과 산출 양상을 함께 검토한 연구는 손꼽을 정도이다. 그 이유는 첫째, 앞에서 밝혔듯이 억양 지각 양상을 일차적으로 관찰할 수 없으며 억양의 정의로 인하여 억양 지각을 소홀히 하고 있기 때문이다. 둘째, 대조분석 방법론을 적용하여 학습자의 억양 실현 양상을 파악하려는 시도가 많았기 때문이다. 대조분석 방법론은 학습자의 억양 오류를 설명하고 교육 내용을 마련하는 데 큰 도움이 된다는 사실을 부정할 수 없다. 그러나 두 언어의 관계에 주목하는 대조분석 방법론은 한 언어의 억양에 대한 지각과 산출의 관계에 소홀한 경향을 드러낸다. 또한 Derwing & Munro(2015:65)에서 지적했듯이 발음에 대해서 대조분석 가설의 가장 뚜렷한 단점은 지각과 산출을 서로 독립된 범주로 간주하지 않는다는 것이다. 이로 인하여 대조분석 가설은 학습자의 지각 능력과 산출 능력의 차이를 설명할 수 없다는 한계점을 지닌다.

그러나 적절한 교육 방법의 마련과 교육 내용의 선정을 위하여 억양에 대한 지각과 산출의 상관관계를 분석하지 않을 수가 없다. 지각 훈련을 통하여 산출 능력을 향상시킬 수 있는 경우가 확실히 존재한다는 사실을 고려하면, 앞에서 제시된 '지각과 산출이 긴밀하게 연결된다'는 일반적인 인식이 틀리다고 말하기가 어려울 것이다. 그러나 그 인식이 적용되는 범위에 대하여 생각해 볼 필요가 있다. 억양에 대한 학습자의 지각 능력과 산출 능력의 관계를 분석한 연구를 찾기가 어렵지만 억양에 대한 지각 양상과 산출 양상을 함께 검토한 권성미(2011b), 이주미(2012), 송암(2016), 위로로(2018), 임수현(2018) 등의 연구에 따르면 억양에 대한 학습자의 지각 능력과 산출 능력 간 큰 차이가 존재하는 경우가 드물지 않음을 알 수 있다. 이와 같은 사실은 지각과 산출 간 비례적 관계를 맺지 않을 수도 있으므로 '듣고 따라하는' 기법이 억양 교육에서 한계점을 지닐 수 있음을 알려 준다. 또한 홍진혁(2017:337)에서 지적했듯이 지각과 산출의 관계가 분명하지 않기 때문에 발음 교육의 방법이라고 할 만한 것이 전통적인 방법이라 할 수 있는 '듣고 따라하기'와 같은 원론적인 수준을 넘어 새로운 방법을 생각해 내기가 쉽지 않다. 따라서 적절한 억양 교육 방법을 마련하기 위하여 '억양에 대한 지각과 산출'의 관계가 긴밀하다는 일반적 인식을 벗어나 더욱 구체화된 발음 교육의 원리가 마련될 필요가 있다.

억양의 지각과 산출의 관계에 대한 연구를 진행해야 하는 필요성은 지각과 산출의 관계에 따른 교육 방법의 마련에서 나타날 뿐만 아니라 앞에서 언급된 억양 단서로부터도 나타난다. 억양의 산출과 관련된 연구들을 살펴보면, 각 연구별로 제시된 억양 실현 양상과 의미 전달이 서로 일치하지 않는 경우들이 있다.[10] 그 이유는 연구자가 분석한 발화 대상이 각기 달랐다는 점에 있다. 즉 화자에 따라 억양이 달라지기 때문에 화자의 억양 산출 양상만으로 억양 형태와 전달한 의미 간의 대응관계를 정확하게 밝히는 것은 매우 어려운 일이다.[11] 또한 억양 지각에 대한 연구 결과가 많지 않았지만 나온 연구들을 보면 억양 지각과 억양 산출에 관한 연구 초점이나 연구 결과 사이에도 그 차이가 적지 않았다. 예를 들면 산출에 초점을 두어 문장 유형에 따른 핵억양 목록을 제시한 이호영(1997)이나 김선철(2013)은 '오르내림조'라는 핵억양 패턴을 제시하였으나 지각에 초점을 두어 문장 유형에 따른 핵억양 목록을 제시한 오재혁(2011b)은 더 구체적으로 '낮은 상승-하강 억양'과 '높은 상승-하강 억양'을 제시하였다.

---

10 예를 들면 이호영(1997)과 김선철(2013)은 모두 문장 유형에 따른 핵억양 패턴 목록을 제시하였으나 그 간의 차이가 있었다.
11 물론 의미와 억양 형태 간 전형적인 대응관계가 없지는 않다(예: 판정의문문-오름조). 단, 화자에 따라 억양의 구체적인 실현 양상은 달라질 수 있다.

즉 정밀하게 설계된 지각 자극에 대한 청자 반응에 대한 분석을 통해서 억양 정규화에 큰 도움이 될 수 있다.

이상의 논의를 바탕으로 본 연구는 억양 산출뿐만 아니라, 억양 지각, 지각과 산출의 관계도 함께 분석함으로써 보다 전면적인 억양 연구를 진행하고자 한다. 여기서 하나 더 유의해야 할 점은 학습자의 지각 능력, 산출 능력, 그리고 지각과 산출의 관계를 보다 체계적으로 밝히기 위해서는 학습자의 숙달도라는 요소 또한 충분히 고려되어야 할 것이다. 학습자의 숙달도에 따라 목표어에 노출되는 빈도가 다르므로 지각과 산출의 양상이 숙달도에 따라 달라질 가능성이 높기 때문이다. 이상의 논의로부터 본 연구의 목표를 구체화시키면 다음과 같다.

첫째, 한국어 억양의 체계 및 기능을 기술하고, 기능에 따른 억양 단서를 이론적으로 밝힌다.

둘째, 억양 기능을 수행하는 과정에서 지각 단서에 따른 한국인과 중국인 초·중·고급 학습자의 지각 범주화 양상이 어떠한지를 분석한다. 또한 각 기능을 수행하는 데 관련 단서들의 상호작용이 무엇인지, 각 기능에 대한 학습자의 지각 능력이 어떠한지를 밝힌다.

셋째, 억양 기능에 관한 단서에 대한 한국인과 중국인 초·중·고급 학습자의 산출 양상을 분석한다. 이를 통하여 어떤 단서를 활용하여 각 기능을 실현하는지를 분석하고, 또한 한국인의 청취평가 결과로부터 학습자의 산출 능력을 분석한다.

넷째, 각 기능에 대한 중국인 초·중·고급 학습자의 지각 능력과 산출 능력 간 상관관계가 존재하는지, 그리고 각 기능에 대한 핵심적인 단서가 무엇인지를 밝힌다.

다섯째, 지각 양상과 산출 양상, 그리고 지각과 산출의 관계를 바탕으로 적절한 교육 내용 및 교육 방법을 확립하고 중국인 학습자를 위한 억양 교육 방안을 마련한다.

2. 연구사

본 연구는 지각과 산출에 초점을 두기 때문에 억양 지각 양상에 관한 연구와 억양 산출 양상에 관한 연구, 그리고 지각과 산출에 관한 연구로 나눠 기존의 연구들을 검토하도록 하겠다. 또한 교육 방안의 마련을 위하여 억양 교육 내용과 억양 교육 방법에 관한 연구도 살펴볼 것이다.

2.1. 한국어 억양 지각 및 산출에 관한 연구

2.1.1. 억양 지각에 관한 연구

앞 절에서 논의하였듯이 억양 교육 연구는 직접적으로 관찰할 수 있는 산출 양상에 더 많은 관심을 가지기 때문에 억양 지각 양상을 다룬 연구는 산출 양상을 다룬 연구보다 훨씬 적었다. 그 중 한국어 억양에 대한 중국인 학습자의 지각 양상과 관련된 연구는 윤은경·김슬기(2011), 오재혁·이정란(2012)을 예로 들 수 있다.

윤은경·김슬기(2011)는 보조사 '-요'의 속도의 증감, 즉 문미억양의 길이 변화가 청자의 지각에 주는 영향을 살펴보았다. 그 결과 한국인들의 경우 문말 음절의 길이가 짧을수록 친절한 말투로 대주해 준다는 느낌을 받기 어려운 반면, 중국인 학습자들은 음절의 길이가 짧더라도 불친절한 대우를 받고 있다는 느낌을 받지 못했다. 오재혁·이정란(2012)은 외국인 유학생들의 종결 억양 지각 양상이 한국인과 다름을 밝히고자 끝음절에 얹힌 억양의 길이와 음높이를 조절하여 실험을 진행하였다. 그 결과 첫째, 끝음절의 음높이와 길이가 모두 억양 지각에 영향을 미칠 수 있다. 둘째,

굳은 억양에 대한 학습자의 지각 양상과 한국인 화자의 지각 양상은 비슷하게 나타났으나 굴곡 억양에서는 학습자의 지각 양상이 한국인 지각 양상과 큰 차이를 보였다.

중국인 학습자 외 다른 언어권 학습자에 대한 연구도 찾을 수 있다. 예를 들면 이해영(2011)은 '을걸'에 대한 다양한 국적의 학습자의 변별 양상을 분석하였고, 황선영(2014)은 핵억양에 나타나는 화자의 태도에 대한 다양한 국적의 한국어 학습자의 지각 양상을 분석하였다. 그 결과 학습자의 지각 양상이 한국인의 지각 양상과 다르게 나타났다.

이 외에 한국인 모어 화자의 억양 지각 양상을 연구한 오재혁(2011a), 오재혁(2011b), 곽선우(2019), 원유권(2019) 등이 있다. 오재혁(2011a)은 종결법을 결정하는 운율 단서에 대한 한국인의 지각 양상을 분석하였고, 각 종결법을 지각하는 데 영향을 미치는 운율 단서를 제시하였다. 오재혁(2011b)은 오재혁(2011a)을 발전시켜 한국인 모어 화자의 지각 양상을 바탕으로 종결 억양 유형을 도출하고 상응하는 문법적 기능과 음성적 특징의 관계를 제시하였다. 곽선우(2019)는 핵억양 유형에 따른 한국인의 태도 지각 양상을 분석하였고 각 핵억양 유형이 어떤 감정을 전달할 수 있는지를 제시하였다. 또한 원유권(2019)은 한국어 초점의 음성적 특징에 대한 한국인 모어 화자의 지각 양상을 밝혔다.

이상의 연구들을 통하여 다음의 사실들을 알 수 있다. 첫째, 한국어 억양에 대한 학습자와 한국인의 지각 양상이 다르다는 연구 결과는 억양 지각을 하나의 독립된 연구 분야로 간주하여야 한다는 것을 알려 준다. 둘째, 억양은 음의 높낮이 변화로 정의되지만 억양 지각에 영향을 미치는 요소는 음의 높낮이뿐만 아니라 길이(음높이 변화의 지속 시간) 등 다양한 단서들도 있다. 다시 말해서 억양 지각은 오름조로 끝나면 꼭 의문문으로 지각한다는 단순한 현상이 아니며 단서들 간의 상호작용이 억양 지각에서 중요한 역할을 수행한다. 셋째, 기존 연구들의 초점은 거의 모두 핵억양,

즉 끝음절에 둔 것이다. 그러나 억양 연구 혹은 억양 교육 연구의 측면에 서는 핵억양뿐만 아니라 다른 억양 단위에 대한 연구도 필요하다고 할 수 있다. 넷째, 억양 지각을 정확하게 분석하기 위하여 자연 발화가 아닌 인공적으로 조절된 자극 연속체를 활용하는 방법이 더 적당하다. 지각에 영향을 미치는 단서를 파악할 수 있기 때문이다.

억양 지각에 관한 초기 연구들로서 이상의 연구들은 억양 연구의 범위를 넓히고 억양 연구의 초점 전환에 도움이 된다. 그러나 한국어 억양에 대한 지각 양상을 더 체계적으로 다루고 나아가 지각과 산출의 관계를 밝히려면 보다 깊이 있게 연구하여야 한다는 것이 분명해 보인다.

2.1.2. 억양 산출에 관한 연구

학습자의 발음 산출 양상은 직관적이고 쉽게 관찰할 수 있기 때문에 억양 교육이 제2언어 교육의 관심 분야가 되고 나서 학습자의 억양 산출 양상이 한국인 모어 화자의 산출 양상과 어떻게 다른지를 실험음성학적으로 분석한 수많은 연구가 나왔다.[12] 이 절에서는 학습자를 위한 억양 연구 중 매우 큰 비중을 차지하는 산출 연구를 살펴봄으로써 학습자 억양 연구의 초점이 무엇이었는지를 확인하고자 한다.

우선 한국어 억양 체계의 구성 단위와 억양의 기능에 따른 중국인 학습자와 관련된 연구들을 검토하도록 하겠다. 한국어 억양 체계의 기본 단위가 핵억양과 말토막 억양이라 할 수 있는데[13] 핵억양의 실현에 초점을

---

[12] 오재혁(2018)은 외국어로서의 한국어 억양 교육 연구의 현황을 정리한 결과 그 중 반 이상은 학습자 발화의 특징을 분석한 연구들이었다.

[13] 한국어 억양 체계에 대해서 뒤에서 더 자세하게 논의하겠지만 이호영(1991)은 한국어 억양의 체계를 핵억양, 말토막 억양, 말마디 억양, 문장 억양으로 나누었다. 말마디 억양은 핵억양과 말토막 억양으로 이루어지며 문장 억양은 말마디 억양과 핵억양으로 이루어진다. 즉 핵억양과 말토막 억양은 한국어 억양의 기본 단위라 할 수 있다. 연구자에 따라 명명에 차이가 있는데 핵억양을 억양구 경계 성조로, 말토막 억양을 강세구로, 혹은 음운구로, 말마디 억양을 억양구로 명명한 경우도 있다.

둔 연구가 황현숙(2004, 2006), 윤영숙(2010), 조윤형(2012), 박지연(2016), 구려나(2017) 등으로 압도적으로 많다. 핵억양이란 문장의 끝음절에 얹힌 억양을 가리키며[14] 기존의 연구들에서 지적했듯이 서법의 구별과 둘 이상의 의미를 지닌 종결어미의 의미 구별, 감정의 전달 등은 모두 주로 핵억양에 의하여 실현된다. 즉 핵억양은 의사소통에서 가장 많은 기능부담량을 담당하고 있다고 할 수 있다.

말토막 억양에 관한 연구로써 윤영숙(2010), 인지영·성철재(2013), 곽선우(2014), 김태경·백경미(2016) 등을 예로 들 수 있는데 이 연구들은 중국인 학습자의 말토막 억양의 산출 양상을 음절수, 초성 성질, 기울기의 측면에서, 즉 한국어다운 말토막 억양을 실현할 수 있는지를 분석하였다. 그러나 핵억양에 관한 연구에 비하여 말토막 억양에 대한 연구가 양적으로 훨씬 적었다.

이어서 억양의 기능으로 살펴보도록 하겠다. 이호영(1997)은 한국어 핵억양의 기능을 문법적 기능, 화용론적 기능, 감정 및 태도의 전달 기능으로 나누었다. 오재혁(2018:84)에 따르면 대부분의 학습자 억양 연구가 문법적 기능의 습득 및 사용 양상에 관심을 두었으며 화용론적, 감정 및 태도의 전달 기능에 관심을 둔 연구는 그에 비해서 양적인 면에 있어서는 적다. 자세하게 보면 문법적 기능에 관한 연구에서 황현숙(2004), 박해연(2007), 구려나(2017) 등의 연구처럼 의문문 유형의 따른 실현 양상을 분석한 연구[15]가 큰 비중을 차지하였다. 이 외에 박지현(2012), 오재혁·이정란(2012)처럼 종결법에 따른 중국인 학습자의 억양 실현을 밝힌 연구도 있다.

---

14 긴 발화의 중간에서도 핵억양 패턴이 나타날 수 있다. 단 문장의 끝음절에서 나타날 수 있는 핵억양의 패턴 유형보다 문장 중간에서 나타날 수 있는 핵억양의 패턴 유형은 적다.
15 판정의문문과 설명의문문의 실현 양상에 대한 연구가 대표적이다.

화용론적 기능이란 형태가 같더라도 억양에 따라 의미가 달라지는 것을 가리킨다. 연결어미의 종결형에 대한 연구는 화용론적 기능에 대한 학습자의 산출 양상 연구의 대표적인 예이며 권성미(2010), 최주희(2010), 박지연(2016), 이정민·박기영(2018) 등의 연구가 그것이다. 이 연구들은 '-다고', '-거든', '-는데', '-을 텐데', '-을걸' 등처럼 억양에 따라 의미가 달라지는 연결어미의 종결형에 대한 중국인 학습자의 억양 실현을 밝히며 학습자의 억양 실현과 한국인 모어 화자의 억양 실현의 차이점을 분석하고 이를 바탕으로 교육적 시사점을 제시하였다.

감정 및 태도의 전달 기능에 대한 중국인 학습자의 산출 연구는 김서윤(2010), 조윤형(2012), 가맹맹(2018) 등이 있다. 이 연구들은 중국인 학습자가 상황에 맞게 억양을 활용하여 감정을 제대로 표현할 수 있는지에 초점을 맞췄다. 감정 및 태도의 전달 기능에 관한 연구는 다른 억양 기능에 대한 연구보다 양적으로 비교적 적은 이유는 각 감정에 대한 전형적인 억양 패턴을 도출하기가 어렵기 때문이라고 할 수 있다. 이와 관련된 연구들도 일반적으로 실험음성학적으로 학습자와 모어 화자의 억양 실현 양상의 차이를 밝힌 방법으로 진행하였다.

핵억양과 달리 말토막 억양의 기능을 체계적으로 정리된 연구를 찾기가 어렵지만 음높이 변화 규칙을 가진 말토막 억양은 한국어다운 억양 실현과 직접적인 관련이 있다. 앞에서 제시된 음절수, 초성 성질, 기울기의 측면에서 중국인 학습자의 말토막 억양 실현 양상을 분석한 윤영숙(2010), 인지영·성철재(2013), 곽선우(2014), 김태경·백경미(2016)는 중국인 학습자가 한국어다운 말토막 억양을 실현할 수 있는지에 초점을 둔 연구들이다. 이보다 더 중요한 것은 말토막 억양은 문장 초점의 전달과 경계 형성에 의한 의미 전달에 영향을 미친다. 그러나 이와 관련된 연구는 한국인 모어 화자를 대상으로 진행한 경우가 대부분이고 학습자 언어를 분석한 연구가 매우 적었다. 구체적으로 보면 문장 초점의 전달과 관련하여 민광준·최영숙(1994), 김미란·신동현·최재웅·김기호(2000), 오미라(2008) 등은 한국인 모어 화자의 발화를 분석하여 초점을 받은 부분에서 말토막 억양 경계 해지 현상이 나타나고 초점과 가장 밀접한 대응관계를 가지고 있는 요소는 소리의 높이와 지속 시간이라는 사실을 밝혔다. 말토막 억양 경계 형성에 의한 의미 전달에 있어서 김태경·백경미(2016)에서 합성명사와 관계절에 대한 중국인 학습자와 한국인 모어 화자의 실현 양상을 분석한 결과에 따르면 관계절 구문에 있어서 중국인들이 한국인과 마찬가지로 피수식 명사와 선행절 사이에 대체로 말토막 억양 경계가 놓였지만 합성명사 구문에 있어서 한국인은 음절수에 관계없이 하나의 말토막 억양을 생성하는 반면, 중국인은 두 개의 말토막 억양을 생성하는 경우가 적지 않았다.[16]

이상의 검토를 통하여 중국인 학습자의 억양 산출 연구에는 억양의 단위부터 각 기능까지 모두 포함되어 있다는 것을 알 수 있다. 그러나 핵억양에 비해 말토막 억양에 대한 연구가 부족한 실정이다.

중국인 학습자뿐만 아니라 다른 언어권 학습자의 억양 실현을 분석한 연구도 있다. 억양 단위의 측면에서 보면 김희선(2006)은 각 억양 단위에 따른 영어권 학습자의 산출 양상을, 최시라·김영주(2017)는 스페인인 학습자의 문장 유형에 따른 핵억양 실현 양상을, 안미애(2015)는 인도네시아인 한국어 학습자의 말토막 억양과 핵억양의 실현 양상을, 장혜진(2019)과 박현진(2019)은 베트남인 한국어 학습자의 말토막 억양 실현 양상을 분석하였다.

또한 억양 기능의 측면에서 보면 문법적 기능에 대하여 양나임(2016)은 평서문에 대한 일본인 학습자의 억양 실현 양상을, 김종덕(2009)은 일본어권 학습자의 의문문 억양 실현 양상을 분석하였다. '거든'에 대한 다양한

---

16 말토막 억양의 기능에 대해서 II장에서 더 자세하게 설명할 것이다.

국적의 학습자의 억양 실현 양상을 분석한 양숙명·김영주(2019)는 화용론적 기능에 대한 연구이다. 또한 최정원(2017)은 일본인 학습자의 감정 발화를, 즉 감정 및 태도의 전달 기능에 대한 분석을 진행하였다. 이를 통하여 알 수 있듯이 중국인 학습자에 대한 연구과 마찬가지로 다른 언어권 학습자에 대한 연구에서도 말토막 억양 기능에 대한 분석이 적은 편이다.

이상의 검토를 통하여 알 수 있듯이 산출에 대한 연구 주제가 다양함에도 불구하고 말토막 억양의 기능에 대한 연구가 결여되어 있다. 따라서 본 연구는 핵억양 기능뿐만 아니라 말토막 억양 기능도 함께 분석함으로써 보다 전면적인 억양 연구를 진행하고자 한다.

2.1.3. 억양 지각과 산출의 상관성에 관한 연구

한국어 억양에 대한 지각 양상과 산출 양상을 함께 분석한 연구 중 권성미(2011b), 이주미(2012), 곽선우(2014), 송암(2016), 김영은(2018), 위로로(2018), 가맹맹(2020a)은 중국인 학습자를 대상으로 억양에 대한 지각 양상과 산출 양상을 함께 분석하였다. 이 중에서 곽선우(2014)와 가맹맹(2020a)은 말토막 억양에 대한 연구이며 나머지는 핵억양에 대한 연구이다.

권성미(2011b)는 비언어적인 측면에서 중국인 학습자들의 발화를 한국인의 발화와 다르게 특징짓게 만드는 요소들에 대해 분석하였다. 다른 연구와 다르게 이 연구는 한국인 발화에 대한 중국인 학습자의 지각 양상뿐만 아니라 중국인 발화에 대한 중국인의 지각 양상도 밝혔다. 그 결과 한국인들은 중국인 학습자들이 생각하는 것 이상으로 중국인의 한국어 발음에 친절함의 정도가 떨어진다고 생각하는 경향이 있으며 중국인 학습자의 발화와 한국인 모어 화자의 발화 간 음성학적 차이가 있었다.

이주미(2012)는 종결 표현 '기만 하다'와 '-(으)ㄹ 줄 알다'에 대한 중국인 학습자의 지각 및 산출을 검토하였다. 그 결과 지각 실험에서는 중국인 학습자들은 종결표현의 억양 패턴에 따른 의미 구별을 정확히 해 내지 못하였고, 산출 실험에서는 한국인 화자와 중국인 학습자의 산출 양상이 크게 다르지 않은 경우도 있고 크게 다른 경우도 있다. 또한 송암(2016)은 한국어 동형다의 종결어미에 대한 중국인 학습자의 지각 및 산출 양상을, 위로로(2018)는 종결어미 '-거든'에 대한 중국인 학습자와 일본인 학습자의 지각 및 산출 양상을, 김영은(2018)은 '-고', '-ㄴ데', '-니까'에 대한 중국인 학습자와 일본인 학습자의 지각 및 산출 양상을 분석하였다.

말토막 억양에 대한 연구에 있어서 곽선우(2014)는 중국인 학습자의 한국어 초점 습득 양상을 분석함으로써 중국인 학습자가 초점을 제대로 지각하는 데 문제가 없으나 제대로 산출하는 데 어려움이 있다는 결론을 내렸다. 가맹맹(2020a)에서 말토막의 음절수와 초성 성질에 따른 중국인 학습자의 지각 및 산출 양상을 분석한 결과에 따르면 말토막 억양에 대한 중국인의 지각 및 산출의 관계가 말토막의 특징에 따라 다양하게 나타났고, 분절음 습득에 자주 사용하는 변별 지각 훈련은 말토막 억양에 대한 산출 정확도를 높이는 데 뚜렷한 효과가 없었다.

중국인 학습자가 아니라 다른 언어권 학습자의 억양 지각 및 산출 양상을 분석한 연구는 박정아(2021)를 예로 들 수 있다. 이 연구는 다양한 국적의 학습자의 연결어미의 종결어미형에 따른 억양 판별 및 산출 양상을 분석하였고 한국어 학습 기간이 길수록 억양 판별을 좀 더 잘했으나 산출 능력과는 관계가 없었다는 결과를 내렸다. 즉 억양 지각 능력과 산출 능력 간 비례적 관계가 존재하지 않을 수도 있음을 증명하였다.

이상의 연구들을 통해서 알 수 있는 것은 다음과 같다. 첫째, 억양에 대한 학습자의 지각 양상 및 산출 양상을 함께 분석한 연구가 있었으나 통계적으로 지각 능력과 산출 능력 간 과연 상관관계가 존재하는지를 분석한 연구를 찾아보기가 어렵다. 이 때문에 교육 방법에 제공할 수 있는 시사점도 제한적이라고 할 수 있다.

둘째, 지각 능력과 산출 능력의 상관관계를 분석한 연구가 없었지만 기존의 연구 결과를 통해서 알 수 있듯이 억양에 대한 지각 능력과 산출 능력 간 큰 차이가 난다는 경우가 존재한다. 이는 지각과 산출 간 비례적 관계가 존재하지 않을 수도 있으며 듣고 따라하는 방법만으로 억양을 제대로 교육하지 못할 수도 있음을 알려 준다.

이상의 논의를 바탕으로 본 연구는 보다 정밀한 실험을 마련하고 억양에 대한 중국인 학습자의 지각과 산출 양상, 그리고 둘의 관계를 더 과학적으로 분석하고자 한다. 이를 통하여 억양 교육의 원리를 밝혀 억양 교육 내용과 방법을 마련하는 데 시사점을 제공하고자 한다.

2.2. 한국어 억양 교육 내용에 관한 연구

이 절에서는 억양 교육 내용을 검토한 기존의 연구들을 살펴봄으로써 본 연구의 연구 내용에 제공할 수 있는 시사점을 검토하고자 한다. 앞 절에서 논의했던 학습자의 지각과 산출 오류에 관한 연구들이 억양 교육 내용과 관련이 있다. 학습자의 오류가 교육 내용이 되는 경우가 많기 때문이다. 그러나 그 연구들은 연구자의 관심에 따라 억양의 개별적인 측면에 연구 초점을 두었다. 다시 말해서 억양 교육 내용에 대한 전면적인 시각이 아니었다. 이와 달리 이 절에서 검토한 연구들은 억양 교육 내용에 대하여 보다 체계적으로 다룬 오미라·이해영(1994), 정명숙(2002), 박기영(2009), 제갈명·김선정(2010), 장혜진(2015), 권성미(2016) 등의 연구들이다.

오미라·이해영(1994)은 한국어 억양 교육 연구의 시발점이라 할 수 있다. 이 연구는 억양에 따른 의미 변별에 초점을 두며 억양 교육 내용을 제시하였다. 더 구체적으로는 '-지'나 '-라'가 전달된 의미에 따른 억양 차이, 의문사 의문문과 부정사 의문문, 평서문, 반박 의문문의 억양 차이를 교육 내용으로 제시하였다. 이 논문과 비슷하게 제갈명·김선정(2010)도 억양의 문법적 기능과 화용론적 기능을 중심으로 검토하면서 설명의문문, 판정의문문, 평서문, 명령문, 청유문, 그리고 '을걸', '-거든'에 따른 중국인 학습자와 한국인 모어 화자의 억양 실현 양상을 비교하였고, 한국어 학습자의 원활한 의사소통 능력을 확보하기 위한 억양 교육은 상황맥락을 고려한 억양의 화용론적 기능을 중심으로 이루어져야 한다고 주장하였다.

박기영(2009)은 억양의 화용론적 기능에 초점을 두고 양태 의미에 따른 종결어미의 억양 차이를 논의하면서 한국어 억양 교육의 내용을 보충하였다. 이 연구는 동일한 형태의 종결어미가 의미에 따라 실현하는 억양의 양상을 서법에 따른 억양의 실현, 양태에 따른 억양의 실현, 담화 기능에 따른 억양의 실현으로 나누며 종결어미에 대한 교육 목록을 제시하였다.

장혜진(2015)은 기존 연구 검토와 교재 분석을 통하여 말토막 억양의 발화, 억양에 따른 종결법의 구별, 일반화할 수 있는 억양의 화용론적 기능, 핵억양 장음화의 억양 교육 내용을 제시하였다. 기존 연구 검토와 교재 분석을 통하여 교육 내용을 제시한 연구는 권성미(2016)도 있다. 일반적으로 억양의 기능을 문법적 기능, 화용론적 기능, 감정 및 태도의 전달 기능으로 나눈 것과 달리 권성미(2016)는 억양의 기능을 문법적 기능, 태도 및 감정 표시 기능, 담화 기능, 사회언어학적 기능으로 나누었고, 교재 분석과 연구 동향 분석을 통해 각 기능에 대한 연구 및 교육 현황을 밝힌 후 보충하여야 할 억양 교육 내용을 제시하였다.

또한 이상의 억양 기능에 따른 교육 내용을 도출한 연구와 달리, 정명숙(2002)은 한국어 억양의 체계에 초점을 두었다. 이 연구는 한국어 말토막 억양의 기본 유형을 THLH로, 핵억양의 기본 유형을 L%, H%, HL%, LH%로 제시하였고 이는 초급 학습자를 위한 억양 교육 내용에 포함되어야 한다고 주장하였다.

위의 연구들을 통해서 억양 교육 내용의 선정 기준은 크게 두 가지로 나눌 수 있다는 것을 알 수 있다. 첫째는 억양의 기능이고 둘째는 억양의 기본 단위(체계)이다. 기능에 따른 억양 교육 내용에 있어서 문법적 기능과 화용론적 기능에 대한 논의가 큰 비중을 차지하고 있으며, 유형에 따른 억양 교육 내용에 있어서 말토막 억양과 핵억양 장음화, 핵억양의 유형에 대한 언급이 대부분이다. 이를 통해서 얻을 수 있는 시사점은 보다 전면적인 억양 연구를 진행하기 위하여 억양의 단위(체계)에 따른 기능을 중심으로 연구할 필요가 있다는 것이다. 그 이유는 억양의 유형에 대한 습득도 중요하지만 억양은 분절음과 달리 기능을 수행하여야 의사소통에 영향을 미칠 수 있기 때문에 각 억양 유형은 억양 기능과 연관시켜 연구하여야 보다 가치를 지닌 연구가 될 수 있기 때문이다. 간단한 예를 들자면 핵억양 같은 경우에 H%, L%, LH%, HL%과 같은 패턴의 실험음성학적 구별도 중요하지만 교육에서 각 패턴이 실현될 때 어떤 의미를 전달하는지가 더 중요한 문제가 된다. 따라서 본 연구는 억양의 유형에 따른 기능을 중심으로 논의를 전개하기로 하였다.

2.3. 한국어 억양 교육 방법에 관한 연구

본 연구는 억양에 대한 지각과 산출을 정밀하게 밝혀 기존의 억양 교육 방법을 개선하는 데 시사점을 제공하고자 하기 때문에 억양 교육 방법에 대한 기존의 연구들을 살펴볼 필요가 있다. 학습자의 억양 오류를 분석한 연구는 일반적으로 학습자의 억양 오류와 대응되는 교육 방안을 제시하였기 때문에 억양 교육 방안에 관한 연구가 적지 않다. 이와 같은 연구들에서 제시된 교육 틀은 PPP 모형이나 TTT 모형 혹은 그에 의한 변형인 경우가 많았다. 예를 들면 김은애·박기영·박혜진·진문이(2008:10)는 '민감화-설명-모방-연습 활동-의사소통적 활동'을, 제갈명(2010)은 '차이 인식 단계-제시 단계-연습 단계-의사소통을 위한 활용 단계'를, 김수현(2010)은 '인지 단계-연습 단계-정리 및 교정 단계'를, 이명진(2015)은 '도입·제시 단계-연습 단계-활용 단계'를, 권성미(2017a)는 도입-제시-연습-활동-마무리'를 제시하였다.

전체적인 교육 틀이 아니라 구체적인 교육 방법을 제시한 연구들도 많다. 기존 연구에서 제시된 가장 대표적인 교육 방법은 듣기와 결합하는 방법이다. 예를 들면 정명숙(2003)에서 제시된 '단문의 서술문으로 이루어진 이야기를 자연스러운 억양으로 읽은 것을 들려주기'와 '들은 것의 억양을 따라해 보게 한 다음 한국어 억양의 특성을 추측해 보게 하기', 정명숙(2005)에서 제시된 '무의미한 문장을 활용하기', 허용·김선정(2006)에서 제시된 '말하기보다는 듣기를 먼저 가르치기'와 '듣고 표정 알아맞히기', 김선희(2013)에서 제시된 '역할극이나 드라마 대사 따라하기'와 '인터뷰, 드라마 상황 재연하기', 권성미(2017a)에서 제시된 섀도잉 연습과 인식 연습 등이 그 예이다.

또한 정명숙(2005)과 김수현(2010)에서 제시한 것처럼 학습자의 모국어와 비교하면서 가르치는 방법도 하나의 대표적인 방법이라 할 수 있다. 이 외에 시각적 자료를 활용하는 방법을 제시하는 연구도 적지 않다. 김선희(2013)에서의 '녹음을 자주 들려주고 프라트를 이용하여 시각적인 인지', 허용·김선정(2006)에서의 '돋들림을 인지시키기', '말토막 억양을 인지시키기' 등이 그 예이다.

이상의 논의를 통해서 알 수 있듯이 기존의 억양 교육 방법의 핵심은 첫째, 듣기와의 결합이고, 둘째, 모국어와의 비교이고, 셋째, 시각적 자료의 제공이다. 그 중 특히 듣기와의 결합이 중요한 위치를 차지하고 있다. 이 방법은 억양에 대한 학습자의 지각 양상, 그리고 지각과 산출의 관계를 정확하게 밝히는 것을 요구한다. 그것들을 밝혀야 지각 훈련을 어떻게 진행하여야 하는지, 그리고 듣기와 어떻게 연결하여야 하는지, 또한 지각 훈련을 통한 산출 능력의 향상이 효과가 있는지를 확인할 수 있기 때문이다.

3. 연구 방법 및 자료

우선 지각 실험과 산출 실험에서 활용한 방법론들을 살펴보도록 하겠다. 음성학 연구의 연구 방법은 크게 주관적 방법론과 객관적 방법론으로 나눌 수 있다. 주관적 방법론이란 '청취평가'를 주된 연구 수단으로 취급하는 인간의 주관적 판단을 가리키며, 객관적 방법론이란 실험음성학을 대표적 방법으로 하는 프로그램이나 기계를 통하여 음성을 편집하거나 분석하는 방법을 가리킨다(圖雅, 2004:94). 본 연구는 객관적 연구 방법인 실험음성학 방법론과 주관적 연구 방법인 청취평가를 모두 활용하여 참여자의 억양 지각 양상과 산출 양상을 분석하였다. 또한 정확한 데이터 분석을 위하여 통계분석도 함께 활용하였다. 이어서 이 세 가지의 방법에 대하여 더 자세하게 살펴보도록 하겠다.

첫째, 실험음성학이다. 지각 실험과 산출 실험에서 사용한 구체적인 실험음성학적 방법은 총 세 가지이다. 첫째, 프라트(Praat)의 음성 발췌 기능에 의한 목표 발화 추출이다. 즉 프라트(Praat)를 통하여 수집된 한국인 발화에서의 잡음이나 필요가 없는 부분을 삭제하여 자극 조작에 활용한 원시 발화를 추출하였다. 둘째, 프라트(Praat)의 음성 합성(조작) 기능에 의한 지각 자극의 작성이다. 즉 프라트(Praat)의 PSOLA를 통하여 원시 발화를 조절하여 각 억양 단서의 음성학적 특징이 점차적으로 변화하는 자극 연속체들을 합성하였다. 셋째, 프라트(Praat)의 음성 분석 기능에 의한 산출 양상 시각화이다. 즉 참여자의 발화 양상을 밝히기 위하여 프라트(Praat)의 음성 분석 기능을 통하여 음성을 시각적인 자료로 전환하여 객관적인 수치로 참여자의 발화 양상을 분석하였다.

두 번째 연구 방법론은 주관적인 연구 방법인 청취평가이다. 실험음성학 방법론을 통해서 학습자의 산출 자료를 시각화하여 객관적 분석을 진행할 수 있으나 발화의 정확성이나 자연성 분석을 진행하지 못한다. 즉 한국인 모어 화자의 청취평가로 학습자 발화의 정확성이나 자연성을 평가할 필요가 있다. 따라서 본 연구는 중국인 학습자의 발화에 대해 실험음성학 방법뿐만 아니라 한국인 모어 화자의 청취평가를 통해서도 분석하였다.

셋째, SPSS에 의한 통계분석이다. 참여자의 억양 지각 결과와 억양 산출 결과에 대한 객관적 분석을 진행하기 위하여, 또한 지각과 산출의 관계를 밝히기 위하여 SPSS에 의한 통계분석을 진행하였다.

이상의 논의를 바탕으로 연구 내용에 따른 연구 방법 및 자료를 다음 표와 같이 정리하였다.

〈표 1-1〉 연구 내용에 따른 연구 방법 및 자료

연구 내용	연구 방법	연구 자료
억양 기능별 단서에 대한 학습자의 지각 범주화 양상 및 지각 능력	1. 프라트(Praat)를 통한 한국인의 자연 발화 편집 및 추출 2. 프라트(Praat)의 PLOSA를 통한 자극 연속체의 작성 및 활용 3. 통계분석	중국인의 지각 결과 18753개 (57명 * 329지각 자극)
		한국인의 지각 결과 6251개 (19명 * 329지각 자극)
억양의 기능에 따른 학습자의 산출 양상 및 산출 능력	1. 프라트(Praat)를 활용하는 실험음성학적 분석 2. 학습자 발화의 정확성에 대한 한국인의 청취평가 3. 통계분석	중국인의 발화 855개 (57명 * 15 발화 문장)
		한국인의 285발화 개 (19명 * 15발화 문장)
		한국인의 청취평가 결과 4275개 (5명 * 855평가 발화)
억양에 대한 지각과 산	1. 참여자의 억양 지각 능력	참여자 76명의 지각 결과 및

출의 상관성	과 억양 산출 능력에 대한 상관관계 분석 2. 참여자 숙달도에 따른 습득 양상의 비교 3. 억양 단서들에 대한 지각 양상과 산출 양상의 비교	산출 결과

II. 이론적 전제

1. 억양의 이해

1.1. 강세, 성조, 분절음과 음높이 간의 상호작용

이현복(1976)은 억양을 말의 가락으로 정의하고, 높낮이가 중심 요소이나 강세, 길이, 리듬, 속도, 목소리 음질 등의 요소와도 밀접한 관계를 갖고 복합적으로 나타난다고 지적하였다. 이는 음높이 위주로 실현하는 억양은 다른 요소와 상호작용을 하고 있음을 의미한다. 따라서 억양에 대한 논의를 본격적으로 시작하기 전에 우선 억양과 다른 요소의 상호작용을 살펴보도록 하겠다. 이 절에서는 억양과 강세의 관계[17], 억양과 성조의 관계[18], 억양과 분절음의 관계 위주로 논의하도록 하겠다.

우선 억양과 강세의 관계를 살펴보도록 하겠다. 여기서 논의할 강세는 문장 초점을 받을 때의 강세가 아니라 음절 자체가 지닌 강세로 한정한

---

17 한국어의 억양은 강세에 의하여 실현된다는 주장이 있기 때문이다.
18 본 연구의 실험에 참여한 학습자가 성조언어를 모국어로 가진 중국인 학습자이기 때문이다.

다.[19] Liberman(1965)은 영어에 있어서 지각적으로나 산출적으로 강세는 기본주파수와 가장 밀접한 관계를 맺고 있다고 주장한 바 있다. 이는 영어의 강세가 음높이 실현에 중요한 영향을 미친다는 점을 의미한다. 그러나 여기서 유의해야 할 점은 Gussenhoven(2004:13)에서 강조했듯이 기본주파수의 특징으로 강세 음절을 확인할 수 있음에도 불구하고 음절이나 단어보다 더 큰 단위에서의 기본주파수의 형태는 억양에 의하여 형성되는 것이지 강세에 의하여 형성되는 것이 아니다. 다시 말해서 음절이나 단어의 음높이 실현에 있어 강세가 영향을 미칠 수 있으나 개별 단어가 아닌 문장이나 담화의 측면에서는 음높이의 형태를 최종적으로 결정하는 요소는 억양이다. 예를 들어 설명하자면 다음과 같다.

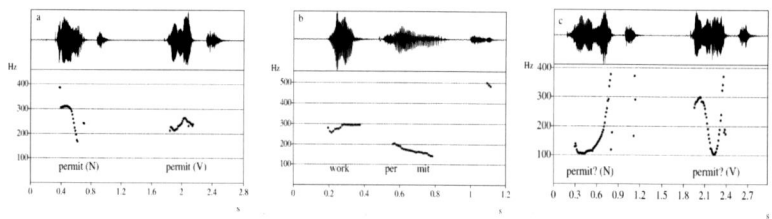

〈그림 2-1〉 명사 'permit'와 동사 'permit'의 음높이 실현 양상 (Gussenhoven, 2004:19)

위의 첫 번째 그림을 통하여 알다시피 명사 'permit'와 동사 'permit'를 단어 측면에서 발화할 때 강세를 받은 음절의 위치에 따라 음높이 실현 양상이 다르게 나타났다. 그러나 개별 단어 이상의 단위에서 발화하면 상황이 달라진다. 두 번째 그림은 명사 'permit'가 'work'와 함께 발화하는 경우의 음높이 실현 양상이다. 보다시피 'mit'에서의 고저 액센트(pitch accent)가 없애진다[20]. 또한 의문문으로 발화하는 세 번째 그림에서 강세

---

19 초점을 받는 부분의 운율 요소들 간의 상관관계에 대해서 '말토막 억양의 문장 초점의 전달 기능'이라는 절에서 더 자세하게 논의할 것이다.

가 아니라 억양이 음높이 실현에 더 큰 영향을 끼친 것으로 나타난다.

이상의 논의를 통해서 알 수 있듯이 강세가 존재한다는 견해에 이의가 없는 영어에 대해서는 단어 측면에서 강세가 음높이 실현에 큰 영향을 미치나 문장 측면에서의 음높이 변화 양상은 화자가 선택한 억양 패턴에 의해 실현된다. 그렇다면 한국어는 어떠한가?

한국어 표준어에 있어 강세에 의하여 뜻이 달라지는 최소대립쌍이 존재하지 않기 때문에 한국어가 강세언어인지 아닌지에 대한 논란이 있었다. 그 중 한국어가 강세 언어라 주장한 연구는 이숭녕(1960), 이현복(1973), 이호영(1996) 등이 있으며 제시된 한국어 강세의 배정 규칙은 다음 표와 같다. 이 규칙에 따르면 '교문'의 '교'에 강세가 실현되고, '야채'의 '채'에 강세가 실현된다. 그러나 한국어 말토막 억양의 기본패턴인 'THLH' 패턴[21]에 따르면 '교문'과 '야채'의 음높이 곡선이 같다. 즉 '교'와 '야'의 초성이 경음이나 격음, 마찰음이 아니기 때문에 전체적인 음높이 곡선 안에서 'L'로 실현된다. 다시 말해서 '교'에 강세가 온다고 해서 '교'의 음높이가 H로 실현되는 것이 아니다. 따라서 결론적으로 한국어에 강세가 존재한다고 하더라도 음높이 곡선을 실현하는 데 강세가 중요한 영향을 미치지 못한다.

⟨표 2-1⟩ 한국어의 강세 규칙(성철재, 1991)

(1) 최소 2음절이나 2음절 이상의 단어 단위에만 강세가 나타날 수 있다.
(2) 강조할 때를 제외하고 강세가 단어 내에서 나타날 수 있는 위치는 시작하는 두 개 음절이다.
(3) 음절 구조와 긴밀한 관계가 존재한다.

---

20 즉 단어로 발화할 경우 'mit'에 나타난 뚜렷한 하강 추세가 없어진다.
21 뒤에서 더 자세하게 논의하겠지만 첫음절의 초성이 격음, 경음, 마찰음으로 시작하면 H로 실현되고 그렇지 않을 경우 L로 실현된다. (박기영·이정민, 2018:168)

(4) 시작하는 두 개 음절의 구조가 같으면 첫음절이 강하다.
(5) 시작하는 두 개 음절의 구조가 다르면 중음절이 강하다.

이어서 억양과 성조의 관계를 살펴보도록 하겠다. 趙元任(2002)에서 중국어 성조와 억양의 관계를 다루면서 성조언어의 억양 곡선은 성조의 영향을 받으나 문장을 이루는 개개 음절의 성조를 나열하는 것이 아니라고 지적하였고 성조와 억양의 관계를 동시중합(同時疊加)과 연속중합(連續疊加)으로 설명하였다. 동시중합은 조역의 전체적인 상승과 하강, 그리고 확대와 축소를 가리키고, 연속중합은 음절의 발화가 종료된 이후에 계속되는 것으로 상승, 하강을 가리킨다(권영실, 2004). 예를 들어서 설명하면 동시중합이란 오름조로 실현되어야 하는 의문문의 끝음절이 2성(오름조)이라면 끝음절의 음높이가 올라가는 정도가 음절을 단독으로 발화할 경우에 음높이가 올라가는 정도보다 커지는 현상을 가리킨다. 연속중합이란 오름조로 실현되어야 하는 의문문의 끝음절이 4성(내림조)이라면 끝음절의 음높이가 내리다가 올라가는 현상을 가리킨다.

동시중합과 연속중합을 더 쉽게 이해할 수 있도록 趙元任(2002)에서 세 가지의 비유로 성조와 억양의 관계를 설명하였다. 첫 번째는 '다수합'이다. 즉 억양과 성조의 관계를 간단하게 가감하는 것으로 설명하는 것이다. 두 번째는 '고무밴드'이다. 즉 고무밴드의 탄력성을 사용하여 음역의 확대, 축소, 하향이동, 상향이동을 표시하는 것이다. 마지막으로 '큰 파도와 작은 파도'로 작은 파도인 성조가 큰 파도인 억양이 실현되는 데 영향을 미친다는 현상을 설명하였다. 이처럼 성조언어의 음높이의 실현에 있어 성조와 억양이 모두 중요한 역할을 하고 있다.

여기까지 억양과 강세, 그리고 성조 간의 관계를 살펴보았다. 운율적 요소뿐만 아니라 Seddoh, Blay, Ferraro, & Swisher(2018) 등의 연구에서 논의하였듯이 음높이의 실현에 있어서 분절음도 영향을 미칠 수 있다.

Gussenhoven(2004:8)에서 지적한 것처럼 분절음이 내재적 음높이를 가지기 때문이다. 예를 들면 王士元·彭剛(2006:91)은 중국어의 '米(mi, 쌀)'에서의 모음 'i'와 '馬(ma, 말)'에서의 모음 'a'가 같은 자음과 결합해도 불구하고 음절 단위에서 모음 'i'가 모음 'a'보다 5~6HZ 높다는 결론을 내렸다. 고모음의 기본주파수가 평균적으로 저모음의 기본주파수보다 높기 때문이다. 그러나 여기서 유의해야 할 점은 분절음의 내재적 음높이를 구별하는 것이 인간에게 쉬운 일이 아니라는 것이다. 王士元·彭剛(2006:91)에서 밝혔듯이 인간에게 '米(mi, 쌀)'와 '馬(ma, 말)'의 음높이가 똑같다고 들리고, Gussenhoven(2004:9)에서도 분절음의 내재적 음높이가 억양에 대한 지각에 거의 영향을 미치지 않는다고 지적하였다.

이상의 논의를 통하여 음높이는 강세, 성조, 분절음의 내재적 음높이와 관련이 있으나 한국어 문장 단위에서의 음높이 실현에 있어서 강세나 분절음의 내재적 음높이가 중요한 영향을 미치지 못하며 화자의 억양 선택이 중요한 역할을 수행한다는 점을 알 수 있다. 이어서 억양의 내재적 특징에 대해서 더 자세하게 살펴보도록 하겠다.

1.2. 억양 단서

이 절에서는 언어 보편성의 측면에서 음높이 변화를 통해서 실현되는 억양 곡선을 분석하는 경우 어떤 단서나 부분을 유의해야 하는지를 살펴볼 것이다. 오재혁(2014a)에서 음높이 움직임의 물리적 자질을 다음 그림처럼 변화 방향, 변화 정도, 변화 속도로 나눴다. 즉 Collier(1975), Grant & Brinton(2014) 등의 연구에서 지적했듯이 기본적인 억양 단서에 기본주파수뿐만 아니라 억양 패턴, 음높이의 변화 정도, 음높이의 변화 속도도 포함된다. Bot & Mailfert(1982), Gussenhoven(2004), Levis & Pickering(2004), Chen(2009) 등의 연구에서도 기본주파수, 억양 패턴,

음높이의 변화 정도, 변화 속도[22]의 중요성을 강조하였다.

〈그림 2-2〉 음높이 움직임의 물리적 자질(오재혁, 2014a:401)

그러나 실제적으로 억양 곡선을 분석할 때 억양 곡선의 모든 부분의 기본주파수나 억양 패턴, 음높이의 변화 정도, 변화 속도를 분석할 수 없다. 다시 말해서 억양 곡선이 어떤 형태로 실현되는지와 관계없이 그 중 상대적으로 중요한 부분이 있다. 가장 대표적인 예는 끝부분의 억양이라 할 수 있다. 이는 한국어에 적용하면 바로 끝음절에 얹힌 이른바 핵억양이란 것이다. 끝부분의 억양이 의사소통에서 매우 큰 기능부담량을 담당하기 때문에 Matewski & Blasdell(1968), Chen(2009) 등 영어나 유럽어에 대한 연구들에서도 끝부분(endpoint) 억양의 중요성을 강조하였다.

이 외에 Ladd & Morton(1997)처럼 음높이 최고점을 강조한 연구도 적지 않다. 최고점의 기본주파수에 따라 전달되는 의미가 달라질 수 있기 때문이다. 또한 Pakosz(1982), Shen(1990) 등의 연구는 억양 곡선의 시작점의 음높이도 중요하다고 하였다. 예를 들면 Shen(1990)은 중국어 의문문과 평서문의 구분에 있어 끝부분의 음높이보다 시작음의 음높이가 더 중요한 역할을 하고 있다고 주장한 바 있다. 뒤에서 더 자세하게 논의하겠지만 한국어와 같은 경우 시작음의 음높이는 자연스러운 말토막 억양의 실현과 관련이 있다.

---

22 변화 속도와 관련하여 억양 패턴의 지속 시간과 문장 끝음절의 장음화 현상이 그 대표적인 억양 단서이다.

이상의 논의를 정리하자면 음높이 변화에 있어서 기본주파수, 억양 패턴, 억양 변화 정도, 억양 변화 속도가 중요한 단서이다. 또한 전체적인 억양 곡선 중 끝부분의 억양과 시작음의 음높이, 문장의 최고점이 상대적으로 중요한 부분이라 할 수 있다. 여기서 유의해야 할 점은 이상의 논의는 억양 보편성의 측면에서 억양의 단서들을 검토한 것이다. 그러나 앞에서도 논의했듯이 음높이가 언어에 적용되면 언어마다 특정한 억양 단서가 있다는 것이 분명하다. 따라서 다음 절에서는 한국어 억양의 기능을 다루면서 한국어의 억양 단서와 억양 특징에 대한 논의를 진행하도록 하겠다.

2. 한국어 억양의 체계 및 기능

이 절에서는 한국어 억양의 체계에 대한 대표적인 연구인 이호영(1991, 1996, 1997, 1999), Jun(2000), 이호영·손남호(2007)를 바탕으로 한국어 억양의 체계를 정리한 후 한국어 억양 단위에 따른 억양 기능, 그리고 각 기능에 관한 억양 단서들을 살펴볼 것이다. 또한 이러한 한국어 억양의 체계와 기능을 교육에 어떻게 적용하여야 하는지도 논의할 것이다.

2.1. 한국어 억양의 체계

한국어 억양의 체계에 관한 대표적인 연구는 이호영(1991)과 Jun(2000), 그리고 이 두 연구의 후속 연구들이라고 할 수 있다. 이호영(1991)은 한국어의 억양을 문장 억양, 말마디 억양, 말토막 억양, 핵억양(말마디 끝음절에 얹히는 억양)으로 나누었다. 허용·김선정(2006)은 다음 그림처럼 실제 문장을 예로 들어 이호영(1991)의 억양 체계를 설명한 바 있는데 그림을 통해서 알 수 있듯이 한국어 억양 체계에 있어서 말마디 억양은 말토막 억양과 핵억양으로 구성되어 있으며 문장 억양은 말마디 억양으로 구성되어 있다. 즉 한국어 억양의 기본 단위는 말토막 억양과 핵억양이라 할 수 있다.

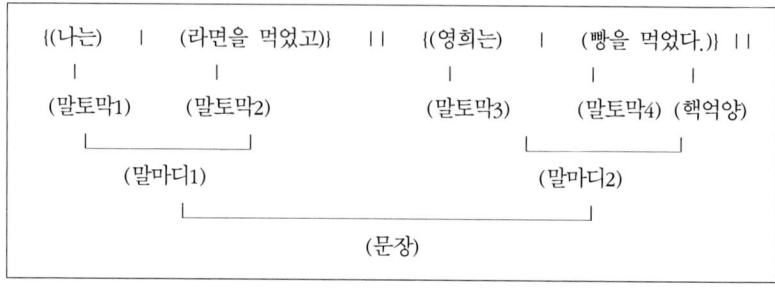

〈그림 2-3〉 한국어 억양의 단위(허용·김선정, 2006 수정)

이호영(1991)과 후속 연구들은 말토막 억양과 핵억양의 패턴에 대해서 보다 자세하게 설명하였다. 이호영(1991)은 말토막 억양 패턴을 네 가지로 나누었고 이호영(1996)은 이를 다음 표와 같이 발전시켰다.

〈표 2-2〉 한국어 말토막 억양 분류표 (이호영, 1996)[23]

말토막 억양 유형	정의	억양에 얹힌 감정이나 태도
오름조	말토막의 끝음절은 나머지 음절들보다 더 높게 발음된다. 그러나 말마디의 끝음절에는 핵억양이 얹히기 때문에 마지막 말토막에서는 오름조가 보이지 않는다.	화자와 청자 사이에 친분 관계가 있다.
수평조	각 말토막의 억양 패턴은 올라가지도 내려가지도 않는다.	사무적인 태도를 전달한다.
내림조	끝음절이 가장 낮게 발음된다.	'기운 빠진' 혹은 '흥미 없는' 태도를 전달한다.

---

23 이호영·손남호(2007)는 말토막 억양의 패턴에 내리오름조와 오르내리오름조가 보충되었기는 그러나 어떤 감정을 전달하는지를 제시하지 않았다.

오르내림조	두 번째 음절이 첫음절보다 높게 발음되고 나머지 음절들은 차례로 낮게 발음된다.	어떤 부분을 강조한다.

핵억양 패턴에 대해서 이호영(1991)은 다음 표와 같이 아홉 개를 제시하였다. 그러나 이호영(1991)에서 제시된 말토막 억양과 핵억양의 패턴의 명명이 복잡하다는 미흡한 점이 있기 때문에 이호영(1999)과 이호영·손남호(2007)는 핵억양 패턴과 말토막 억양 패턴의 목록을 수정한 바 있다.[24]

⟨표 2-3⟩ 핵억양에 얹힌 감정이나 태도(이호영, 1991)

핵억양	억양에 얹힌 감정이나 태도	음성학적 표시
낮은 수평조	1. 평서문-사무적으로 말할 때, 단정적이거나 냉정한 태도 2. 의문사 의문문-일방적인 질문, 단순질문 3. 수사의문문-자신의 의견을 강하게 전달 4. 명령문-권위 있게 명령 5. 청유문-제의	
가운데 수평조	평서문- 겸손한 태도, 퉁명스러운 태도	
높은 수평조	1. 예-아니요 의문문-단순질문, 확인질문(화자가 질문의 답을 확신하지 못할 때) 2. 의문사 의문문에서 의문사가 부정사로 쓰일 때 3. 흥미 있는, 놀란 감정의 표시	
낮내림조	1. 평서문-부드럽고 친절한 태도 2. 의문문-확인질문(화자가 질문의 답을 확신) 3. 명령문-권위 있게 명령 4. 청유문-제의	
높내림조	흥미, 놀란 감정의 표시	
오르내림조	1. 평서문-짜증, 경멸하는 태도, 나무라는 말투 2. 의문사의문문-짜증내면서 반복적으로 질문 3. 수사의문문-자신의 의견을 강하게 전달 4. 명령문-권위 있게 명령 5. 청유문-제의	

---

24 뒤에서 Jun(2000)의 억양 체계와 비교할 때 다시 언급할 것이기 때문에 여기에서 넘어가도록 하겠다.

온오름조	1. 예-아니요 의문문 2. 되물음 의문문	
낮오름조	1. 평서문-달래듯이 말할 때, 자신의 말이나 행동을 확인 시킬 때 2. 명령문-달래듯이 부탁, 권유 3. 의문문-자문, 권위 있게 질문 4. 의문사 의문문-관심과 걱정을 표시, 자문 5. 청유문-달래듯이 제의	
내리오름조	1. 평서문-화난, 달래듯이 말할 때, 가볍게 사과 2. 의문사 의문문-관심과 걱정을 표시, 자문 3. 의문문-자문 4. 명령문-달래듯이 부탁, 권유 5. 청유문-달래듯이 제의	

다음 Jun(2000)에서 제시된 한국어 억양 체계를 알아보도록 하겠다. Jun(2000)은 다음 그림과 같이 한국어의 억양 구조를 제시하였다. 보다시피 억양의 기술 단위를 억양구 경계성조와, 강세구, 억양구로 설정하였는데 이는 이호영(1991)에서 제기된 핵억양과 말토막 억양, 말마디 억양과 비슷하다.

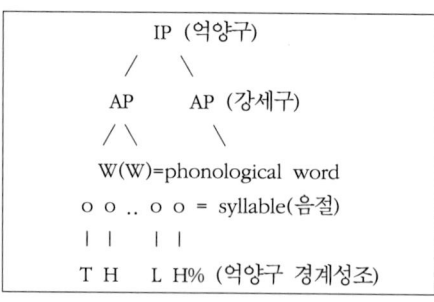

〈그림 2-4〉 한국어의 억양 구조(Jun, 2000)

Jun(2000)은 다음 그림처럼 강세구를 13 가지로 나누었다. 그러나 이호영·손남호(2007)에서 이는 수학적으로 나타날 가능성이 있는 유형 조합

뿐이고 실제 발화에서 이만큼 많은 유형이 나타나지 않을 것이라고 지적한 바 있다.

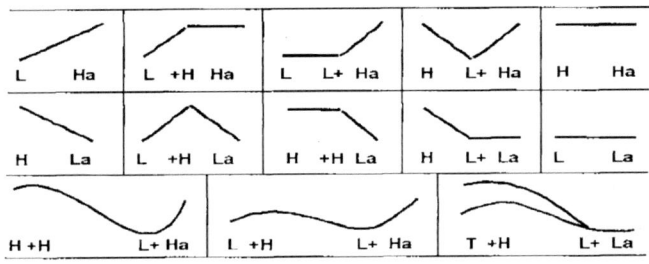

〈그림 2-5〉 강세구의 유형(Jun, 2000)

또는 Jun(2000)은 억양구 경계 성조를 다음 그림처럼 제시하였고, 각 억양구 경계 성조에 내재된 의미도 논의하였다.

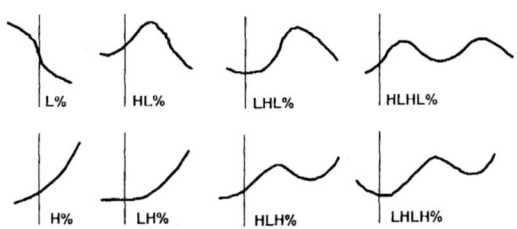

〈그림 2-6〉 억양구 경계 성조 목록 (Jun, 2000)

〈표 2-4〉 억양구 경계 성조에 내재된 의미 (Jun, 2000)

IP tones	내재된 의미
L%	사실전달
H%	정보 찾기(예-아니요 의문문)
LH%	질문, 짜증이나 불쾌함의 표시
HL%	의문사 의문문, 평서문-뉴스에서 자주 사용

LHL%	평서문- 설득, 주장확인, 짜증이나 불쾌함의 표시
HLH%	확신이 있고 상대방과의 논쟁을 하려할 때 사용
LHLH%	LHL% + H% 조합, 짜증이나 불쾌함의 표시
HLHL%	HL%의 2배 강조. 확인해 주거나 자신의 의견을 주장할 때 사용
LHLHL%	매우 짜증이 날 때 사용

이상의 논의를 통해서 Jun(2000)에서 제시된 한국어 억양 체계는 표시가 명백하고 분류가 상세한 장점을 지니면서도 실제적으로 나타나지 않을 가능성이 높은 패턴도 함께 제시된 한계점을 지닌다는 점을 알 수 있다. 보다 과학적 한국어 억양 체계를 제시하기 위하여 이호영(1999)과 이호영·손남호(2007)는 이호영(1991)의 한국어 억양 체계와 Jun(2000)의 억양 체계를 비교하면서 수정안을 제시하였다. 아래 표는 이호영(1999)에서 제시된 핵억양에 대한 수정안이다.

〈표 2-5〉 핵억양 목록과 경계 억양 성조 목록, 핵억양 패턴 수정안의 비교 (이호영, 1999)

이호영(1991)	Jun(1999)	이호영(1999)
높은수평조	H%	H%
가운데수평조		M%
낮은수평조	HL%	L%
높내림조	HL%	HL%
낮내림조		ML%
온오름조	LH%	LH%
낮오름조		LM%
오르내림조	LHL%	LHL%
내리오름조	HLH%	HLH%
	LHLH%	
	HLHL%	
	LHLHL%	

위 표를 통해서 이호영(1999)에서 제시된 핵억양 패턴 수정안은 그 전의 것에 비하여 두 가지의 뚜렷한 차이점이 있다는 것을 알 수 있다. 하나는 청취실험을 통해서 L, M, H가 서로 다른 문법적인 기능이나 화용론적 기능을 수행할 수 있다는 사실을 밝혔기 때문에 M을 추가했다는 것이다. 다른 하나는 이호영(1991)에서의 핵억양 목록보다 표시가 간략하고 Jun의 억양구 경계 성조 목록보다 내용적으로 간략하다는 것이다.

또한 이호영·손남호(2007)는 한국인 모어 화자를 대상으로 한 청취실험 결과를 바탕으로 한국어의 말토막 억양 패턴을 제시하였고, 이호영(1997)에서 제시된 말토막 억양 목록과 Jun(2000)에서 제시된 강세구 목록을 비교한 후 최종적인 말토막 억양 패턴의 수정안을 다음 표와 같이 제시한 바 있다.

〈표 2-6〉 말토막 억양 목록, 강세구 목록과 이호영의 수정안의 비교 (이호영·손남호, 2007)

이호영(1997)	Jun(2000)	이호영 · 손남호(2007)
수평조	H Ha	HH
	L La	LL
오름조	L Ha	LH
	L L+Ha	
	L+H Ha	
내림조	H La	HL
	H L+La	
	H+H La	
	H+H L+La	
내리오름조	H L+Ha	HLH
	H+H L+Ha	
오르내림조	L+H La	LHL
	L+H L+La	
오르내리오름조	H+H L+Ha	H+LH
	L+H L+Ha	LHLH

위 표를 통하여 알 수 있듯이 이호영·손남호(2007)에서 제시된 말토막 억양에 대한 수정안은 표시가 명백하고 또한 청취실험을 바탕으로 목록을 추출한 것이기 때문에 내용적으로도 정확하다는 장점이 있다. 그러나 Jun(2000)에 비하여 음절수에 따른 패턴 유형을 제시하지 못한다는 한계점도 있다. Jun(2000)은 강세구의 기본 패턴을 THLH로 정립하고,[25] 2음절에 얹힐 수 있는 강세구 유형은 LH, HH, LL, HL로, 3음절에 얹힐 수 있는 강세구 유형은 LHH, LLH, LHL, HLH, HLL, HHL로, 4음절에 얹힐 수 있는 강세구 유형은 LHLH HHLH, HHLL, LHLL로 제시하였다. 또한 5음절 이상의 강세구는 기저형에서 둘째 음절에 실리는 H와 경계 앞 음절에 실리는 L 사이의 모든 음절은 내삽에 의해 자연스러운 내림곡선으로 실현된다고 지적하였다. 따라서 한국어 말토막 억양의 체계를 정립하기 위해서 본 연구는 이호영·손남호(2007)의 말토막 억양 수정안을 바탕으로 Jun(2000)의 음절수에 따른 강세구 유형을 단순화시켜 한국어 말토막 억양의 체계를 다음과 같이 정립하였다.

〈표 2-7〉 한국어 말토막 억양의 유형

기저형	THLH
2음절	LL, LH, HL, HH
3음절	LH, HL, LHL, HLH
4음절	HHLL, LHLL, HHLH, LHLH
5음절	기저형에서 둘째 음절에 실리는 H와 경계 앞 음절에 실리는 L 사이의 모든 음절은 내삽에 의해 자연스러운 내림곡선으로 실현됨.

위 표는 Jun(2000)에서 제시된 3음절의 LLH, LHH를 이호영·손남호(2007)의 LH로, HLL, HHL을 이호영·손남호(2007)의 HL로 표시하였다.

---

25 초성의 성질에 따라 HHLH와 LHLH란 두 가지의 기저형이 있다.

그 이유는 Jun(2000)은 중간 음절의 음높이를 L 혹은 H로 표시했지만, 강세구 중간에서 나타나는 H와 L을 구별하는 기준을 제시하지 않았기 때문이다. 즉 중간 음절의 음높이가 L인지 H인지는 판단자의 주관적 인식에 달려 있을 가능성이 높다.

이상의 검토를 바탕으로 본 연구는 국어학적으로 본 한국어 핵억양의 목록은 이호영(1999)에서의 수정안을, 말토막 억양 목록은 이호영·손남호(2007)에 의하여 단순화시킨 Jun(2000)의 음절수에 따른 강세구 목록을 취하고자 한다.[26] 이어서 한국어의 억양 체계를 한국어교육의 측면에서 어떻게 제시하여야 하는지를 살펴보도록 하겠다.

앞에서 제시한 한국어 억양의 체계를 그대로 교육에 적용할 수 없는 이유는 그 다양하고 복잡한 모든 억양 패턴을 일일이 교육할 수 없고, 의사소통에서 각 패턴의 중요성도 다르기 때문이다. Mitrofanova(2012: 282)는 자연 발화에서 수많은 억양 패턴을 관찰할 수 있다고 하더라도 각 언어에 관한 기본적 억양 패턴이 있을 가능성이 높다고 지적하였다. 따라서 본 연구는 한국어 억양의 체계를 간소화시켜 기본적 억양 패턴을 도출해서 학습자에게 가르치는 것이 적절하다고 판단하였다.

우선 핵억양에 대해서 논의하도록 하겠다. 앞에서 국어학적 접근에서 한국어 핵억양 패턴을 H%, M%, L%, HL%, ML%, LH%, LM%, LHL%, HLH% 총 아홉 개로 분류하였으나 한국어교육의 측면에서는 이렇게 많은 핵억양 패턴을 모두 교육 내용으로 삼을 필요가 없다는 주장이 많았다. 예를 들면 정명숙(2002)은 한국어 핵억양에 L과 H만 존재하고, LHL%과 HLH%를 각각 LH%와 HL%에 이러 짧은 하강이나 상승을 보이는 유형으로 LH%와 HL%이 나타나는 환경에서 나타날 수 있다고 주장하며 한국어

---

26 용어를 통일시키도록 이하는 강세구, 음운구를 말토막 억양으로, 억양구 경계 성조를 핵억양으로 표현한다.

핵억양의 기본 유형을 L%, H%, LH%, HL%로 설정하였다. 정명숙(2002)과 마찬가지로 신지영(2017)도 산출의 측면에서 H%와 L%을 무표운율로 보고 있으며 핵억양의 기본 유형을 L%, H%, HL%, LH%, LHL%, HLH%로 설정하였다. 또한 이상의 연구와 달리 오재혁(2011b)은 억양의 문법적 기능에 대한 한국인의 변별적인 지각 양상을 토대로 종결 억양을 상승 억양, 하강 억양, 낮은 상승-하강 억양, 높은 상승-하강 억양, 하강-상승 억양으로 제시하였다.

본 연구는 핵억양의 기본 패턴을 선정하는 데 두 가지를 고려하였다. 첫째, L과 H 외 M도 필요한가, 둘째, 곧은 억양 형태와 굴곡 억양 형태가 모두 포함되어야 하는가이다. 우선 첫 번째에 대해서 본 연구는 이호영(1996)에서 밝힌 M이 의미 변별 기능을 가진다는 사실에 동의함에도 불구하고 교육의 측면에서 M이 없어도 된다는 입장을 취하고자 한다. M을 추가하면 오히려 학습자의 인지적 부담을 높일 수 있기 때문에 언어학적 접근이 아니라 교육적 접근에서는 L과 H만으로도 핵억양 형태를 묘사하는 데 충분하다고 판단하였기 때문이다.

또한 본 연구는 억양의 기본 유형을 설정하는 데 곧은 억양 형태와 굴곡 억양 형태가 모두 필요하다고 주장하고자 한다. 그 이유는 곧은 억양과 굴곡 억양 간 뚜렷한 형태 차이가 있으며 서로 다른 의미를 전달할 수 있기 때문이다. 따라서 본 연구는 기존의 연구 결과를 바탕으로 핵억양의 기본 패턴을 L%, H%, LH%, HL%, LHL%, HLH% 총 여섯 가지로 설정하고자 하였다.

이어서 말토막 억양 패턴에 대해 살펴보도록 하겠다. 한국어 말토막 억양의 가장 뚜렷한 특징이 초성의 성질에 따라 음높이를 다르게 실현하는 것이기 때문에 한국어교육에서 THLH라는 기본형을 가르쳐야 한다고 주장하는 연구가 쉽게 찾을 수 있다(정명숙, 2002; 박기영·이정민, 2018 등). 본 연구도 이와 같은 주장들에 동의한다. 또한 앞에서 음절수에 따른 말토막 억양 패턴을 제시하였는데 교육적으로는 이 많은 패턴들을 학습자에게 모두 가르칠 필요가 없다고 주장하고자 한다. 그 이유는 첫째, 음절수에 따라 패턴이 매우 다양하지만 모두 기본형인 THLH를 변형시키는 것이기 때문이다. 다시 말해서 THLH에 대한 학습을 통하여 음절수에 따른 말토막 억양을 습득할 수 있다. 둘째, 음절수에 따른 말토막 억양 패턴을 모두 가르친다면 학습자의 인지적 부담을 높이는 결과를 초래할 수 있기 때문이다. 셋째, 음절수에 따른 말토막 억양 패턴은 의사소통에서 매우 적은 기능부담량을 담당하기 때문이다. 다시 말해서 음절수에 따른 말토막 억양 패턴은 화자가 전달하고자 하는 의미에 큰 영향을 끼치지 못한다. 따라서 본 연구는 음절수에 따른 말토막 억양 패턴에 대한 교육은 THLH라는 기본형 위주로 진행하면서 음절수에 따른 기본형의 변형 원리를 알려 주는 것이 적절하다고 판단하였다. 이상의 논의에 따라 본 연구는 한국어교육의 입장에서 본 한국어 억양 패턴을 다음 표와 같이 제시하였다. 여기서 유의해야 할 점은 억양 패턴에 대한 교육이 억양 교육의 전부가 아니라는 점이다. 한국어 억양에 다양한 억양 단서가 포함되어 있기 때문이다.

〈표 2-8〉 한국어교육의 입장에서 본 한국어 억양 패턴

핵억양	L%, H%, LH%, HL%, LHL%, HLH%
말토막 억양	기본형: THLH (음절수에 따른 패턴의 변형)

2.2. 한국어 억양의 기능

앞에서 제시했듯이 한국어 억양의 단위에 핵억양, 말토막 억양, 말마디 억양이 포함되어 있다. 기능에 관한 억양 단서에 대한 지각과 산출에 초점을 둔 본 연구는 핵억양과 말토막 억양의 기능을 중심으로 다루고자 한다.

그 이유는 첫째, 한국어 억양의 기능은 주로 핵억양에 의해 실현되기 때문이다(이호영, 1997; 박기영·이정민, 2018 등). 둘째, 말토막 억양의 기능에 대해서 체계적으로 논의한 연구를 찾기가 어렵지만 말토막 억양은 의사소통에서 초점 전달과 같은 핵억양이 대체할 수 없는 중요한 역할을 하고 있기 때문이다.

셋째, 말마디 억양을 분석 대상에서 제외한 이유는 첫째, 본 연구의 주된 연구 내용은 억양 기능과 관련된 단서에 대한 지각 범주화인데, 핵억양과 말토막 억양과 달리 말마디 억양에 관한 억양 단서의 음성학적 변화에 따라 전달 의미의 범주가 달라지는 경우를 찾기가 어렵기 때문이다. 안병섭(2010:171)은 말마디 억양과 관련된 가장 중요한 억양 단서는 휴지와 휴지에 의하여 나타나는 문장 중의 억양구 경계 성조(문장 중의 핵억양), 그리고 장음화 현상이라 지적하였다. 그 중 휴지와 장음화는 경계 표지 기능을 수행한다(안병섭, 2010:52, 118). 그러나 휴지와 장음화의 유무는 운율 단위의 구분과 관련이 있으나 전달된 의미에 큰 영향을 미치지 않는다. 또한 문장 중에서 나타나는 억양구 경계 성조에 대해서 안병섭(2010:171)에서 비종결 경계 성조는 발화의 정보 구조를 형성하고 세분화하는 기능을 담당하기도 하고 후행 운율 구성 요소와의 통사적, 정보적 관계를 긴밀히 이어주는 역할을 한다고 지적하였다. 이는 비종결 경계 성조와 전달 의미의 관계를 명확하게 설명하는 것이 어렵다는 사실을 알려 준다. 말마디 억양을 분석 대상에서 제외한 두 번째 이유는 관련된 단서에 대한 지각 범주화를 밝힐 수 있다고 하더라도 큰 의미가 없기 때문이다. 즉 몇 초 동안 말을 하지 않아야 휴지로 인지하는지, 끝음절의 지속 시간이 얼마나 길어야 경계가 형성되는지를 분석하는 것이 교육적 의미를 지니지 않는다고 할 수 있다. 따라서 본 연구는 말마디 억양을 제외하여 핵억양과 말토막 억양을 연구 대상으로 삼았다.

2.2.1. 말토막 억양의 기능

한국어 말토막 억양의 내재적 음높이 실현이 기본 패턴인 THLH에 따르기 때문에 한국어 말토막 억양이 자연스러운 한국어 억양의 형성에 영향을 미친다는 견해를 쉽게 찾을 수 있다(박기영·이정민, 2018 등). 또한 이호영(1991)에서 말토막 억양의 유형이 전달하는 감정이나 태도를 제시했듯이 말토막 억양은 감정 및 태도의 전달 기능을 담당하기도 한다. 이외에 말토막 억양의 기능이라 명시적으로 정의하지 않았으나 문장 초점의 전달과 억양 경계 형성에 대한 언급을 찾을 수 있다. 즉 말토막 억양의 기능은 문장 초점의 전달 기능, 말토막 억양 경계의 의미 전달 기능, 자연스러운 억양의 형성 기능, 감정 및 태도의 전달 기능으로 나눌 수 있다. 이어서 기존의 연구 결과를 바탕으로 이 네 가지의 기능에 대하여 보다 자세하게 살펴보도록 하겠다.

2.2.1.1. 문장 초점의 전달 기능

문장 초점이란 문장에서 강조를 받는 부분을 가리킨다. 이는 음성, 의미, 형태, 통사론적으로 다양하게 나타나지만 본 연구는 음성적 특징에 초점을 두어 문장 초점을 '발화 상에서 새로운 의미를 부가하며 이러한 의미를 운율적인 특징으로 나타내는 요소(김미란 외, 2000)'로 정의한다. 김미란 외(2000)는 언어학적으로 의미와 운율 실현 특징에 따른 초점의 분류를 강조초점과 정보초점으로 제시하였다. 권성미(2009:5)에 따르면 강조초점(협의 초점)은 문장 내에서 한 요소, 흔히 한 단어가 초점을 받을 경우이며, 정보초점(광의 초점)은 구나 문장 전체가 초점이 되는 경우를 말한다.

〈표 2-9〉 의미와 운율 실현 특징에 따른 초점의 재분류(김미란 외, 2000:205)

초점의 종류	특징	운율 실현 범위
강조초점	- 어휘적 대조 의미나 어휘 단위의 대조 의미 - 화자의 의도에 따른 강조 - 감정이나 태도와 같은 언어외적인 요소도 개입될 수 있음 - 문장 해석에서 초점받은 단위의 의미 강조	액센트구 (말토막)
정보초점	- 발화의 중심 정보 기능 (의문문의 경우에는 질문의 의도와 직접 관련)	억양구(말마디)

위 표를 통해서 알 수 있듯이 초점은 단어 단위(말토막)에서 나타날 수도 있고 문장 단위(말마디)에서도 나타날 수 있다. 본 연구에서 초점의 전달 기능을 말마디 억양이 아닌 말토막 억양의 기능으로 보게 된 이유는 정보초점(광의 초점)은 문맥의 영향을 크게 받으므로 억양의 측면에서만 논의하는 것이 쉽지 않기 때문이다. 즉 본 연구에서 논의된 초점은 말토막 측면에서 실현되는 강조초점(협의 초점)이다.

기존의 연구 결과들을 정리하자면 초점 전달과 관련된 억양 단서는 음높이의 변화 정도, 음높이 변화의 지속 시간(음길이), 말토막 억양 경계 해지가 있음을 알 수 있다. 이어서 이 세 가지의 단서를 구체적으로 살펴보도록 하겠다.

음높이의 변화 정도에 대하여 김미란 외(2000)는 다음과 같이 지적하였다. "기본주파수는 초점이 부여되는 경우에 기본주파수의 상승점이 주변보다 같거나 높게 나타난다. 이것은 지각적인 측면에서 상대적인 돋들림을 갖게 된다. 돋들림은 절대적인 수치로서가 아니라 주변과의 상대적인 높이로 지각되는데, 억양에서의 일반적인 단계 하강적 곡선에서 이전의 정점과 같거나 높이 나타나게 되면 이것이 다른 부분보다 강조된다고 지각하게 된다." 이 말을 그림으로 표현하면 다음과 같다. 즉 음높이의 상승을 통해서 초점이 실현된다.[27]

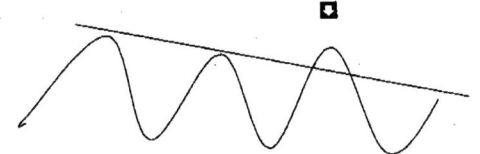

〈그림 2-7〉 초점이 부여된 경우의 돋들림 (김미란 외, 2000)

그렇다면 여기서 음높이가 어느 정도 높아야 하는지가 문제가 된다. 이에 대해서 두 가지의 의견이 있다. 첫째, 문장의 최고점이 초점 부분에 있어야 한다. 즉 초점의 위치와 상관없이 문장의 최고점은 초점을 받는 어절에서 나타난다. 권성미(2009)와 Oh & Kim(2004)의 연구 결과가 이에 해당한다. 이와 달리 민광준·최영숙(1994)은 문장 내에서 초점이 놓인 곳의 피치값이 늘 가장 높은 것은 아니라고 지적하였고, 민광준(2004)은 지각 실험을 통해서 최고점의 위치가 아니라 기본주파수의 상승폭이 초점의 특징이 된다고 지적하였다. 이상의 연구 결과 간 차이가 있었으나 초점 단서의 측면에서 보면 모두 초점 전달이 초점을 받은 부분에서의 최고점 음높이의 상승폭과 관련이 있다고 주장하는 것이다.

한편 원유권(2019)은 이상의 연구와 달리 산출의 측면이 아닌 지각의 측면에서 초점의 음성학적 특징을 밝혔다. 이 연구에서는 음높이뿐만 아니라 음높이 변화의 지속 시간, 즉 음길이에 의한 초점 실현에 대한 한국인 모어 화자의 지각 양상을 분석하였고 음높이와 음길이가 모두 초점의 지각 단서가 될 수 있다는 사실을 증명하였다. 초점 실현에 있어서 음길이의 역할을 강조한 연구로 Eady & Cooper(1986) 등도 있다.

이어서 말토막 억양 경계 해지란 단서를 살펴보도록 하겠다. 말토막

---

27 음높이 하강을 통하여 초점을 실현한다는 견해가 일반적이지 않다. 그 이유는 Steppling & Montgomery(2002:455)에서 지적했듯이 인간은 최저점보다 최고점에 더 민감하기 때문이라고 할 수 있다.

억양 경계 해지란 초점 받은 단위가 이어지는 음절들을 자신과 하나의 말토막 억양으로 형성하게 되는 현상이다. 아래 그림에서 보다시피 '오후에'가 초점이 되면 뒤의 '영어를 배워요'라는 말토막과 하나의 말토막 억양이 실현된(오른쪽) 반면 '오후에'에 초점이 맞춰지지 않으면 '오후에'와 '영어를 배워요'가 두 개의 말토막 억양으로 나타난다(왼쪽).[28] 그러나 말토막 억양 경계 해지 현상이 나타나지 않아도 초점이 실현될 수 있다는 것을 유의하여야 한다.

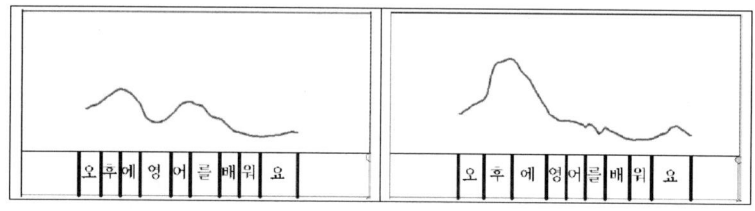

〈그림 2-8〉 한국어 중립초점과 부분초점의 운율적 구분 (곽선우. 2014:23)

이상의 논의를 통해서 초점 전달은 음높이의 변화 정도, 음길이(지속시간), 말토막 억양 경계 해지와 긴밀한 관계를 맺고 있다는 것을 알 수 있다. 이어서 한국어교육에서 억양의 문장 초점 전달 기능을 어떻게 다뤄왔는지를 살펴보도록 하겠다. 앞에서 초점 전달과 깊은 관련을 짓는 단서를 음높이의 변화 정도, 음길이의 변화, 말토막 억양 경계 해지로 제시했듯이 한국어교육에서도 이 세 가지의 단서에 초점을 맞춰 연구를 진행하였다. 관련된 연구 중 음높이 변화에 대한 연구가 큰 비중을 차지하였다.

28　다시 말해서 왼쪽 그림에서는 '오후에'와 '영어를 배워요'는 두 개의 말토막 억양이라서 '어'는 H로 실현된다. 오른쪽 그림에서는 '오후에'와 '영어를 배워요'가 하나의 말토막 억양으로 형성되기 때문에 최고점인 '후'부터 끝에서 두 번째 음절인 '워'까지 음높이가 점점 내려가는 추세를 보인다. 말토막 억양 경계 해지의 특징, 즉 말토막 억양 경계를 어떻게 구분해야 하는지에 대해서 다음 절인 '말토막 억양 경계의 의미 전달 기능'이란 부분에서 더 자세하게 논의할 것이다.

예를 들면 권성미(2009)는 최고점의 위치와 초점의 관계의 측면에서 학습자와 한국인 모어 화자의 초점 실현 양상을 분석하였고, 곽선우(2014)는 기본주파수의 상승폭과 초점의 위치의 측면에서 중국인 학습자와 한국인 모어 화자의 초점 실현 양상을 분석하였다. 그 결과 학습자가 초점 전달 여부에 따른 음높이의 변화를 제대로 실현하지 못하였다. 또한 권성미(2009)와 곽선우(2014)는 말토막 억양 경계 해지 현상에 대해서도 분석하였는데, 학습자가 말토막 억양 경계 해지를 제대로 실현하지 못했다는 결론을 내렸다.

한편, 음길이에 대한 학습자의 습득 양상을 논의한 연구를 찾기가 어려우나, 원유권(2019)에서 초점을 받은 부분의 음길이가 초점 지각에 영향을 미친 것으로 나타났고 오미라(2008)에서 초점 실현 여부에 따라 음길이가 달라진 것으로 나타났기 때문에 음길이를 통한 초점 전달에 대한 학습자의 습득 양상에 대해서도 분석할 필요가 있다고 할 수 있다.

이상의 논의를 통해서 알 수 있듯이 초점과 관련된 억양 단서는 음높이의 변화 정도(최고점 음높이), 음길이(지속 시간), 말토막 억양 경계 해지이다. 또한 한국어교육에서 초점 전달과 관련된 학습자의 습득 양상을 분석한 연구가 적으면서도 체계적이지 않다는 점을 알 수 있다. 따라서 본 연구는 최고점 음높이, 음길이, 말토막 억양 경계 해지에 대한 한국인 모어 화자와 중국인 학습자의 지각 양상과 산출 양상을 모두 분석하여 말토막 억양의 초점 전달 기능에 대한 보다 전면적인 분석을 진행하고자 한다.

2.2.1.2. 말토막 억양 경계의 의미 전달 기능

가: 이 시를 **지은 이가** 무대 위에서 낭독을 했다.
나: 가장 먼저 **지은이가** 무대 위에서 낭독을 했다.

김태경·이필영(2012)에서 제시한 위 예문처럼 말토막 억양의 경계 형성 여부에 따라 전달한 의미가 달라진 경우가 있다. 말토막 억양의 경계 단서에 대하여 신지영·차재은(2006)에서 다음과 같이 설명한 바 있다. 즉 문장 성분이 두 개의 말토막으로 실현되는 경우에 첫 말토막의 끝음절과 후행하는 말토막의 첫음절 사이의 음높이 차이가 크다. 다시 말해서 하나의 말토막에서는 내삽에 의한 하강 양상을 보이지만 말토막 억양이 새게 시작되면 음높이를 다시 조절하여야 하기 때문에 첫 말토막의 끝음절과 후행하는 말토막의 첫음절 사이의 음높이 차이가 커질 수밖에 없다. 이와 관련하여 김태경·이필영(2012)은 합성명사와 관계절 구성에 따른 운율적 특성을 분석하였다. 그 결과 합성명사 같은 경우에는 선행 요소의 끝음절과 후행 요소의 첫음절의 음높이가 비슷하며 하나의 말토막으로 이루어진 반면 관계절 구성은 관계절과 피수식 명사 사이에는 뚜렷한 음높이 차이가 나타나면서 말토막 억양 경계가 놓였다. 따라서 첫 말토막의 끝음절과 후행하는 말토막의 첫음절 사이의 음높이 차이가 말토막 억양의 경계를 식별하는 기준이라 할 수 있다.

말토막 억양의 경계 특징에 대해서는 다른 의견도 있다. 오미라(2006)는 말토막 억양(액센트구)의 특징을 다음 표와 같이 제시하였는데 구절말 톤 실현 양상에서 H만 제시하였다. Kim, Mitterer, & Cho(2018)도 한국인 모어 화자가 끝의 H톤을 통하여 말토막 억양 경계를 형성한다는 사실이 증명되었다. 즉 말토막 억양 패턴의 기본형인 THLH처럼 끝음절의 음높이가 높게 실현된 것이 말토막 억양 경계의 특징이라 주장한다. 그러나 실제 발화에서 말토막 억양의 끝음절이 L로 실현된 경우가 있고, Jun(2000)과 이호영·손남호(2007)에서 제시한 강세구나 말토막 억양 패턴에서도 L로 끝나는 경우가 존재하기 때문에, 끝음절을 높게 실현하는 것은 말토막 억양 경계가 나타나는 상징이지만 그 절대적인 변별 기준이 아니다. 따라서 본 연구는 끝음절의 실현 양상을 말토막 억양 경계를 구분하는 절대적 기준으로 간주하지 않았다.

〈표 2-10〉 액센트구의 실현 특징 (오미라, 2006)

톤 실현		음절말 장음화	휴지
구초 톤 실현	구말 톤 실현		
LH 또는 HH(구철초의 분절음에 따라)	LH(마지막 두 음절에 톤이 부여됨)	X	X

말토막 억양의 경계 특징에 대해서 이호영(1997)은 '짧은 휴지'라는 개념도 제시하였다. 즉 짧은 휴지가 나타나면 말토막 억양의 경계가, 긴 휴지가 나타나면 말마디 억양의 경계가 형성된다고 주장하였다. 그러나 이 연구는 '짧은 휴지'와 '긴 휴지'를 어떻게 구별해야 하는지를 밝히지 않았으며 '짧은 휴지'를 심리적 개념에 더 가까운 개념으로 제시하였다. 또한 다음 표처럼 일반적으로 '휴지'는 말토막 억양의 경계가 아니라 말마디 억양의 경계로 보고 있기 때문에 휴지를 말토막 억양의 경계 상징으로 보기가 어렵다고 할 수 있다.

〈표 2-11〉 강세구 연접의 양상 (안병섭, 2010)

일정한 성조 연쇄	경계 성조	말음절 장음화	휴지
O	X	X	X

이 외에 말토막 말 음절의 장음화에 대한 언급도 있다. 김태경·이필영(2012)은 관계절의 선행 요소의 끝음절의 지속 시간은 합성명사의 선행 요소의 끝음절의 지속시간보다 유의미하게 길었다는 결론을 내렸다. 이와 달리 오미라(2006)와 안병섭(2010)은 말음절 장음화를 말토막 억양 경계의 특징으로 보지 않았다. 이는 서로 다른 측면에서 말토막 억양 경계의 특징을 살펴보았기 때문이라고 할 수 있다. 즉 오미라(2006)와 안병섭

(2010)은 말마디 억양(문장 억양)과 비교하면서 말토막 억양의 경계 특징을 제시하였지만 김태경·이필영(2012)은 합성명사와 관계절 구성의 차이를 논의하면서 결론을 내렸다. 본 연구는 합성명사와 관계절 구성의 차이처럼 의미 전달의 측면에서 말토막 억양 경계 형성을 논의하기 때문에 말음절 장음화도 의미 전달에 영향을 미칠 수 있는 단서로 보기로 하였다. 관계절의 선행 요소의 끝음절의 지속 시간과 합성명사의 선행 요소의 끝음절의 지속 시간이 확실히 다르다는 연구 결과가 있었기 때문이다.

이상의 논의를 바탕으로 본 연구는 후행 말토막 의 첫음절과 선행 말토막의 끝음절의 음높이 차이, 선행 말토막의 음절말 장음화를 말토막 억양 경계를 구별하는 기준으로 제시한다. 이어서 한국어교육에서 이에 대하여 어떻게 논의하고 있는지를 살펴보도록 하겠다.

한국어교육에서 말토막 억양의 경계 형성에 의한 의미 전달과 관련된 학습자의 습득 양상을 분석한 연구는 김태경·백경미(2016) 외 찾기가 어렵다. 이 연구에서 중국인 학습자가 합성명사를 두 개의 말토막 억양으로 발화한다는 것과 중국인 학습자가 합성명사와 관계절 구성에서 원어민 화자들이 보이는 시간적 특성의 차이를 구현하지 못한다는 결론을 내렸다. 이는 중국인 학습자가 말토막 억양의 경계 형성에 어려움을 겪을 수 있다는 점을 알려 준다.

2.2.1.3. 자연스러운 억양의 형성 기능

억양의 모든 기능이 자연스러운 억양의 실현과 관련이 있음에도 불구하고 여기서 말토막 억양의 '자연스러운 억양의 형성 기능'을 다루게 된 이유는 말토막 억양의 자연성이 의미 전달에 영향을 미치지 않으나 학습자를 위한 말토막 억양 연구에서 말토막 억양의 자연성 연구가 중요한 위치를 차지하기 때문이다. 자연스러운 억양의 형성 기능은 말토막 억양 패턴의 일반적인 규칙과 관련이 있다. 앞에서도 언급했지만 말토막 억양의 기본 패턴은 THLH이다.[29] T는 말토막의 첫 번째 음절의 초성이 격음이나 경음, 마찰음(강자음)이면 높게(H) 실현되고 그렇지 않으면(약자음) 낮게(L) 실현되는 것을 의미한다(박기영·이정민, 2018:168). 예를 들면 '할머니는'의 경우 첫음절이 'H'로 실현되고 '아버지는'의 경우 첫음절이 'L'로 실현된다. 'THLH'는 네 개의 음절로 이루어진 말토막 억양의 기본 패턴이지만 다른 음절수로 이루어진 말토막 억양 실현에도 적용이 가능하다. 즉 말토막 억양은 구성되는 음절수와 상관없이 초성이 강자음이라면 H로 시작하고 약자음이라면 L로 시작하는 것이 일반적인 규칙이다.

한국어 말토막 억양의 또 하나의 특징은 하나의 음절에 하나의 음높이를 얹는 것이 일반적이라는 것이다(안병섭, 2010). 가맹맹(2020a)에서도 중국인 학습자에게 하나의 음절 안에 음높이 변화가 일어나는 현상이 흔히 발생하고 이러한 현상에 대해서 한국인 모어 화자가 모두 자연스럽지 않다고 판단하였다는 것으로 나타났다.

이 외에 음높이의 기울기도 말토막 억양의 하나의 특징이다. Jun(1998)은 LHLH 패턴의 가운데에 나오는 억양 내림('HL') 구간의 경사도가 음절수에 따라 달라짐을 밝혔다. 즉 4음절에는 -0.8Hz/ms로, 6음절에는 -0.2Hz/ms로 음절수가 증가함에 따라 경사도가 완만해지며, 선행 말토막 끝에 나오는 Ha와 후행 말토막 처음에 나오는 L 사이의 높이(pitch) 내림은 -0.5∼-0.7Hz/ms로 말토막 안에 나오는 억양 내림보다 억양의 변화 폭이 더 크다. 이지연·이호영(2013)에서도 말토막 억양의 기울기에 대하여 분석하였고 억양 패턴마다 목표점과 목표점 사이의 변화율이 어느 정도 고정되어 있다는 사실을 밝혔다. 말토막 억양의 기울기 실현 양상에서 또 하나의 특징은 윤영숙(2012:54)에서 지적했듯이 일반적으로 두 번째

---

29 Jun(2000)은 산출 양상을 바탕으로 제시되었다.

음절의 음높이가 첫 번째의 음절보다 비슷하거나 높게 실현되는 것이다.
　또한 말토막 억양의 지속 시간에 대한 논의도 있었다. 여기서 말한 시간은 화자가 일부러 조절하는 것이 아니라 말토막 억양 자체가 지닌 시간을 가리킨다. 안병섭(2010)은 말토막 억양을 발화할 때 심리적 등시성을 지닌다고 지적하였다. 다시 말해서 네 개의 음절로 이루어진 말토막의 발화 시간은 두 개의 음절로 이루어진 말토막의 발화 시간의 두 배가 아니다. 즉 발화자의 심리적 요인으로 음절수에 따라 각 음절의 지속 시간을 조절하는 것이다.
　이상에서 말토막 억양의 실현 패턴, 음높이 지점의 실현 규칙, 기울기, 지속 시간에 대해서 살펴보았고 이어서 한국어교육에서 이러한 말토막 억양의 특징에 대해서 어떻게 다뤄 왔는가를 살펴보도록 하겠다. 우선 음절수에 따른 말토막 억양 패턴에 대한 연구에 있어서 박지연(2009), 윤영숙(2012), 인지영·성철재(2013) 등 연구에서 초성 성질에 따른 중국인 학습자의 음높이 실현 양상을 분석하였고 중국인 학습자가 약자음으로 시작한 경우에 오류를 많이 범했다는 비슷한 결론들을 내렸으며 초성 자음이 약자음일 때 저성조로 실현할 수 있도록 주의할 필요가 있다고 조언하였다. 초성의 성질에 따라 말토막 억양 패턴이 확실히 달라지기 때문에 초성의 성질에 따른 음높이 실현은 한국어교육에서 흔히 보일 수 있는 연구 주제이다.
　이외 말토막의 음높이 기울기도 연구자의 관심을 받았다. 윤영숙(2012)은 두 번째 음절의 음높이가 첫 번째의 음절의 음높이보다 낮게 실현된 것이 중국인 학습자의 대표적 오류라는 것을 증명하였다. 이와 비슷하게 인지영·성철재(2013)는 중국인 학습자가 실현된 문두 말토막 억양의 첫 음절과 두 번째 음절 사이의 F0 기울기를 측정하였으며 [고성조(H)+두 번째 음절로 이루어진 결합에서는 한국인 원어민의 기울기 평균값은 상향 기울기를 보인 반면, 중국인 학습자의 기울기 평균값은 하향 기울기를 보인다는 결론을 내렸다.

또한 말토막 억양의 음높이 정점 개수에 대한 연구도 있었다. 오재혁(2014c)은 숙달도에 따른 중국인 학습자의 한국어 억양 실현 양상을 분석하였고 다음과 같은 결론을 내렸다. 첫째, 한국인에 비해서 중국인이 음높이 움직임의 변동을 많이 만들어 냈다. 즉 하나의 음절에 두 개의 음높이가 실리는 것은 중국인 학습자의 특징이다. 이는 중국어 성조의 영향으로 설명할 수 있다. 둘째, 한국인에 비해서 중국인 학습자에서 발화 내에서 최고, 최저 음높이 정점의 수가 많이 나타났다.

이상의 논의를 바탕으로 본 연구는 자연스러운 말토막 억양의 전달에 대하여 두 가지 위주로 연구하기로 하였다. 첫째, 초성의 성질에 의한 기본형 THLH이다. 둘째, 기본형 THLH에 의한 첫 번째 음절과 두 번째 음절의 기울기이다. 초성 성질에 따른 말토막 억양 패턴의 실현이 말토막 억양의 대표적인 특징이며 말토막 억양에 대한 주된 연구 주제라 연구 내용에 포함되어야 한다고 할 수 있다.

이외에 첫 번째 음절과 두 번째 음절의 기울기도 교육 내용에 들어가야 할 이유는 기존의 연구에서 이미 밝혔듯이 이러한 오류는 중국인 학습자의 뚜렷한 산출 특징이기 때문이다. 물론 두 번째 H와 세 번째의 L 간의 기울기 등과 같은 기울기에 대한 연구 결과도 있었으나 이는 매우 세분적인 내용이라서 교육의 초점이 되기에 무리가 따른다. 이 외 하나의 음절에 하나 이상의 음높이를 얹는 것도 중국인 학습자의 발화 특징이라 밝힌 연구들이 있었으나, 그 오류 원인은 중국어 성조의 영향이기 때문에 지각 범주화와 지각과 산출의 관계에 초점을 둔 본 연구의 연구 내용으로 삼기가 적절하지 않다고 판단하였다.

또한 지속 시간을 연구 대상으로 삼지 않은 것은 지속 시간에 대한 일정한 기준이 없으며 단지 화자의 심리적 반응과 관련되어 있기 때문이다. 그리고 음절수에 따른 모든 말토막 억양 패턴을 연구 대상에서 제외한 이유는 음절수에 따른 모든 말토막 억양 패턴을 학습자에게 가르치는 것이 큰 의의가 없고 이에 비해 말토막 억양의 기본형이자 모든 음절수에 활용할 수 있는 THLH 위주로 교육하여야 한다고 판단하였기 때문이다.

이상의 논의를 한 마디로 정리하자면 지각 범주화 및 지각과 산출의 관계에 초점을 둔 본 연구는 자연스러운 억양의 형성 기능에 있어서 첫째는 초성의 성질에 의한 기본형 THLH, 둘째는 첫 번째 음절과 두 번째 음절의 기울기가 그 연구 대상이 되어야 한다고 판단하였다.

2.2.1.4. 감정 및 태도의 전달 기능

아래 절에서 논의하겠지만 감정 및 태도의 전달은 주로 핵억양에 의해 실현된다. 그러나 이호영(1996)에서 한국어 말토막 억양의 패턴에 얹힌 감정이나 태도도 함께 논의했듯이 말토막 억양도 감정 및 태도를 전달하는 기능을 담당한다. 이호영(1996)에서 제시했듯이 오름조는 화자와 청자 사이에 친분 관계를 전달하고, 수평조는 사무적인 태도를 전달하고, 내림조는 '기운 빠진' 혹은 '흥미 없는' 태도를 전달하고, 오르내림조는 어떤 내용을 강조한다.[30] 그러나 이호영(1996) 외 말토막 억양이 어떤 감정이나 태도를 전달할 수 있는지를 검토한 연구가 거의 없었다. 한국어교육 연구 분야에서도 말토막 억양이 전달된 감정이나 태도를 검토한 연구를 찾기가 어렵다. 가장 핵심적인 이유는 감정을 표현하는 데 핵억양은 결정적인 역할을 담당하고 있으며 말토막 억양은 부수적인 감정이나 태도의 전달 기능만 담당하고 있기 때문이다. 또한 감정에 따라 말토막 억양이 달라질 수 있으나 사람이 화가 날 때 자연스럽게 발화 속도가 빨라지고 또한

---

30 이호영·손남호(2007)는 말토막 억양 패턴의 수정안을 제시하였으나 수정된 말토막 억양 패턴이 어떤 감정이나 태도를 전달할 수 있는지를 밝히지 않았다. 따라서 여기서는 수정안의 말토막 억양 유형의 표시 방법(H/L로 표시)이 아니라 이호영(1996)에서 제시된 말토막 억양 유형으로 표현한다.

흥분하면 피치값이 높아지며 변화폭이 커지는 것이 자연스럽게 발생하는 일이다. 다시 말해서 이와 같은 내용을 별도로 교육할 필요가 없다고 할 수 있다. 이에 본 연구는 말토막 억양의 감정 및 태도의 전달 기능을 학습자에게 가르칠 필요가 없다고 주장하고 분석 대상에서 제외하였다.

2.2.2. 핵억양의 기능

이호영(1997)은 한국어 억양의 기능을 문법적 기능, 화용론적 기능, 감정 및 태도의 전달 기능으로 나누면서 각 기능을 수행할 때 핵억양(문말 억양)이 어떻게 실현되는지는 분석하였다. 그 중 문법적 기능은 문장 유형에 따라 핵억양을 다르게 실현하는 것을 가리키고, 화용론적 기능은 동일한 형태임에도 불구하고 억양에 따라 다른 의미를 전달하는 것을 가리키고, 감정 및 태도의 전달 기능은 억양을 통해 화자의 감정이나 태도를 전달하는 것을 가리킨다. 그 후 대부분 연구에서는 핵억양의 기능을 문법적 기능, 화용론적 기능, 감정 및 태도의 전달 기능으로 나누었다. 그럼에도 불구하고 다른 기능 체계를 제시한 연구도 있는데 권성미(2016)와 박기영·이정민(2018)이 그 예이다.

권성미(2016)는 한국어 억양의 기능을 문법적 기능, 태도 및 감정 표시 기능, 담화 기능, 사회언어학적 기능으로 나누었다. 문법적 기능은 통사적 특징을 표시하는 기능이고, 태도 및 감정 표시 기능은 화자의 태도와 감정을 표시하는 기능이고, 담화 기능은 언표내적 행위를 표시하는 기능이고, 사회언어학적 기능은 발화자의 성별, 나이, 직업, 사회적 배경, 지역적 배경, 청자와의 관계 등을 알게 해 주는 기능이다. 이와 비슷하게 박기영·이정민(2018)에서도 문법적 기능, 화용론적 기능, 감정 및 태도의 전달 기능, 사회언어학적 기능을 제시하였다.

보다시피 권성미(2016)와 박기영·이정민(2018)에서의 억양 기능 체계는 사회언어학적 기능의 존재 여부에서 이호영(1997)의 억양 기능 체계와 차이가 난다. 억양은 사회언어학적 기능을 수행할 수 있다는 점은 부정할 수 없다. 그러나 박기영·이정민(2018:174)에서도 지적했듯이 사회언어학적 기능은 언어학적인 연구 가운데 한국어 교육에 적용할 만한 일반적인 원리가 합의된 것을 현재로는 찾기 어렵다. 또한 억양의 사회언어학적 기능은 일반적 학습자가 필수적으로 알아야 하는 내용이 아니기 때문에 한국어교육의 측면에서 이에 대한 논의도 거의 없었다. 따라서 한국어 교육 입장에서 억양을 살펴본 본 연구는 억양이 사회언어학적 기능을 수행할 수 있다는 것에 동의함에도 불구하고 이를 분석 대상에서 제외하여 한국어 핵억양의 기능을 문법적 기능, 화용론적 기능 감정 및 태도의 전달 기능으로 나누었다.[31] 이어서 핵억양의 이 세 가지의 기능을 더 자세하게 살펴보도록 하겠다.

2.2.2.1. 문법적 기능

핵억양의 문법적 기능이란 문장 유형에 따라 억양이 다르게 실현되는 것을 가리킨다. 이호영(1997)은 한국인 모어 화자의 산출 양상을 바탕으로 각 문장 유형에 나타나는 핵억양 특징을 밝힌 바 있다. 이 연구는 예-아니오 의문문에는 오름조가 얹히고, 평서문과 의문사 의문문, 명령문, 청유문에는 내림조가 얹힌다는 일반적인 견해에 반대하여 각 문형에 얹힐 수 있는 핵억양 패턴을 다음 표와 같이 제시하였다.

---

[31] 물론 자세히 살펴보면 핵억양은 다른 기능들도 수행할 수 있다. 예를 들면 영어에 대한 연구에서 핵억양의 발화권 교대 기능에 대한 언급을 찾을 수 있다. 즉 Keitel, et al.(2013:265)에서 지적했듯이 내림조로 핵억양을 실현하느냐 아니면 오름조로 핵억양을 실현하느냐에 따라 발화권을 유지하거나 상대방에게 옮길 수 있다. 그러나 이 기능은 언어 보편성을 지니며 습득이 비교적 쉽다고 할 수 있기 때문에 억양 교육 연구에서 이에 대해 많이 다루지 않았다. 따라서 교육에 초점을 둔 본 연구는 전체적인 한국어 억양 체계를 다룬 연구에서 언급하지 않으며 습득에 큰 어려움이 없을 가능성이 높은 기능에 대하여 다루지 않기로 하였다.

〈표 2-12〉 문장 유형에 따른 핵억양 패턴(이호영, 1997)

문장 유형	핵억양 패턴
예·아니오 의문문	높은 수평조, 온오름조, 높내림조, 낮내림조
부정 대명사가 포함된 예·아니오 의문문	높은 수평조, 온오름조
의문사 의문문	낮은 수평조, 낮내림조, 오르내림조, 가운데 수평조, 낮오름조, 내리오름조
평서문	낮은 수평조, 낮내림조, 오르내림조, 낮오름조, 내리오름조
명령문	낮내림조, 오르내림조, 낮오름조, 내리오름조
되물음 의문문	높은 수평조, 높내림조, 온오름조, 내리오름조, 오르내림조

　여기서 유의해야 할 점은 문장 유형에 따라 얹힐 수 있는 핵억양 패턴을 나열할 수 있으나 이호영(1997)도 지적한 바와 같이 문장 유형에 따른 핵억양 패턴은 절대적인 규칙이 아니며 화자의 감정과 태도에 따라 예외적인 핵억양이 얹히기도 하다. 이는 산출 양상에 대한 분석만 통해서 억양 형태와 전달 의미 간의 관계를 완벽하게 제시하지 못한다는 점을 알려 준다. 예외까지 포함한 모든 자연 발화를 수집할 수 없기 때문이다.

　이호영(1997) 외 많은 연구들에서도 문장 유형과 억양 형태 간의 대응 관계에 대해서 분석하였다. 예를 들면 이호영(1997)과 비슷하게 김선철(2013)은 실제 발화를 분석하여 각 문장 유형에 나타난 핵억양 패턴을 정리하였다. 다음 표에서 볼 수 있듯이 김선철(2013)은 이호영(1997)과 비슷한 결과를 얻었음에도 불구하고 그 결과 간에 다소 차이가 있다. 이 사실 또한 연구자에 따라 수집된 발화 양상이 다를 수 있기 때문에 산출 분석만으로 억양 형태와 전달 의미를 분석하는 방법이 한계점을 지닌다는 점을 알려 준다.

<표 2-13> 문장 유형에 따른 핵억양 패턴(김선철, 2013)

서술문	낮내림조, 낮은 수평조, 높내림조
판정 의문문	높은 수평조, 낮은 수평조, 낮내림조
부정 대명사가 포함된 판정 의문문	높은 수평조, 온오름조
설명 의문문	낮은 수평조, 낮내림조, 오르내림조, 가운데 수평조, 낮오름조, 내리오름조
확인 의문문	낮내림조, 높은 수평조
수사 의문문	낮은 수평조, 낮내림조, 오르내림조, 높내림조, 낮오름조
반문	높은 수평조, 높내림조
명령문	낮은 수평조, 가운데 수평조
청유문	낮은 수평조, 가운데 수평조

구본관 외(2015)도 문장 유형에 따른 문말 억양의 실현을 설명한 바 있다. 이 논저는 한국어의 실제 발화를 가지고 실험음성학적 분석을 통해 각 문장 유형에서 나타날 수 있는 문말 억양을 제시하는 것이 아니라 다음 표처럼 각 문장 유형에서 나타날 가능성이 높은 억양 형태를 기술하였다.

<표 2-14> 문장 유형에 따른 문말 억양(구본관 외, 2015:284-294)

평서문	약간 내리게 된다.
판정의문문	올리게 된다.
설명 의문문	약간 내리게 된다.
선택 의문문	선택항 교체 부분의 억양은 올라가지도 않고 내려가지도 않으면서 문말 억양은 약간 내려간다.
메아리 의문문	강하게 올라간다.
명령문	강하게 내리게 된다.
청유문	평서문과 거의 같다.

또한 산출 양상을 분석한 이상의 연구들과 다르게 오재혁(2011b)은 한국인 모어 화자의 지각적 양상을 바탕으로 문장 유형에 따른 핵억양 패턴과 높이를 다음 표와 같이 제시하였다. 이 연구는 산출에 초점을 둔 연구에서 밝히지 못한 음높이 변화 정도의 역할을 제시하였다.

〈표 2-15〉 문법적 기능에 따른 종결 억양 특징(오재혁, 2011b:185)

종결 억양 유형	문법 기능	음성적 특징
상승 억양	의문법	9ST 이상의 음높이로 상승
하강 억양	평서법(명령법)	3ST 이하의 음높이로 하강
낮은 상승-하강 억양	평서법(명령법)	굴곡 지점의 음높이: 6ST 이하 끝 지점의 음높이: -6ST~0ST 사이
높은 상승-하강 억양	의문법(감탄법)	굴곡 지점의 음높이: 12ST 이상 끝 지점의 음높이: -6ST~0ST 사이
하강-상승 억양	평서법(명령법)	굴곡 지점의 음높이: -6ST~0ST 사이 끝 지점의 음높이: 6ST 이하

이상의 억양의 문법적 기능에 대한 국어학적 연구를 통하여 두 가지의 결론을 내릴 수 있다. 첫째, 산출에 대한 연구 결과들 간 차이가 있을 뿐만 아니라 산출에 대한 연구 결과와 지각에 대한 연구 결과 간에도 차이가 있다. 또한 산출을 분석하느냐 아니면 지각을 분석하느냐에 따라 연구의 중점이 다를 수 있다.[32] 이는 억양을 정규화 시키는 데 억양에 대한 지각 양상과 산출 양상이 모두 중요하다는 사실을 얼려준다. 둘째, 지각 연구의 결과와 산출 연구의 결과를 합쳐서 보면 문법적 기능의 전달에 있어 핵억양 패턴과 핵억양의 변화 정도, 지속 길이가 중요한 역할을 수행한다. 다시 말해서 핵억양 패턴이 같더라도 음높이 변화의 폭이나

---

32 예를 들면 지각 연구를 통해 음높이의 변화 정도의 영향을 더 정확하게 밝힐 수 있다.

지속 길이에 따라 전달하는 의미가 달라질 수 있다.

그렇다면 한국어교육에서 핵억양의 문법적 기능에 대해서 어떻게 다루고 있는가? 오재혁(2018:84)에서 지적했듯이 한국어교육에 있어서 핵억양의 문법적 기능에 대한 연구에서 의문문 억양의 발화 양상을 분석한 연구가 큰 비중을 차지하였다. 그 중 특히 설명의문문과 판정의문문의 구분에 대한 연구가 대부분이었다. 그 외에 다른 의문문 종류의 핵억양 실현 향상에 대한 연구, 혹은 전체적인 의문문 체계에 대한 연구도 있었다. 그 연구들을 자세하게 살펴보면, 황현숙(2004)은 중국인 한국어 학습자의 판정의문문과 설명의문문의 억양 실현 양상을 분석한 결과 중국인 학습자들은 한국어의 판정의문문과 설명의문문의 핵억양을 상승조(H%)로 실현한 경우가 많지만, 한국인들은 설명의문문에서 끝음절에서 하강과 상승이 동시에 일어나는 LH%로, 판정의문문에서 문장 끝에서 두 번째 음절이 하강하고, 끝음절에서 상승이 급격하게 일어나는 H%로 실현하였다. 이와 비슷하게 정명숙(2003)은 한국인이 H% 패턴으로 판정의문문을 실현하고, LH% 패턴으로 설명의문문을 실현하는 것이 일반적이지만 중국인 학습자는 판정의문문과 설명의문문을 제대로 구별하여 발음하지 못하고 모두 끝음절의 음높이를 높이는 특징으로 나타났다는 결론을 내렸다. 또한 권성미(2011a)는 한국인 모어 화자와 중국인 학습자가 모두 상승조 위주로 설명의문문과 판정의문문을 실현했다고 밝혔고, 오선화(2015)는 중국인 학습자가 같은 핵억양 패턴으로 판정의문문과 설명의문문을 실현한다는 결론을 내렸다.

그러나 이상의 연구와 다른 결과를 내린 연구도 있었다. 박지현(2012)은 서법에 따른 한국인과 중국인의 실현 양상을 비교한 결과 중국인 학습자는 모두 평탄조로 판정의문문과 설명의문문을 발음한 반면 한국인은 판정의문문에서 H%로, 설명의문문에서 HL%로 발음하였다. 가맹맹(2019)은 한국인이 일반적으로 판정의문문에서 H%로, 설명의문문에서 HL%로 발음한 반면 중국인 학습자는 모두 H%로 발음한 것으로 나타났다.

이상의 연구들을 통해 두 가지의 사실을 알 수 있다. 첫째, 판정의문문의 핵억양 산출 양상에 대한 연구 결과들이 비슷하지만 설명의문문의 핵억양 산출 양상에 대한 연구들의 결과 간 차이가 있었다. 둘째, 명백한 것은 중국인 학습자가 한국어의 설명의문문과 판정의문문을 구별하여 실현하는 데 어려움이 있다는 것이다.

판정의문문과 설명의문문 외 다른 의문문 유형에 대한 연구도 있다. 황명숙(2006)은 중국인 학습자의 반복의문문의 억양 실현 양상을 분석하였으며 반복의문문의 억양에 대한 중국인들의 습득 수준이 높음을 증명하였다. 또한 오선화(2015)와 구려나(2017)는 '지요'의문문과 선택의문문처럼 일반적으로 오름조가 아닌 억양 패턴으로 실현해야 하는 의문문을 습득하는 데에 중국인 학습자가 큰 어려움을 겪는다는 사실을 밝혔다.

의문문에 대한 연구 결과를 정리하면 세 가지의 결론 내릴 수 있다. 첫째, 중국인 학습자는 오름조가 아닌 억양 패턴으로 실현해야 하는 의문문을 습득하는 데 어려움이 있다. 둘째, 설명의문문과 판정의문문을 구분하여 발화하지 못한다는 것은 중국인 학습자의 특징이다. 셋째, 중국인 학습자를 위한 연구는 산출 양상에만 집중하고 있었다.

이어서 의문문 외의 문장 유형을 살펴보도록 하겠다. 한국어의 문장 유형에 있어서 의문문 외 평서문, 청유문, 명령문, 감탄문도 있으나 문법적 기능과 관련하여 평서문, 청유문, 명령문만 대해서 논의하도록 하겠다. 억양과 관련하여 감탄문은 감정 및 태도의 전달 기능에 더 가깝다고 판단하였기 때문이다. 가맹맹(2019)은 평서문, 명령문, 청유문에 대한 중국인 학습자와 한국인 모어 화자의 억양 실현 양상을 분석한 결과 중국인 학습자가 실현하는 억양 패턴에 큰 문제가 없었다. 그러나 앞에서도 제시했듯이 문법적 기능의 실현에 있어서 패턴은 유일한 단서가 아니다. 이와 관련되어 정혜인(2014)은 중국어의 경성과 결합하여 중국인 학습자의 문장 유형 실현 양상을 설명한 바 있다. 즉 중국인 학습자는 중국어의 영향을 받아 한국어의 문말 음절을 짧게 실현하기 때문에 평서문을 명령문처럼 발화하는 경우가 있다. 또한 평서문과 명령문의 구별에 대해서 구본관 외(2015)에서 지속 시간 외 핵억양의 내린 정도에도 차이가 있다고 지적 하였다. 따라서 이론적으로 보면 평서문과 명령문의 구별에 있어서 핵억 양의 지속 시간과 음높이 변화 정도가 중요한 단서가 된다.

이상의 문장 유형에 따른 억양에 대한 논의들을 바탕으로 핵억양의 문법적 기능 교육 시 고려해야 할 점들을 다음과 같이 제시한다. 첫째, 중국인 학습자가 의문문의 억양을 습득함에 있어 판정의문문과 설명의문 문에 대한 구별, 내림조로 실현하는 의문문의 습득이 난점이다. 둘째, 핵억양 길이와 변화 정도에 따른 평서문과 명령문의 구별이 난점이다. 셋째, 문법적 기능의 교육에서 유의해야 할 단서는 핵억양 패턴, 핵억양 변화의 정도, 핵억양의 음길이(지속 시간)다.

2.2.2.2. 화용론적 기능

억양의 화용론적 기능이란 동일한 표현이 화자의 의도에 따라 다른 억양을 갖게 되는 것이다(박기영·이정민, 2018:174). 화용론적 기능은 양태에 따른 억양의 실현과 담화 기능에 따른 억양의 실현으로 나눌 수 있다. 우선 양태에 따른 억양의 실현을 살펴보도록 하겠다. 화용론적 측면 에서 양태에 따른 억양의 실현은 종결형 연결어미와 관련이 있다. 국어학 적으로 양태 어미에 대한 연구는 많았으나(박재연, 1999, 2006; 신지연, 2000 등) 양태 어미와 억양을 함께 다룬 연구는 많지 않았다.

양태 어미와 억양의 관계에 대해서 조민하(2018)는 '-네', '-지', '-구나' '-거든'을 분석 대상으로 선정하고 통계분석을 통해서 연결어미의 종결형 이 전달하는 의미가 억양 패턴과 상관관계를 맺는다는 사실을 증명하였 다. 이를 전제로 하여 박기영(2009)은 국립국어원(2005)을 바탕으로 의미에 따라 다른 억양 형태로 실현되는 어미들의 목록을 다음과 같이 정리한 바 있다.

<표 2-16> 국어국립원(2005)의 의미에 따라 다른 억양을 실현하는 어미의 억양 표시 여부(박기영, 2009:385)

어미	의미	억양 표시의 유무
-거든	1.이유 2.배경 설명 3.감탄	X
-고	1.의문 2.빈정거림, 대꾸	O
-(는)구나	1.감탄 2.확인	X
-네	1.감탄 2.확인	O
-는다고	1.주장 강조 2.걱정 해소	O
-는다더라	1.전달 2.의문	O
-는데	1.감탄 2.의문 3.전달 4.걱정	일부 표시
-라니	1.감탄 2.의문	O
-라며	1.확인 2.가벼운 반박	X
-을걸	1.추측 2.아쉬움	O
-을 텐데	1.추측 2.아쉬움	X

이어서 담화 기능에 따른 억양 실현을 살펴보도록 하겠다. 담화 기능에 따른 억양 실현은 화행에 의한 억양 실현이라 할 수 있는데 이호영(1997:138)은 명령문을 예로 들어 설명한 바 있다. 즉 억양 형태에 따라 명령문은 '명령'뿐만 아니라 '충고', '부탁' 등 언표내적 행위도 수행할 수 있다. 또한 장경희·김태경(2005)에서도 '어디 가'를, 박기영·이정민(2018)에서 '-아라/어라'를 예로 들어 담화 기능에 따른 억양의 실현을 설명하였다. 즉 '텔레비 봐라'라는 문장은 억양의 따라 '단순명령'의 의미를 전달할 수 있고 '협박'의 의미를 전달할 수도 있다. 이처럼 '라' 자체는 협박의 의미를 지니지 않으나,[33] 담화 기능을 수행하면서 억양 실현의

---

33 즉 사전에서 '-라'에 대한 설명에서는 의미에 따라 억양이 다르게 실현하는 기능을

차이에 따라 협박의 의미를 가지게 될 수 있는 것이 담화 기능에 따른 억양 실현이다.

이어서 한국어교육에서의 억양의 화용론적 기능을 살펴보도록 하겠다. 한국어교육 분야에서 양태 어미에 따른 중국인 학습자의 억양 실현 양상을 분석한 연구가 적지 않다. 예를 들면 제갈명·김선정(2010)은 '-을걸', '-거든'에 얹힌 핵억양에 대한 한국인 모어 화자와 학습자의 억양 실현 양상을, 최주희(2010)는 '-는데', '-구나/군', '-다', '-을걸'에 얹힌 핵억양에 대한 한국인 모어 화자와 학습자의 억양 실현 양상을, 박지연(2016)은 '-는데'와 '-거든'에 얹히는 문말 억양에 대한 중국인 학습자의 실현 양상을, 이정민·박기영(2018)은 '-다고'의 종결어미적 사용에 나타나는 한국어 학습자의 억양 실현 양상을 분석하였다. 이상의 연구들은 중국인 학습자가 의미에 따라 억양 양상을 제대로 실현하지 못하였다는 유사한 결론을 내었다.

산출 양상에 초점을 둔 이상의 연구들 외 연결어미의 종결어미형의 억양에 대한 지각 양상과 산출 양상을 함께 분석한 연구도 있다. 예를 들어 권성미(2010)는 '-거든', '-는데', '-을 텐데', '을걸'에 대한 한국인 모어 화자와 중국인 학습자의 억양 지각 양상 및 산출 양상을 함께 분석한 결과 학습자의 지각 정확도에 비하여 학습자의 산출 정확도가 현저히 낮았다. 이와 비슷한 결론을 내린 연구는 위로로(2018)도 있다. 위로로(2018)는 '-거든'에 대한 한국인 모어 화자와 학습자의 지각 양상 및 산출 양상을 분석하였으며 학습자가 지각적으로는 의미에 따른 억양에 대한 구별이 잘 되지만 산출 측면에서는 큰 어려움이 있다는 결론을 내렸다. 이상의 연구들을 통해서 알 수 있는 것은 양태 의미에 따른 억양에 대한 학습자의 지각 능력과 산출 능력 간 큰 차이가 존재할 수 있다는 것이다.

갖는다고 제시하지 않는다.

즉 연결어미의 종결어미형의 억양에 대한 학습자의 습득 양상을 정확하게 분석하기 위하여 지각 양상과 산출 양상을 함께 분석할 필요가 있다.

이어서 한국어교육에서의 담화 기능에 따른 억양 실현을 분석한 연구들을 살펴보도록 하겠다. 한국어 학습자의 담화 기능에 따른 억양 실현을 분석한 연구가 많지 않았다. 이와 관련된 연구들을 살펴보면 송윤경·김윤신·이동은(2012)은 요청과 거절 화행을 수행할 때의 억양 양상을 분석한 결과 한국인 모어 화자의 핵억양 패턴이 중국인 학습자가 실현한 핵억양 패턴과 다르게 나타났다. 또한 이주미(2012)에서 '-기만 하다'와 '을 줄 알다'에 대한 중국인 학습자의 지각 및 산출 양상을 분석한 결과 지각 실험에서는 중국인 학습자들이 종결표현의 억양 패턴에 따른 의미 구별을 정확히 해 내지 못했고 산출 실험에서는 전달된 의미에 따른 중국인 학습자의 산출 정확도가 다르게 나타났다.

양태 어미에 따른 억양 실현과 담화 기능에 따른 억양 실현은 모두 억양의 화용론적 기능에 포함되어 있으나 둘 사이에 뚜렷한 차이점이 있다. 즉 억양에 따라 전달하는 의미가 달라지는 대표적인 양태 어미는 양적으로 범위가 있으나 담화 기능을 수행하는 어미(문장)는 화자의 심리적 반응과 관련되기 때문에 모두 제시하기가 불가능하고, 그 대표적인 어미(문장)를 찾아내는 것도 어렵다고 할 수 있다. 이는 또한 담화 기능에 따른 억양 실현에 대한 연구가 많지 않은 원인이 된다. 다시 말해서 담화 기능에 따른 억양 실현에 있어서 전달 의미와 억양 형태의 관계가 불명확하고 대표적인 교육 내용을 도출하기가 쉽지 않기 때문에 교육에 적용하기가 어려운 측면이 있다. 따라서 억양의 화용론적 기능에 대한 교육에서는 양태 어미에 따른 억양 양상이 그 교육 초점이라고 할 수 있다. 앞에서 제시했듯이 양태 어미에 따른 억양 실현에 있어서 '을걸'처럼 핵억양 패턴과 전달 의미의 관계가 상대적으로 명백하며 핵억양 패턴의 변함에 따라 전달 의미도 변하게 되는 어미가 대부분이다. 즉 양태 어미에 관한 화용론적 기능을 결정하는 억양 단서는 핵억양의 패턴이라 할 수 있다.

2.2.2.3. 감정 및 태도의 전달 기능

Rodero(2011:26)에서 기본주파수만으로 억양과 전달 감정의 관계를 설명할 수 없고, 기본주파수의 변화 정도, 억양 패턴도 감정 전달에 영향을 미칠 수 있다는 결론을 내린 것처럼 전달 감정에 영향을 미칠 수 있는 억양 단서가 다양하다. 이 절에서는 감정 전달과 관련된 억양 단서를 살펴보고 한국어교육에서 감정 억양을 어떻게 다루야 하는지를 논의하고자 한다.

한국어 억양의 감정 및 태도의 전달 기능은 주로 핵억양에 의해 실현된다. 앞에서 한국어 체계를 다루면서 이호영(1991)과 Jun(2000)에서 제시된 핵억양(억양구 경계 성조)에 따른 감정이나 태도의 종류를 제시하였다. 이호영(1999)에서의 핵억양 패턴 수정안을 바탕으로 두 연구의 결과를 합쳐서 정리하자면 다음 표와 같다.

〈표 2-17〉 핵억양이 전달하는 감정이나 태도(모아 화자의 산출 양상을 중심으로)

핵억양	전달하는 감정이나 태도
L%	단정적이거나 냉정한 태도, 자신의 의견을 강하게 전달
M%	겸손한 태도, 통명스러운 태도
H%	흥미 있는, 놀란 감정의 표시
ML%	부드럽고 친절한 태도
HL%	흥미, 놀란 감정의 표시
LHL%	짜증, 불쾌함, 경멸하는 태도, 나무라는 말투
LM%	관심과 걱정의 표시
HLH%	관심과 걱정의 표시
LH%	짜증이나 불쾌함의 표시

표에서 볼 수 있듯이 감정 및 태도의 전달 기능에 있어서 의미 전달과 억양 패턴 간의 일대다, 혹은 다대일의 관계가 존재한다. 감정의 정도나 범주는 화자에 따라 크게 달라지기 때문에 문법적 기능과 화용론적 기능에 따른 억양 패턴의 규칙성에 비하여 감정 및 태도 전달 기능에 따른 억양 패턴의 규칙성을 찾는 것이 더 어렵다고 할 수 있다.

그럼에도 불구하고 이호영(1991)과 Jun(2000) 외 감정 및 태도 전달에 관한 핵억양의 실현 양상을 분석한 연구가 꾸준히 나오고 있었다. 일찍이 이영근(1989)은 확신하는 태도, 의심하는 태도, 놀라는 태도, 무관심한 태도, 적극 호응하는 태도, 귀찮은 태도에 대한 한국인 모어 화자의 발화를 수집하였고 평균주파수, 길이, 주파수폭, 억양 형태의 측면에서 발화를 분석하였다. 이를 바탕으로 각 태도를 나타내는 대표적인 억양 형태들을 밝히고 평균주파수, 길이, 주파수폭의 중요성을 강조하였다. 또한 이서배(2014)는 실험음성학적으로 성별에 따른 감정 억양의 피치포인트의 이동 시간, 이동거리, 기울기를 밝혔다. 이를 통해서 음성으로 표현되어 주관적으로 인지되는 감정의 정도를 물리적인 음향자질들의 값으로 추정할 수 있다는 사실이 증명되었다. 산출이 아닌 지각의 측면에서 감정 표현의 억양을 검토한 연구도 있는데 곽선우(2019)는 그 예이다. 이 연구는 평서문에서 나타나는 평탄 억양, 하강-상승 억양, 상승-하강 억양, 상승-하강-상승 억양, 하강-상승-하강 억양 유형의 산출적 특성이 냉정, 친절, 짜증난 태도를 지각하는 데 어떤 영향을 미치는지를 분석하였다.

국어학적으로 억양과 감정의 관계를 검토한 이상의 논의를 통해서 두 가지의 사실을 알 수 있다. 첫째, 산출 양상에 초점을 둔 연구와 지각 양상에 초점을 둔 연구의 결과들 간 차이가 나타났듯이 억양과 감정의 관계를 분석하는 데 지각 분석과 산출 분석이 모두 필요하다. 둘째, 핵억양 패턴뿐만 아니라 핵억양의 주파수폭, 기본주파수, 지속 시간도 감정 전달에 영향을 미칠 수 있다.

이어서 한국어교육에서 감정과 억양을 어떻게 살펴보고 있는지를 논의하도록 하겠다. 한국어교육에서 학자들이 서로 일치된 견해를 가지는 대표적인 연구 주제는 친절한 태도와 핵억양의 관계이다. 즉 화자의 핵억양 실현에 따라 청자가 느끼는 친절성의 정도가 어떻게 달라지는지이다. 이에 대한 연구들을 살펴보면 윤은경·김슬기(2011)는 중국인 학습자와 일본인 학습자가 음절의 길이가 짧더라도 불친절한 대우를 받고 있다고 느끼지 않았다는 결론을 내었다. 최현정(2009, 2011)은 산출의 측면에서도 중국인 학습자들이 한국인 모어 화자에 비해 핵억양을 짧게 실현한다는 결론을 내렸다. 이 외에 권성미(2011)는 문말 음절 길이뿐만 아니라 음조 평균, 핵억양 유형, 음조 최저점의 위치, 핵억양의 세기 측면에서 한국인과 중국인 학습자의 친절한 발화를 분석한 결과 모든 측면에서 두 집단 간 차이가 나타났다는 결론을 내렸다. 그러나 이 논문에서도 지적했듯이 이 다양한 단서 중 발화 친절성에 가장 큰 영향을 미치는 요소가 무엇인가를 밝히지 않았다.

억양과 발화 친절성의 관계에 관련된 이상의 연구들을 통해서 알 수 있듯이 핵억양의 장음화(지속 시간)와 발화 친절성의 관계가 중요한 연구 내용이지만 발화 친절성에 영향을 미칠 수 있는 억양 단서는 핵억양의 장음화만이 아니다. 또한 중국인 학습자가 발화의 친절성을 억양을 통해서 지각하거나 산출하는 한국인과 차이가 나타날 가능성이 높다는 점도 알 수 있다.

친절한 태도뿐만 아니라 다른 태도나 감정을 분석한 연구도 있었다. 예를 들면 김서윤(2010)은 '반갑게 인사하는 상황'과 '불만을 이야기하는 상황', '자신의 의견을 주장하는 상황'에서 중국인과 한국인이 실현하는 억양 패턴의 차이를 분석하였고, 조윤형(2012)은 짜증, 불쾌, 화남을 표현하는 경우에 중국인과 한국인의 핵억양 패턴의 실현 차이를 분석하였고, 권성미(2017b)는 감탄사 '어'에 대한 학습자의 억양 정보 습득을 억양 패턴과 음의 길이의 측면에서 분석하였다. 이상의 연구들은 모두 학습자 집단과 모어 화자 집단의 억양 실현 간에 차이가 있다는 결론을 내렸다.

또한 핵억양이 전달된 감정에 대한 지각 양상을 분석한 연구도 있다. 황선영(2014)에서 핵억양에 나타나는 화자의 태도에 대한 한국인과 한국어 고급 학습자의 인식을 분석한 결과 한국인 모어 화자들은 발화의 감정에 대한 일치한 지각 정확도를 보인 반면 학습자의 경우 지각 결과가 다양하게 나타났다. 김지현(2017)에서 문말 억양에 나타나는 화자의 태도에 대한 한국인과 중국인 학습자의 인식과 산출을 분석한 결과에 따르면 두 집단 간에 지각 일치도와 지각 정확도의 차이가 있었고 감정에 따른 핵억양 패턴의 실현에도 차이가 있는 것으로 나타났다.

이상의 논의를 바탕으로 한국어교육에서 억양의 감정 및 태도의 전달 기능에 대하여 두 가지의 측면을 다루고자 한다. 첫 번째 측면은 교육 대상이 된 감정이나 태도의 종류이다. 본 연구는 감정 및 태도의 전달과 관련하여 가장 유의해야 할 것으로 친절한 태도와 억양의 관계를 제시하고자 한다. 그 이유는 첫째, 학습자의 입장에서 긍정적 감정을 표현하는 빈도가 부정적 감정을 표현하는 빈도보다 훨씬 높기 때문이다. 가맹맹(2018)은 기본 연구를 바탕으로 한국어의 부정적 감정을 노여움, 두려움, 부끄러움, 슬픔, 싫어함 다섯 가지로 나누었는데 한국어 학습자로써 한국인 모어 화자와 대화할 때 이 다섯 가지의 부정적 감정을 표현하는 빈도가 '친절함'과 같은 긍정적 감정을 표현하는 빈도보다 현저히 낮을 것이라고 할 수 있다. 따라서 실제 활용의 측면에서 보면 친절한 태도를 비롯한 긍정적 감정에 대한 연구가 우선이다. 둘째, 일상생활에서 긍정적 감정을 제대로 실현하는 못했을 때 학습자에게는 더 큰 문제점이 되기 때문이다. 중국인 학습자가 친절한 발화를 실현하지 못하기 때문에 중국인 학습자에 발화에 대하여 한국인 모어 화자가 무뚝뚝하다고 느끼는 경우가 많다는 것이 그 예이다.

셋째, 한국어교육의 입장에서 감정 범주와 핵억양의 관계를 일일이 밝혀 학습자에게 알려 주는 것이 큰 의의가 없고 하나의 감정에 대한 분석을 통해서 감정 전달에 영향을 미칠 수 있는 억양 단서가 무엇인지를 밝혀 교육에 활용하는 것이 보다 적절하다고 판단하였다. 이것도 감정과 억양에 대한 교육에서 고려해야 할 두 번째의 측면인 교육 내용이다. 감정이나 태도의 종류에 따른 억양 형태가 다양하지만 그 변화의 기준은 오재혁(2014a)에 따르면 억양 변화의 방향, 억양 변화의 정도(기본주파수), 억양 변화의 속도라고 볼 수 있다. 이는 핵억양에 적용하면 바로 앞에서 제시된 감정 전달에 영향을 미칠 수 있는 핵억양의 패턴, 핵억양의 기울기, 핵억양의 절대적 기본주파수, 핵억양의 지속 시간이다. 본 연구는 억양의 감정 및 태도의 전달 기능에 대해서 각 감정에 얹히는 핵억양 패턴 목록을 가르치는 것보다 감정을 실현하는 데 핵심적이고 효과적인 억양 단서를 알려 주는 것이 더 적당하다고 주장하고자 한다. 또한 억양 단서에 대한 교육은 감정에 따른 핵억양 목록에 대한 교육보다 학습자의 인지적 부담을 높이지 않는다는 장점도 지닌다.

이상의 논의들을 정리하면 다음과 같다. 첫째, 한국어교육 연구에서 각 감정의 핵억양 목록 작성이 아니라 감정 전달에 관한 억양 단서를 밝히는 것에 초점을 맞추어야 하며, 교육 시 그 단서에 대한 교수에 중점을 두어야 한다. 둘째, 부정적 태도나 감정보다 긍정적 태도를 제대로 지각하고 산출하는 것이 더 중요하기 때문에 인간관계에 큰 영향을 미치는 친절한 태도가 대표적인 교육 내용이 되어야 한다. 셋째, 감정이나 태도에 영향을 미칠 수 있는 억양 단서는 억양 패턴, 억양의 지속 시간, 억양의 변화 정도, 기본주파수라 할 수 있다.

이상의 논의를 바탕으로 본 연구는 한국어교육의 측면에서 본 한국어 억양의 기능과 기능에 따른 교육 초점, 그리고 기능에 따른 단서를 이론적으로 다음과 같이 정리한다.

〈표 2-18〉 한국어교육 측면에서 본 한국어 핵억양의 기능, 교육 초점, 단서

기능	교육 초점	단서
문법적 기능	1. 판정의문문과 설명의문문에 대한 차이 구별 2. 내림조로 실현하는 의문문에 대한 습득 3. 문말 음절의 길이와 변화 정도에 따른 평서문과 명령문의 구별	1. 핵억양 패턴 2. 핵억양의 변화 정도 3. 핵억양의 지속 시간
화용론적 기능	전달 의미에 따라 억양이 달라지는 양태 어미의 종결어미형	핵억양 패턴
감정 및 태도의 전달 기능	친절한 태도의 억양	1. 핵억양의 패턴 2. 핵억양의 변화 정도 3. 핵억양의 지속 시간 4. 핵억양의 기본주파수

〈표 2-19〉 한국어교육 입장에서 본 한국어 말토막 억양의 기능 및 단서

기능	단서
자연스러운 억양의 형성 기능	1. 초성의 성질에 의한 기본형 THLH의 실현 2. 기본형 THLH에 의한 첫 번째 음절과 두 번째 음절의 기울기
문장 초점의 실현 기능	1. 최고점의 음높이 (음높이의 상승 기울기) 2. 음길이 3. 말토막 억양 경계 해지
말토막 억양 경계의 의미 전달 기능	1. 후행 말토막 첫음절의 음높이와 선행 말토막의 끝음절 음높이의 상대적 관계 2. 선행 말토막의 음절말 장음화

3. 한국어 억양의 지각 및 산출

3.1. 억양의 지각: 지각 범주화 및 점진하강

이 절에서는 억양 지각과 관련된 이론적 토대를 살펴보도록 하겠다.

음성 지각에 있어서 지각 범주화(Categorical Perception)는 중요한 연구 주제이다. 王士元・彭剛(2006), Reetz & Jongman(2009), 呂士楠・初敏・許潔萍・賀琳(2012), 崔剛 (2015), Kong(2019) 등의 연구에서 지적했듯이 지각 범주화란 연속적으로 변화하는 자극들을 각 자극의 음성학적 특징에 따라 서로 다른 의미로 지각하는 것이 아니라 음성학적 특징이 다르더라도 같은 범주로 지각하거나 제한적인 범주로 지각하는 것을 가리킨다.

지각 범주화의 정의를 통해서 알 수 있듯이 지각 범주화는 음성학적(Phonetically)이 아니라 음운론적(Phonologically)으로 음성을 바라보는 시각이다. 억양 지각에 대해서 Taylor(1993)와 Yuan(2011) 등의 연구들은 청자나 화자에 따라 억양 음운(intonational phonology)이 달라지는 것이 아니기 때문에 억양 지각 연구에 있어서 인간이 공통적으로 자극(단서)을 어떻게 범주화하는가가 매우 중요한 연구 주제라 강조하였다. Xu, Gandour, & Francis(2006:1063)에서도 지각 범주화에 대한 연구가 깊이 들어가게 된 이유는 지각 범주화를 밝힘으로써 음성 의미를 구별하는 기본적 단서를 알아낼 수 있기 때문이라고 지적하였다. 다시 말해서 지각 범주화 연구를 통하여 인간이 무한적이고 서로 다른 음성 신호들을 지각적으로 어떻게 제한적 의미들로 귀납할 수 있는가를 밝힐 수 있다.

억양에 대한 지각 범주화를 연구하는 또 하나의 장점은 억양에 대한 청자의 지각 능력을 보다 정확하게 밝힐 수 있다는 것이다. 억양은 화자에 따라 크게 달라지기 때문에 연구에 활용하는 몇 명의 화자의 자연 발화를 제대로 이해한다고 해서 모든 화자의 발화를 이해할 수 있는 것이 아니다. 지각 범주 경계를 밝히는 데 초점을 두는 지각 범주화 연구는 바로 이와 같은 자연 발화를 활용하는 연구 방법의 한계점을 보완할 수 있다.

지각 범주화에 대한 연구가 일찍 시작하였으나 席潔・姜薇・張林軍・舒華(2009:572)에서 지적했듯이 자음의 VOT와 F2에 대한 지각 범주화에 초점을 두었다. 최초로 억양에 대한 지각 범주화를 실험으로 분석한 연구는 Ladd & Morton(1997)이라 할 수 있다(Weijer, Heuven, & Hulst, 2003에서 재인용). 억양에 대한 지각 범주화 양상을 밝히려면 두 가지의 실험이 반드시 포함되어야 한다. 즉 인공적으로 조절하는 연속된 자극들에 대한 지각 식별 실험(identification)과 지각 구별 실험(discrimination)이다. 식별 실험은 자극을 듣고 전달 의미를 판단하는 과제이며 구별 실험[34]은 자극들의 음성학적인 차이를 구별할 수 있는지를 파악하는 과제이다(Edwards & Zampini, 2008:160-162). 식별 실험이 포함되어야 하는 이유는 첫째, 단서의 음성학적 변화가 지각에 영향을 미칠 수 있는지를 밝히기 위한 것이다. 즉 한 단서에 대한 지각 범주화가 형성된다면 그 단서의 음성학적 변화가 지각 결과에 영향을 미쳐야 한다. 둘째, 지각 경계를 밝히는 데 식별 실험이 필요하기 때문이다. 즉 지각 범주화가 형성된다면 범주를 구별하는 경계가 바로 식별 결과가 50%인 지점이다. 또한 구별 실험이 포함되어야 하는 이유는 席潔・姜薇・張林軍・舒華(2009:572)에서 지적했듯이 지각 범주화가 형성된다면 범주 간의 자극의 음성학적 차이를 구별하는 능력이 범주 내의 자극의 음성학적 차이를 구별하는 능력보다 높아야 하기 때문이다. 즉 지각 범주화가 형성되지 않아도 식별 실험에서 단서의 음성학적 변화가 지각에 영향을 미치는 것으로 나타날 수 있으므로 지각 범주화가 형성된다고 정확하게 결론을 내리도록 자극의 음성학적 차이에 대한 구별 실험이 필요하다.

이어서 지각 범주화의 형성 여부를 판단하는 기준을 살펴보도록 하겠다. Ladd & Morton(1997), Weijer, Heuven, & Hulst(2003) 등의 연구에서 지적했듯이 이하의 두 가지 조건을 모두 충족하여야 지각 범주화가

---

34 지각 범주화 연구에서 흔히 사용하는 구별 실험은 이 간격 자극쌍(two-step pairs)이다. 즉 구별 대상은 연속체에서 하나의 자극을 간격으로 두는 두 자극이다. 지각 실험에서 활용하는 자극에 대해서 Ⅲ장의 실험 절차에서 더 자세하게 논의할 것이다.

형성된다고 할 수 있다. 첫째, 지각 식별 실험(identification)에서 단서의 음성학적 변화에 따른 식별 결과가 비례적으로 변하여야 한다. 즉 식별 결과가 대체로 S형으로 나타나야 한다. 둘째, 지각 구별 실험(discrimination)에서 범주 전환점(식별 결과가 50%인 지점)에서 뚜렷한 높은 구별 정확도가 나타나야 한다. 앞에서도 제시했듯이 지각 범주화가 형성된다면 범주 간의 자극에 대한 구별 능력이 높아야 하기 때문이다. Xu, Gandour, & Francis(2006:1067)에서 제시된 실험 결과로 설명하면 다음 그림과 같다. 그림에서 제시했듯이 음높이 변화에 따른 지각 결과가 비례적으로 변하는 S형으로 나타났으며 지각 결과가 50%인 지점이 자극4와 자극5 사이에 있다. 또한 자극4와 자극5에 대한 구별 결과가 다른 구별 결과보다 높은 것으로 나타났기 때문에 청자가 음높이에 대한 지각 범주화가 형성되었으며 범주를 구별하는 지점이 자극4와 자극5 사이에 있다는 결론을 내렸다.

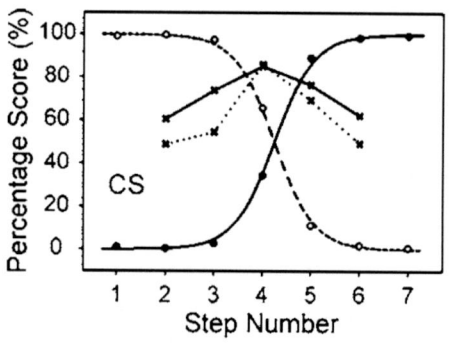

〈그림 2-9〉 음높이에 대한 지각 범주화(Xu, Gandour, & Francis, 2006:1067)

억양에 대한 지각 범주화에 대해서 또 하나의 중요한 문제는 청자의 언어 배경에 따른 지각 범주화이다. 이에 대한 일반적인 견해는 Weijer, Heuven, & Hulst(2003), Johnson(2012) 등의 연구에서 지적했듯이, 억양에 대한 지각 범주화는 인간이 타고난 능력이지만 후천의 언어 훈련에 의해서 최종적으로 형성되는 것이다. 따라서 언어 배경에 따라 형성된 지각 범주화 양상 간에 차이가 나타날 가능성이 높다. 높은 기본주파수가 전달하는 '강조' 의미에 대한 영어 청자와 네덜란드 청자의 지각 범주화 양상이 다르다는 Gussenhoven(2004)의 연구 결과가 그 예이다. 본 연구는 바로 모국어가 서로 다른 중국인 학습자와 한국인 모어 화자의 억양 지각 범주화 양상이 다를 것이라는 가정을 전제로 하였다.

억양 지각에 있어서 또 하나 유의해야 할 것은 점진하강(Declination)[35]이란 현상이다. 점진하강이란 발화의 뒤로 갈수록 음의 높이가 음성적으로 낮은 톤으로 실현되는 것을 가리킨다(윤은경·자오원카이, 2017:29). 이로 인하여 한 언어 내에서는 물리적인 f0값을 측정하면 앞음절 음높이가 뒷음절보다 높은데도, 뒷음절이 더 높게 들리는 지각적 착각이 발생할 수 있다. 이 사실을 Pierrehumbert(1979)에서 실험을 통해서도 밝힌 바가 있다.

음높이에 대한 이러한 지각 특징이 억양에 적용되면 다음과 같은 점들을 유의하여야 한다. 첫째, 억양 단서에 대한 산출 양상과 지각 양상과 일치하지 않을 수 있다. 억양 패턴으로 설명하자면 점진하강으로 인하여 억양 패턴이 시각적으로는 수평조로 나타나지만 지각적으로는 오름조로 들릴 수 있다. 이는 억양 단서에 대한 지각과 산출을 함께 분석하여야 함을 알려 준다. 둘째, 음높이 변화의 정도가 억양 지각이나 산출에 큰 영향을 미친다. 즉 얼마나 높여져야 오름조로 들리는지, 또한 얼마나 낮아져야 내림조로 들리는지는 지각 범주화를 분석하는 지각 실험을 통해서만 밝힐 수 있다. 예를 들면 鮑懷翹·林茂燦(2014:191)은 중국인의 지각에 있어서 음높이가 1.5반음[36]의 정도로 높아야 상승조로 들리며 3.0반음이 낮아

---

[35] '계단내림'으로 번역한 경우도 있다.

야 하강조로 들린다고 지적하였고, Steppling & Montgomery(2002:452)는 F0은 두 번째 악센트에서 2.5HZ 정도 낮아야 첫 번째 악센트만큼 두드러지게 들린다고 지적하였다. 이 사실들은 억양에 대한 지각 범주화의 중요성을 드러낸다.

朱曉農(2010:277)에서 산출 분석을 통해서 밝혀진 음성학적 특징이 전달하는 의미를 지각 실험을 통해서 확인하여야 한다고 지적했듯이 산출 양상이 매우 다양한 억양에 있어서 전달하는 의미를 다르게 하는 단서가 무엇인지를 분석하는 데 지각 지향적 연구가 필요하다. 또한 음높이의 특질로 인하여 한 단서에 대한 지각 양상과 산출 양상 간 차이가 존재한다는 점을 고려하면 지각과 산출 분석을 함께 진행하는 것이 적절하다고 할 수 있다.

3.2. 제2언어 습득에서의 지각과 산출의 관계

Bradlow & Pisoni(1997), Mitrofanova(2012), Kim(2018) 등의 연구에서 인간이 일상생활에서 듣게 된 것을 무의식적으로 모방하므로 지각을 통해서 습득된 지식이 산출로 전이되기 때문에 지각과 산출 간 긴밀한 관계를 맺고 있다고 지적하였다. 이처럼 지각과 산출의 관계에 대해서 지각을 잘하면 산출도 잘하거나 산출을 잘하면 지각도 잘하는 견해가 일반적이다. 이러한 인식으로 형성된 운동 이론(motor-theory), 직접 실현 이론(direct-realist approach) 등은 지각과 산출 중 하나에 변화가 생기면 다른 하나도 함께 변하게 된다고 주장한다. 이와 같은 이론들과 관련하

---

36 음높이 기술에 사용되는 일반적인 단위는 성대의 기본주파수를 나타내는 HZ인데 HZ는 절대적인 주파수 단위이다. 반음(semitone) 단위는 1 옥타브(octave: 주파수 비가 1:2가 되는 간격)를 지각적으로 같은 12개의 간격으로 나눈 단위이다.(오재혁, 2011b:55)

여 제2언어나 외국어 교육에서 모어 화자의 자연 발화를 활용하는 지각 훈련을 통해서 발음을 교육하는 방법을 관찰할 수 있다.

지각 훈련을 통해서 산출 능력이 나아지는 경우가 있으며 발음을 산출해 보기를 통해서 지각 능력을 향상시킬 수 있는 경우도 있기 때문에 지각 능력과 산출 능력 간 비례적 관계를 맺는 경우가 존재한다. 그러나 지각과 산출 간 늘 이러한 비례적 상관관계가 존재하는 것인가? 아래의 경우들을 생각해 보자. 신지영·장향실·장혜진·박지연(2015:12)에서 지적한 것처럼 교사가 평음과 격음을 구별해서 발음해 주어도 학습자들은 이를 구별하여 듣지도 못하고 정확하게 발음하지도 못하는 경우가 있다(지각 능력 낮음, 산출 능력 낮음). 또한 일본인 학습자의 경우에는 청각적으로 받침 'ㅇ/ㅁ/ㄴ'를 구별하지 못하지만 발음 위치를 파악할 수 있으면 정확히 발음할 수 있는 경우를 관찰할 수 있고(지각 능력 낮음, 산출 능력 높음), 중국인 학습자의 경우에는 모국어의 영향으로 'ㄹ'를 제대로 발음하는 데 어려움이 있으나 'ㄹ'를 'ㄹ'로 지각하는 데 큰 문제가 없다(지각 능력 높음, 산출 능력 낮음). 이 경우들을 통해서 알 수 있듯이 지각과 산출의 관계는 지각이 꼭 산출에 영향을 준다거나 산출이 꼭 지각에 영향을 준다는 이분법으로 설명하기 어려운 것이다. 즉 자연 발화에 대한 지각(산출) 능력이 높다고 해서 산출(지각) 능력도 반드시 높은 것이 아니다. 이는 발음 교육에 있어서 지각(산출) 훈련을 통한 산출(지각) 능력 향상과 같은 교육 방법이 학습자의 습득을 촉진하는 데 한계점을 지닐 수도 있다는 사실을 알려 준다. 다시 말해서 지각과 산출 간 늘 비례적 상관관계가 존재한다는 일반적 인식을 벗어나 지각 능력과 산출 능력 간 과연 어떠한 관계를 맺는지를 정확히 밝혀야 적절한 교육 방법을 마련할 수 있다.

이상의 논의를 바탕으로 자연 발화에 대한 학습자의 지각 능력과 산출 능력의 관계를 다음 표와 같이 제시할 수 있다. Major(2008:55)에서도 이 네 가지의 관계로 지각과 산출의 관계를 설명하였다. 표를 통해서 알 수 있듯이 자연 발화에 대한 지각과 산출의 관계는 단순한 인과관계라 할 수 없으며 둘 간 상관관계가 존재할 수도 있고 존재하지 않을 수도 있다.

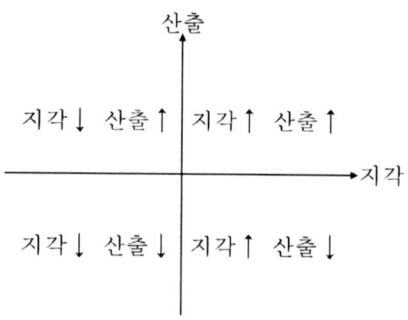

〈그림 2-10〉 지각과 산출의 가능한 관계(Major, 2008:55)[37]

앞에서 상대적으로 많은 연구가 진행된 분절음에 대한 습득 양상을 바탕으로 산출 능력과 지각 능력의 관계를 논의하였다. 억양에 대한 지각과 산출의 관계에 초점을 둔 연구가 많지 않았으나 앞에서 언급된 권성미(2011), 이주미(2012) 등의 연구들의 결과에 따르면 억양에 대한 학습자의 지각 능력과 산출 능력 간 큰 차이가 존재하는 경우가 쉽게 관찰될 수 있다. 또한 가맹맹(2020a) 등의 연구에서 밝혔듯이 억양에 대한 지각 능력과 산출 능력 간 비례적 상관관계가 존재하는 경우가 있으며 지각 훈련을 통해서 산출 능력을 향상시킬 수 있는 경우도 있다. 즉 억양에 대한 지각과 산출의 관계도 위 표처럼 네 가지로 정리할 수 있다.

억양에 대한 지각 능력과 산출 능력 간 차이가 나타나는 원인은 전달 의미와 억양 형태 간 일대일의 관계가 아니라는 점에서 찾을 수 있다. 즉 억양을 통해서 특정 의미를 표현하기 위하여 학습자가 하나의 억양

---

[37] '↑': 능력이 높음. '↓': 능력이 낮음.

형태만 습득해서 제대로 산출할 수 있으면 되지만, 지각에서는 억양 형태가 서로 다른 수많은 모어 화자의 발화를 제대로 지각하는 능력이 요구된다. 이로 인하여 억양에 대한 산출 능력이 높으나 지각 능력이 낮다는 결과를 일으킬 수 있다. 또한 앞에서 제시된 다양한 억양 단서도 억양에 대한 지각 능력과 산출 능력 간 차이가 존재하는 원인이 될 수 있다. 즉 학습자가 한국인의 발화를 제대로 파악할 수 있으나 억양 단서들 간의 상호작용이 복잡하기 때문에 들은 내용을 내재화시키지 못해서 지각 능력이 높으나 산출 능력이 낮다는 결과를 일으킬 수 있다. 이는 억양 교육에서 지각과 산출의 관계를 분석하고 그러한 양상이 나타나는 원인을 밝혀야 적절한 교육 방법 및 내용을 마련할 수 있음을 알려 준다.

4. 한국어 억양 교육의 현황

이 절에서는 설문조사, 교재 분석, 국제 통용 한국어 표준 교육 과정과의 비교를 통하여 교육 현장에서 한국어 억양을 어떻게 다루고 있는지를 살펴볼 것이다. 가맹맹(2018)은 한국어를 외국어(KFL)로 배우는 중국인 고급 학습자 34명[38]에게 설문조사를 진행한 결과 34명 중 26명의 응답자(82.4%)가 한국어 억양을 수업에서 배운 적이 전혀 없다고 대답하였다. 배운 적이 있다고 답한 학습자라도 '의문문이 오름조로 실현되고 평서문이 내림조로 실현된다'는 내용만 배우거나 글을 읽을 때 교사가 억양이 틀린 부분을 수정해 주는 방법으로 배웠다고 대답하였다. 즉 중국에서는 한국어 억양에 대하여 거의 가르치지 않는다고 말할 수 있다.

이 사실은 중국에서 널리 사용하는 교재를 통해서도 알 수 있다. 가맹맹

---

[38] 남성은 16명이며 여성은 18명이다. 나이는 21-34세이다.

(2018)에서 북경에 위치한 세 대학의 한국어과에서 사용하는 〈표준 한국어〉(標准韓國語), 〈신표준 한국어〉(新標准韓國語), 〈한국어 교정〉(韓國語教程)이라는 교재를 분석한 결과 발음과 관련된 부분에 있어서 모두 분절음과 음운변동에 대한 교육 내용만 포함된다. 왕요(2020:441)에서도 2010년 이후 중국에서 출판된 10가지의 한국어 교재(한국어 교재를 번역한 교재 제외)에서 억양에 대한 내용을 찾기가 어렵다고 밝혔다.

이와 달리 한국에서 출판된 교재 중에는 억양이 포함된 교재를 찾을 수 있다. 전다은·심지혜(2020:116)는 한국어 통합교재 중, 대학기관에서 2008년 이후 발간된 교재에서 억양에 대한 언급이 있는 교재로서 〈서강 한국어〉, 〈서울대 한국어〉, 〈재미있는 한국어〉가 있다고 지적하였다. 따라서 본 연구는 이 세 가지의 교재에 대한 분석을 통해서 교육 현장에서 억양을 어떻게 다루고 있는지를 파악하고자 한다.[39]

교재에 대한 분석은 앞에서 제시한 한국어 억양의 여섯 가지의 기능에 따른 내용과 방법을 중심으로 진행하였다. 억양 기능에 따른 교육 내용을 다음 표와 같이 정리하였다. 표 내용은 Ⅱ장에서 다룬 한국어 억양의 기능 분류를 바탕으로 제시하였으며 '특정 문형에 따른 억양'을 추가하였다.

---

[39] 전다은·심지혜(2020)는 억양 교육 내용을 학습 단계에 따라 검토하고 '국제 통용 한국어 표준 교육 과정'과 일치하는지를 분석한 연구라면 본 연구는 억양 기능에 따른 교육 내용과 제시 방법에 초점을 맞춰 교재를 분석하였다.

〈표 2-20〉 한국어 교재에서 나온 억양 기능에 따른 교육 내용

억양의 기능		〈서강한국어〉	〈서울대 한국어〉	〈재미있는 한국어〉[40]
핵억양	문법적 기능	평서문, 의문문	평서문, 의문문, 청유문, 명령문	의문문, 판정의문문, '-지요?', 설명 의문문, 반어적 의문문, 상대방의 말을 반복할 때의 억양
	화용론적 기능	X	'-거든요', '-거든', '-다'	'-거든요', '-ㄹ걸'
	감정 및 태도의 전달 기능	싸울 때의 억양, 보고 자료의 억양, 발표 자료의 억양, 감탄문	감탄문	격식체 발화의 억양, 주제를 제시하는 질문 억양, 주제를 도입하는 문장의 문미 억양
말토막 억양	자연스러운 억양의 형성 기능	X	X	자연스러운 말토막 억양의 패턴
	문장 초점의 전달 기능	X	X	초점이 있는 부분의 억양, 의성어·의태어 강조 억양
	말토막 억양 경계의 의미 전달 기능	X	X	X
특정 문형에 따른 억양		X	'-기는요', '-(으)ㄹ 게 뻔하다'	'-줄 알다/모르다', '-더라고요', '-는걸요', '-이란', '-잖아요', '-다니요', '-야 말로', 'A도 A지만', '-면서(도)', '-는데요', '-냐?', '-네요', '-군요'

위 표를 통해서 알 수 있듯이 억양은 교육에서 중요한 위치를 차지하지 못하더라도 다양한 기능을 수행하며 의사소통에 영향을 미칠 수 있기 때문에 일부 교재에서는 억양에 대한 교육 내용이 적지 않다. 그러나 한계점이 없지 않다. 크게 두 가지로 들 수 있는데 첫째, 억양에 대한 교육 내용이 체계적이지 않으며 핵억양에 집중하고 있다. 둘째, 교육 내용 제시

---

[40] 〈재미있는 한국어〉에서 말마디 억양에 대한 언급도 있다. 그러나 말마디 억양은 본 연구의 연구 대상이 아니기 때문에 이에 대한 내용을 생략하였다.

에 대한 일정한 기준이 없다. 이는 전체적인 억양 틀에 초점을 두는 연구가 필요함을 의미한다.

이어서 교육 방법에 대해서 살펴보도록 하겠다. 세 가지 교재에서 억양을 제시하는 방법이 다소 차이가 있다. 다음 그림처럼 〈서강 한국어〉에서 제시된 억양에 대한 교육 내용은 하나의 독립된 영역이 아니며 발음 연습 부분에서 간단하게 언급하였다. 또한 억양에 대한 명시적 설명이 없는 경우가 대부분이며 주로 화살표를 활용하여 억양 변화의 방향, 즉 억양 패턴을 제시한다. 연습 방법은 주로 녹음을 듣고 따라하는 것으로 이루어진다.

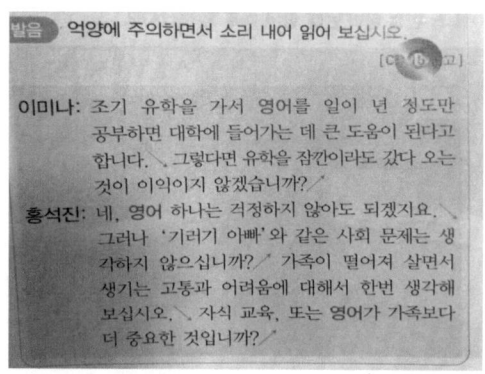

〈그림 2-11〉〈서강 한국어〉에서의 억양 교육 방법

〈서울대 한국어〉에서는 다음 그림처럼 억양에 대한 교육 내용이 과마다 나온 것이 아니지만 하나의 독립된 영역으로 이루어지며 명시적으로 설명하고 있다. 또한 모든 내용에 대하여 화살표를 활용하여 핵억양의 변화 방향을 제시하였다. 〈서강 한국어〉와 마찬가지로 녹음을 듣고 따라하는 방법으로 억양을 연습한다.

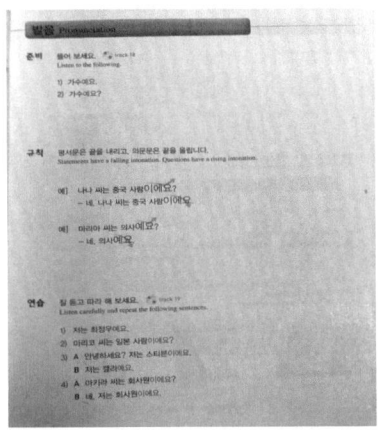

〈그림 2-12〉〈서울대 한국어〉에서의 억양 제시 방법

〈재미있는 한국어〉에서는 본문 내용을 다루면서 각주처럼 억양에 대한 내용을 제시하였다. 아래 그림처럼 화살표를 활용하여 문말 억양뿐만 아니라 온 문장의 음높이 변화를 제시하며 억양에 대한 교육 내용을 명시적으로 제시하였다. 또한 위의 교재들과 마찬가지로 듣고 따라하는 방법을 통해 억양을 연습한다.

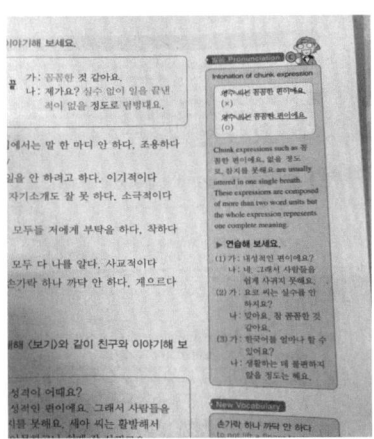

〈그림 2-13〉〈재미있는 한국어〉에서의 억양 제시 방법

이상의 제시 방법들 간 다소 차이가 있으나 뚜렷한 공통점을 지닌다. 즉 모두 화살표를 활용하여 시각적 자료를 제공하는 방법과 자연 발화를 듣고 따라하는 방법으로 억양을 가르치고 있다. 이 사실 또한 억양 교육의 한계점을 알려 준다. 즉 교육 원리가 명확하지 않아 시각적 자료의 활용과 자연 발화의 활용 외 교육의 효과를 높일 수 있도록 또 다른 억양 교육의 방법을 활용하지 못한다. 또 하나의 한계점은 다양한 억양 단서 중 억양 패턴, 즉 억양 변화의 방향만 제시하고 있다. 물론 〈서울대 한국어〉에서는 '다른 음절보다 좀 더 길게 발음한다.', '끝을 약간 내린다.'처럼 길이와 변화 정도에 대한 언급도 있으나 '좀 길게', '약간 내린다'는 명확한 교육 내용이라 하기에 무리가 따른다. 즉 억양 교육 방법을 보다 정확하고 효과적으로 마련하기 위하여 '좀 길게'는 어느 정도 길어지는 것인지, '약간 내린다'는 어느 정도 낮아지는 것인지처럼 교육 내용을 명확하게 밝힐 필요가 있다.

또한 전다은·심지혜(2020)는 '국제 통용 한국어 표준 교육 과정'에서 제시된 억양과 관련된 내용을 정리하고 교재들에서 제시된 억양 교육 내용과 비교한 바 있다. 이 연구에 따르면 '국제 통용 한국어 표준 교육 과정'에서 초급 단계에서 평서문과 의문문의 습득 및 설명의문문과 판정의문문의 습득을, 중급 단계에서 말토막 억양의 기본 패턴인 THLH에 대한 습득을, 고급 단계에서 연결어미의 종결어미형에 대한 습득을 제시하였으나, 교재에서 제시된 억양 교육 내용은 '국제 통용 한국어 표준 교육과정'에 제시된 억양 등급과 다르게 나타났으며, 특정 문항 위주로 제시되어 있는 것으로 나타났다. 이는 또한 억양 교육에 대한 체계적인 연구가 필요함을 알려 준다.

III. 한국어 억양 기능의 지각 및 산출 양상

 이 장에서는 한국인의 자연 발화의 음성학적 특징을 인공적으로 조절하여 작성한 자극 연속체들을 활용하여 핵억양과 말토막 억양의 기능들에 관한 단서들에 대한 한국인 모어 화자와 중국인 초·중·고급 학습자의 지각 범주화 양상이 어떠한지, 단서들 간의 상호작용이 어떠한지, 학습자의 지각 능력이 어떠한지를 밝혔다. 또한 참여자의 발화를 수집하여 억양 기능에 따른 한국인 모어 화자와 중국인 초·중·고급 학습자의 산출 양상을 밝힌 후 지각과 산출의 관계를 분석하였다.

1. 연구 참여자

 현재 TOPIK 시험에 말하기 시험이 포함되지 않기 때문에 발음 연구에서 TOPIK 성적만으로 학습자의 숙달도를 구분하는 것은 이상적인 방법이 아니다. 학습자의 발음 숙달도를 구분하는 데 Grant & Brinton(2014) 등의 연구에서 지적했듯이 목표어 언어를 학습하는 기간과 목표어 환경에서 거주하는 기간, 학습자의 연령이 중요한 기준이 된다. 본 연구에서의 실험 참여자는 모두 성인이 되고 나서 한국어를 학습하기 시작했기 때문에 학습자의 숙달도를 구분하는 데 연령에 대한 제한이 없어도 된다고 판단하였다. 따라서 본 연구는 한국어를 학습한 기간, 한국에서 거주한 기간, TOPIK 성적을 기준으로 중국인 참여자의 숙달도를 구분하고 선정하고자 한다. 각 학습자 집단에 대한 구체적인 선정 기준은 다음과 같다.

초급 학습자는 한국에서 거주한 적이 없으며 중국 4년제 대학 한국어과 일학년 본과생으로 한정하였다.[41] TOPIK 성적을 고려하지 않은 이유는 초급 학습자가 TOPIK 성적을 가지지 않는 경우가 흔하기 때문이다. 또한 학습 기간이 짧기 때문에 서로 간 커다란 능력 차이가 나타날 가능성이 상대적으로 낮으므로 TOPIK 성적을 한정하지 않아도 된다고 할 수 있다. 그리고 한국에서 거주한 적이 있으면 그렇지 않을 경우보다 한국어 실력이 상대적으로 높을 가능성이 높기 때문에 초급 학습자임을 확보하기 위하여 한국에서 전혀 거주한 적이 없다는 기준을 마련하였다.

중급 학습자는 TOPIK 5~6급에 해당하며 한국에서 거주한 기간이 0~6개월이고 중국 4년제 대학 한국어과 3학년 본과생으로 한정하였다. 선정 기준이 이렇게 마련된 이유는 첫째, 중급 학습자를 초급 학습자와 고급 학습자와 뚜렷하게 구분하기 위하여 2학년이나 4학년 학습자보다 3학년 학습자를 중급 학습자로 선정하는 것이 더 적당하다고 판단하였기 때문이다. 둘째, 같은 3학년 본과생들이라 하더라도 학습 기간이 어느 정도 되었기 때문에 서로 간 한국어 능력 차이가 나타날 가능성이 있다. 따라서 집단 내부의 차이를 최소화시키기 위하여 중국 대학 한국어과 3학년 본과생이 흔히 취득할 수 있는 TOPIK 5~6급이 선정 기준에 포함될 필요가 있다고 판단하였다. 셋째, 한국어를 3년 동안 배우면 여행이나 교환 경험

---

41 대학에 들어가기 전에 한국어를 공부한 적이 없는 중국 조선족이 아닌 본과생으로 한정하였다.

으로 한국에서 거주한 적이 있을 가능성이 높기 때문에 한국에서의 거주 기간에 대하여 한정할 필요가 있다. Grant & Brinton(2014:36)에서 목표어 환경에서 1년 이상 거주하여야 발음이 고착화될 가능성이 높다고 지적한 바에 미루어 보아 학습 기간이 길지 않은 본과 3학년 학습자가 한국에서 일 년 이하 거주한다면 안정된 한국어 발음을 형성하기가 어렵다고 할 수 있다. 본 연구는 교환 학생이라면 한 학기, 즉 6개월 동한 한국에 머무르는 경우가 흔하다는 점을 고려하여 중급 학습자의 한국 거주 기간을 0~6 개월로 한정하였다.

고급 학습자는 TOPIK 6급을 취득했으며 중국 4 년제 대학 한국어과를 졸업하였고, 현재 한국에서 거주하고 있으며 한국어로 수업한지 일 년 이상인 한국 대학원생으로 한정하였다. 그 이유는 첫째, TOPIK 성적으로 학습자의 발음 수준을 구별할 수 없으나 고급 학습자라면 TOPIK 6급을 꼭 취득하여야 하기 때문이다. 둘째, 중국 4 년제 대학 한국어과를 졸업했으면 어느 정도의 한국어 말하기 능력을 갖추고 있다고 가정할 수 있기 때문이다. 셋째, Grant & Brinton(2014:36)에서 목표어 환경에서 1년 이상 거주한 학습자는 발음이 고착화될 가능성이 높다고 지적했듯이 한국에서 일 년 이상 거주하여야 비교적 안정된 한국어 실력을 지닌다고 할 수 있기 때문이다.

이상에서 설정된 기준으로 한국어 숙달도가 서로 다른 세 집단을 마련할 수 있다고 판단하였다. 이 외에 발음 연구에서는 참여자의 모국어 방언과 성별에 대해 생각할 필요도 있다. 인지영·성철재(2013) 등의 연구에서 중국어에는 다양한 방언권이 존재하기 때문에 중국인 실험 참여자들의 출신지를 동일 지역으로 한정할 필요가 있다고 지적하였다. 그러나 본 연구는 중국인 참여자의 사용 방언을 변수로 삼지 않기로 하였다. 그 이유는 교육 현장에서 학습자의 사용 방언에 따라 반을 배치하지 않으며 학습자의 사용 방언에 따라 서로 다른 교육 내용이나 방법을 마련하지 않기 때문이다. 또한 참여자의 방언이 다를 수 있으나 모든 참여자가 어렸을 때부터 중국어 표준어를 배워 사용해 왔기 때문에 한국어 습득에 방언의 영향을 제한적이라고 할 수 있다.

이어서 실험 참여자의 성별에 대해서 논의하도록 하겠다. 본 연구는 성별도 독립변인으로 간주하지 않았다. 그 이유는 첫째, 지각의 측면에서 보면 성별에 따라 억양이 전달하는 의미를 다르게 해석하는 것이 아니므로 지각 실험에서 성별에 대한 제한을 마련할 필요가 없기 때문이다. 둘째, 산출의 측면에서는 Ladd & Morton(1997), 이서배(2014), 오재혁(2014b) 등의 연구에서 성별에 따라 절대적인 기본주파수의 범위가 달라질 수 있다고 지적한 바 있으나, 의미 전달과 관련된 억양 단서에 있어 성별에 따른 차이가 나타나지 않기 때문이다. 간단한 예를 들자면 남성(여성)이라고 해서 판정의문문을 내림조로 실현하는 것이 아니다. 셋째, 교육 현장에서 남성 학습자를 위한 억양 교육 방안과 여성 학습자를 위한 억양 교육 방안을 나눠서 마련할 필요가 없기 때문이다. 따라서 이상의 논의를 바탕으로 본 연구는 실험 참여자의 성별을 변수로 삼지 않았다.

이어서 중국인 실험 참여자의 선정 기준을 바탕으로 한국인 실험 참여자를 선정하였다. 중국인 실험 참여자는 대부분의 중국인 한국어 학습자를 대표할 수 있는 20대 학습자에 해당한다. 따라서 한국인 참여자도 20대로 한정할 필요가 있다. 모어 화자라도 청자나 화자의 연령에 따라 말소리에 대한 지각 능력이 달라질 수 있으며 산출 양상도 달라질 수 있기 때문이다. 또한 학습자가 일반적으로 서울말을 배우기 때문에 본 연구는 서울말을 방언으로 하는 20대를 한국인 참여자로 선정하였다.

이어서 실험 참여자의 명수에 대해 논의하도록 하겠다. 본 연구는 일차적으로 G-Power 프로그램을 활용하여 다양한 통계적 수치를 통해 필요한 샘플 수량을 계산하였다. 그 결과 네 개의 집단[42]의 일원배치 분산분석(본 연구의 주된 통계분석 방법) 시 효과 크기 0.4, 오류 0.05, 검정력

0.8의 결과[43]를 도출하기 위하여 76명의 참여자가 필요함을 알 수 있었다. 즉 집단당 최소 19명의 참여자가 필요하다. 또한 억양에 대한 실험 연구들을 살펴보면 집단 당의 참여자 수가 20명을 넘는 경우가 드문 것을 확인할 수 있다. 이에 본 연구는 집단당 19명의 참여자가 충분하다고 판단하였다.

위의 기준으로 선정된 76명의 참여자가 지각 실험 및 산출 실험에 참여하였다. 이외에 지각 실험과 산출 실험에 참여하지 않은 한국인 모어 화자 5명이 중국인 학습자의 발화 정확성에 대한 청취평가를 진행하였다. 청취평가를 진행한 이유는 첫째, 프라트(Praat)로 발음을 분석하는 객관적 방법뿐만 아니라 주관적 방법도 함께 활용하면 보다 전면적인 발음 분석을 진행할 수 있기 때문이다. 둘째, 지각과 산출의 관계를 관련 단서의 측면뿐만 아니라 정확도의 측면에서도 분석하고자 하기 때문에 학습자의 산출 능력을 객관적 수치로 표현하여야 하기 때문이다. 청취평가자를 5명으로 선정한 이유는 억양은 주관성이 강한 요소라서 한 명의 판단 결과로 산출 능력을 판단하는 것은 신뢰도가 떨어질 가능성이 있기 때문이다.[44] 평가자의 연령과 방언을 평가 결과에 영향을 미치지 않도록 서울 방언을 사용하는 20대로 한정하였다.

이상의 논의를 바탕으로 본 연구의 실험 참여자를 다음 표와 같이 정리하였다.

---

[42] 초·중·고급 학습자 집단과 한국인 집단을 가리킨다.
[43] 일원배치 분산분석(다변량 분산분석)에 있어 효과 크기는 0.1을 소로, 0.25를 중으로, 0.4를 고로 구분한다. 본 연구에서 효과 크기로 0.4로 설정된 이유는 청자나 화자의 한국어 수준이 결과에 큰 영향을 미칠 수 있다고 가정했기 때문이다. 오류와 검정력의 수치는 흔히 사용하는 수치들을 활용하였다.
[44] 청취평가의 구체적인 진행 방법은 산출 양상에 대한 분석에서 더 자세하게 논의할 것이다.

〈표 3-1〉 실험 참여자 정보

중국인 실험참여자 (지각 실험 침 산출 실험)				
수준	TOPIK 성적	한국 거주 기간	한국어 학습 기간	명수
초급		없음	중국 4년제 대학 한국어과 1학년	19명
중급	5~6급	0~6개월	중국 4년제 대학 한국어과 3학년	19명
고급	6급	1년 이상	중국 4년제 대학 한국어과를 졸업한 한국 대학원생	19명
한국인 실험참여자				
지각 실험 및 산출 실험			서울말을 방언으로 하는 20대 (총 19명)	
청취평가			서울말을 방언으로 하는 20대 청취평가자 (총 5명)	

2. 말토막 억양 기능의 지각 양상

2.1. 문장 초점의 전달 기능에 대한 지각 양상

2.1.1. 자극의 작성

앞에서 제시했듯이 지각 범주화를 밝히기 위하여 지각 실험에서 사용하는 자극은 단서의 음성학적 특징이 점차적으로 변하는 자극 연속체이어야 한다. 자극 연속체는 **발화 자료 작성, 한국인 모어 화자의 원시 발화 수집, 프라트(Praat)[45]를 통한 억양 조작, 자극 범주 판단**의 네 단계를 거쳐 작성하였다. 우선 **발화 자료 작성 단계**를 살펴보도록 하겠다.

II장에서 논의했듯이 기존의 연구에서 문장의 시작 부분, 중간 부분, 끝 부분에 위치한 초점을 모두 분석한 경우가 있고 그 중 하나를 분석한

---

45 프라트(Praat)는 1992년 암스테르담 대학에서 개발한 음성 분석 및 변형 프로그램이다. 프라트(Praat)를 활용한 한국어 연구는 2000년 학술지 논문을 시작으로 연구수가 점점 증가하였고 2012년을 기점으로 그 양이 확대되었다.(임현진·이쌍·이지은, 2019:235)

경우가 있다. 본 연구는 문장 시작 부분에 위치한 초점에 대해서만 분석하기로 하였다. 그 이유는 서로 다른 부분에 위치하는 초점을 모두 분석한 연구는 문장의 최고점이 초점이 오는 부분에 있어야 하는가를 입증하는 것을 목적으로 한 경우가 대부분인데, 이는 지각 범주화에 초점을 둔 본 연구의 연구 목적과는 차이가 있기 때문이다. 따라서 본 연구는 서로 다른 부분에서의 초점을 모두 분석할 필요가 없고 가장 흔히 볼 수 있는 문장의 시작 부분에 초점이 오는 경우를 분석하기로 하였다.

발화 자료에 대하여 또 하나 고려할 부분은 분절음의 구성이다. 한국어와 같은 경우에는 경음과 격음이 있으면 억양 곡선이 중단될 수 있기 때문에 실험 문장에서 경음과 격음을 가능한 한 피할 필요가 있다.[46] 이외에 Eady & Cooper(1986:406-412)는 초점 실현에 관한 문장 길이와 문장 유형에 대한 언급을 하였다. 즉 짧은 문장보다 긴 문장에서 초점을 실현하기 상대적으로 어렵고 문장 유형이 초점의 실현에 뚜렷한 영향을 미치지 않는다. 따라서 이상의 논의를 바탕으로 본 연구는 상대적 짧은 문장의 시작 부분에 위치한 초점에 대해 분석하기로 하였고, 문장 초점의 전달 기능에 대한 실험 자료를 다음과 같이 작성하였다. 자극 연속체의 양극 자극을 작성하는 기준을 밝히기 위하여 초점이 실현된 상황과 초점이 실현되지 않은 상황을 모두 설정하였다.

〈표 3-2〉 문장 초점의 전달 기능에 대한 실험 자료

상황 설명1: 선배랑 수다 떨고 있는데 선배가 나에게 내일 뭐하냐고 묻는다. 나는 다음과 같이 말했다.
실험 문장1: - **엄마하고 영화 보러 가요.**

---

[46] 핵억양에 대한 분석에서는 끝음절에 경음과 격음을 포함하지 않도록 작성하였다.

상황 설명2:
선배랑 수다 떨고 있는데 선배가 나에게 내일 친구랑 영화 보러 가냐고 묻는다. 그런데 나는 엄마랑 같이 볼 거라서 '엄마'를 강조하면서 다음과 같이 말했다.
실험 문장2:
- 엄마하고 영화 보러 가요.

이어서 **한국인 모어 화자의 원시 발화 수집 단계**를 살펴보도록 한다. 본 연구는 청력과 발화, 인지력에 지장이 없는 서울 출신인 20대 여성 두 명을 원시 발화의 제공자로 선정하였다. 그 이유 첫째, 본 연구의 참여자가 모두 20대라 실험 변인을 통제하기 위하여 원시 발화 제공자도 20대로 선정할 필요가 있다고 판단하였기 때문이다. 둘째, 발화자의 성별에 따른 발화 의미에 대한 지각 결과가 달라지지 않겠으나 呂士楠·初敏·許潔萍·賀琳(2012:307)에서 여성의 발화가 상대적 명확하므로 음성합성에 보다 적합하다고 지적했듯이 본 연구는 여성 발화자를 선정하였다. 셋째, 본 연구는 원시 발화에 대한 지각 능력이 아니라 원시 발화를 조절하여 작성한 일련의 자극에 대한 지각 능력을 분석하기 때문에 한 명의 발화로 충분할 수 있었으나, 녹음의 질이나 합성 적합도를 고려하여 발화자 두 명의 발화를 수집하기로 하였다. 두 명의 발화자는 억양의 모든 기능에 관한 실험 자료를 녹음하였으나, 하나의 억양 기능에 대한 분석에서 사용한 원시 발화는 한 명의 발화자의 발화이다.

그 다음 **프라트(Praat)를 통한 억양 조작 단계**를 살펴보도록 하겠다. 呂士楠·初敏·許潔萍·賀琳(2012:176) 등 연구에서 지적했듯이 프라트(Praat)의 PSOLA 합성 방법을 통하여 음높이와 음길이를 정확하게 조절할 수 있다. 이에 인공발화에 대한 지각 양상을 분석한 대부분 연구에서는 PSOLA 합성 방법을 활용하였다. 본 연구도 이 방법을 활용하여 자극을 합성하였다. II장에서 논의했듯이 초점 전달과 관련된 단서는 최고점 음높이, 음길이, 말토막 억양 경계 해지이다. 이어서 이 세 가지의 단서에 대한 조절 과정을 살펴보도록 하겠다.

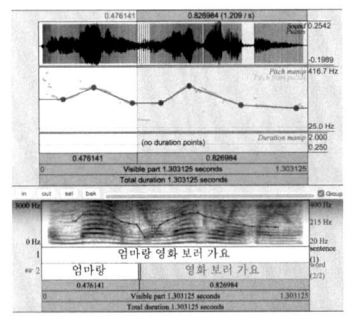
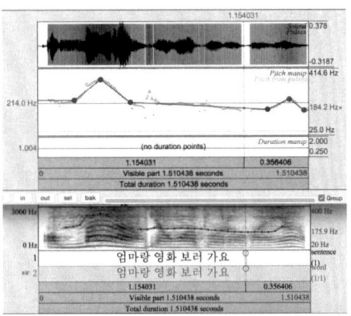

〈그림 3-1〉 한국인의 초점이 없는 발화   〈그림 3-2〉 한국인의 초점 발화

위 그림은 한국인이 발화한 초점이 포함된 원시 발화와 초점이 포함되지 않은 원시 발화의 억양 곡선이다. 보다시피 초점이 실현됐느냐에 따라 '엄마'의 최고점 음높이, 지속 시간, 그리고 '엄마랑'과 '영화 보러 가요' 간의 말토막 억양 경계의 실현 여부가 달라진다. 우선 최고점 음높이에 대한 조절을 살펴보도록 하겠다. 음높이에 대한 지각 범주화를 분석한 연구에서는 자극들 간의 음높이 변화 간격과 자극 개수는 연구에 따라 설정된 기준이 각각 다른 것으로 나타났다. 예를 들면 Matewski & Blasdell(1968)은 20HZ의 간격으로 변화하는 자극 5개를, 席潔·姜薇·張林軍·舒華(2009)는 6.2HZ의 간격으로 변화하는 자극 7개를, Chang & Amanda(2012)는 5HZ의 간격으로 변화하는 자극 20개를 합성하였다. 본 연구는 최고점 음높이에 대한 지각 범주화를 밝히기 위하여 초점이 없는 원시 발화의 '엄마'의 최고점 음높이('마')를 10HZ를 간격으로 변화하는 260HZ부터 370HZ까지인 자극 12개를 합성하였다.[47] 그 이유는 다

---

47 Gussenhoven(2004) 등의 연구는 HZ보다 semitone(반음)으로 인간의 지각을 더 잘 묘사할 수 있다고 주장한다. 본 연구에서 HZ로 지각 단위를 선정한 이유는 첫째, 지각 범주화 연구에서 활용하는 자극들의 음높이 변화 간격에 대한 이론적 근거를

음과 같다. 첫째, Klatt(1973)에서 지적했듯이 이상적 경우에는 인간의 기본주파수에 대한 최소 지각 차이는 1-2HZ지만, 인간 발화의 기본주파수에 대한 최소 지각 차이는 10HZ이기 때문이다. 따라서 본 연구는 10HZ를 변화 간격으로 설정하였다.

둘째, 초점이 없는 원시 발화에서의 최고점이 291.7HZ이고 초점이 실현된 발화의 최고점이 340.5HZ이기 때문에 일차적으로 10HZ의 간격으로 290HZ부터 340HZ까지 변화하는 '엄마'의 최고점들을 합성할 필요가 있었다. 여기서 자극의 개수를 고려하여 이차적으로 양극의 음높이를 각 3단계씩 확대하여 '엄마'의 최고점이 10HZ의 간격으로 260HZ부터 370HZ까지 변화하는 12개의 자극의 연속체를 합성하였다. 변화 연속체의 양극이 서로 다른 범주에 속한다는 것을 확보하기 위하여 한국인 한 명이 양극의 자극이 전달하는 의미를 판단하였다. 이는 바로 **자극 범주 판단 단계**이다.

셋째, 지각 범주화 분석에서 초점이 실현된 발화에 대한 조절을 진행하지 않은 이유는 초점이 실현된 발화에서 최고점 음높이의 변화뿐만 아니라 말토막 억양 경계 해지 현상도 나타났고 지속 시간도 길어졌기 때문에 그 중 하나의 단서의 역할을 분석하는 데 적절하지 않다고 판단하였기 때문이다. 또한 초점이 없는 원시 발화를 활용하여 작성한 자극 연속체가 지각 범주화를 밝히는 데 충분하다고 할 수 있다.

이어서 '엄마'의 지속 시간에 대한 조작에 대해 살펴보도록 하겠다. 음높이와 마찬가지로 음길이에 대한 지각 범주화를 분석한 연구에서는 음길이의 변화 간격과 자극 개수에 대해서도 일정한 기준이 없는 것으로 나타났다. 예를 들면 Steppling & Montgomery(2002)는 -50%부터 +150%까

HZ를 활용하여 설명한 경우가 많았기 때문이다. 둘째, HZ와 semitone는 명명이 다르지만 모두 음높이를 묘사하는 단위이며 서로 전환할 수 있으므로 지각 실험에서 반드시 semitone으로 설정해야 한다는 주장이 없었기 때문이다.

지로 설정하였고 오재혁(2011b)은 짧은 길이, 보통 길이, 긴 길이로 설정하였다. 본 연구는 다음과 같은 과정을 거쳐 지속 시간에 대한 자극을 작성하였다.

첫째, 초점이 없는 발화에 비하여 초점이 실현된 발화에서 세 가지 단서가 모두 변했기 때문에 초점이 없는 발화를 원시 발화로 활용하기로 하였다. 둘째, 본 연구는 0.05s를 변화 간격으로 설정하였는데 그 이유는 자극의 총 개수가 너무 많거나 작지 않게 0.05s를 간격으로 설정하는 것이 적당하다고 판단하였기 때문이다. 또한 Hirsch(1959:278)에서 두 개의 자극이 20ms 이상의 간격을 두어야 청자가 그들의 선후관계를 판단할 수 있다고 지적한 바 있음에 미루어 보아, 0.05s(50ms)는 인간이 충분히 인식할 수 있는 간격이라 할 수 있기 때문이다.

셋째, 초점이 없는 원시 발화에서 '엄마'의 지속 시간이 0.31s이며 초점이 포함된 원시 발화에서 '엄마'의 지속 시간이 0.45s이다. 이에 따라 일차적으로 0.05s의 간격으로 0.30s로부터 0.45s로 변화하는 4 가지의 자극을 작성하여야 한다. 자극의 개수를 고려하여 이차적으로 양극을 각 2 단계씩 확장하여 0.05s의 간격으로 0.20s부터 0.55s까지 변화하는 자극 8개를 작성하였다. 한국인 한 명이 양극 자극에 대한 범주 판단을 진행한 결과 두 자극이 서로 다른 의미를 전달하였다.

마지막으로 세 번째 단서인 말토막 억양 경계 해지에 대해 살펴보도록 하겠다. '말토막 억양 경계의 의미 전달 기능'에 관한 내용과 구분하도록[48] 초점 전달의 말토막 억양 경계 해지에 대해서는 '말토막 억양 경계 해지에 관한 단서에 대한 지각 범주화'가 아니라 '말토막 억양 경계 해지와 초점 전달의 관계', 그리고 '말토막 억양 경계 해지와 다른 단서의 관계'를 논의

---

[48] '말토막 억양 경계의 의미 전달 기능'이란 부분에서는 말토막 억양 경계에 대한 단서를 다룰 것이기 때문에 여기서 이에 대한 분석을 진행할 필요가 없다고 판단하였다.

하는 것이 적당하다고 판단하였다. 이를 밝히기 위하여 본 연구는 초점이 실현된 발화(말토막 억양 경계 해지 포함)의 '엄마'의 최고점 음높이를 220HZ(낮음), 지속 시간을 0.20s(짧음)로 조절하여 자극 하나를 작성하였다. 즉 지속 시간이 짧고 음높이가 충분히 낮은 경우에 말토막 억양 경계 해지 현상이 나타나면 참여자가 어떻게 지각하는가를 분석하고자 하였다. 최고점의 최저 음높이를 220HZ로 설정한 이유는 말토막 억양의 두 번째 음절의 음높이가 일반적으로 첫음절보다 낮게 실현되지 않는데 (인지영·성철재, 2013:53) '엄마'에서 '엄' 부분의 음높이는 220HZ 정도이기 때문이다. 최소 지속 시간을 0.20s로 조절한 이유는 0.20s 이하로 맞춰서 작성한 자극에 대해서 한국인이 '엄마'가 제대로 들리지 않는다고 대답하였기 때문이다.

이상에서 자극을 작성한 기준을 살펴보았다. 자극을 작성할 때 음높이 변화 곡선의 형태도 고려해야 한다. 즉 아래의 그림처럼 직선으로 변하는 곡선인가 아니면 물결치는 선으로 변하는 곡선인가의 문제이다. Gårding & Abramson(1965)과 Silverman(1987) 등의 연구에서 어떤 형태로 합성하느냐에 따라 인간의 지각 결과가 달라질 수 있으며 부드럽게 물결치는 선은 자연스러운 음성의 음조 패턴의 특징이라고 지적했듯이 본 연구는 오른쪽 그림처럼 물결치는 선으로 음성을 합성하였다.

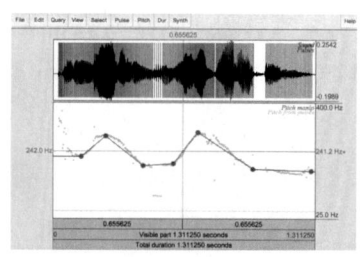 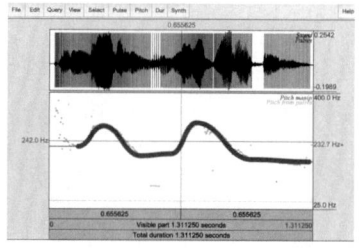

〈그림 3-3〉 억양 곡선 형태 예(1) 〈그림 3-4〉 억양 곡선 형태 예(2)

이상의 논의를 바탕으로 문장 초점의 전달 기능에 대한 지각 자극은 다음과 같이 정리한다.

〈표 3-3〉 초점 전달 기능에 대한 지각 분석에서 활용한 자극 유형

목적	자극
최고점의 음높이에 대한 지각 양상을 밝힘.	초점이 없는 원시 발화의 '엄마'의 최고점을 10HZ의 간격으로 260HZ부터 370HZ까지 조작하여 총 12개의 자극을 작성하였음. (말토막 억양 경계 해지 현상 없음)
지속 시간에 대한 지각 양상을 밝힘.	초점이 없는 원시 발화의 '엄마'의 지속 시간을 0.05s의 간격으로 0.20s부터 0.55s까지 조절하여 총 8개의 자극을 작성하였음. (말토막 억양 경계 해지 현상 없음)
최고점 음높이 및 지속 시간과 말토막 억양 경계 해지의 관계를 밝힘.	초점이 실현된 발화를 원시 발화로 삼아 '엄마'의 최고점을 220HZ로 조절하고 지속 시간을 0.20s로 조절하여 하나의 자극을 작성하였음. (말토막 억양 경계 해지 현상 있음)

2.1.2. 실험 절차

II장 '억양의 지각'이란 절에서 지각 범주화를 밝히는 데 필요한 지각 구별 실험과 지각 식별 실험에 대해서 논의하였는데 이 절에는 작성한 21개의 자극을 지각 구별 실험과 지각 식별 실험에 어떻게 적용해야 하는가를 살펴보도록 하겠다. 자극 간의 차이를 인식할 수 있는가에 초점을 둔 지각 구별 실험의 설계에서 논의가 필요한 부분은 구별이 필요한 자극 쌍의 설정, 자극의 제시 순서, 자극들의 배정 시간 간격이다. 지각 구별 실험에는 두 가지의 자극을 제시하는 방법(ax), 즉 두 자극이 같은지 다른지를 판단하는 방법이 있고, 세 가지의 자극을 제시하는 방법(axb/abx), 즉 목표 자극이 어느 자극과 같은지를 판단하는 방법이 있다. 그러나 Han(2009)의 연구 결과에 따르면 세 가지의 자극을 제시하는 방법보다 두 가지의 자극을 제시하는 방법이 미세한 음성학적 차이를 밝힐 수 있다는 장점이 있다. 따라서 본 연구는 두 가지의 자극을 변별하는 지각 구별

실험을 마련하였다. 그렇다면 두 가지의 자극이 어떠한 자극인가? Ladd & Morton(1997)와 Xu, Gandour, & Francis(2006) 등의 연구에 따르면 two-step pairs가 지각 구별 실험에서 흔히 사용하는 방법이다. 즉 구별이 필요한 자극 a와 자극 x는 자극 연속체 중 하나의 자극으로 간격을 둔다. 그러나 이 외에 자극 연속체 중 인접하는 두 자극을 활용하거나 두 개의 자극을 간격으로 두는 두 자극을 활용한 연구도 적지 않다. 본 연구는 보다 정확한 결과를 얻기 위하여 席潔·姜薇·張林軍·舒華(2009)처럼 자극 연속체에서 인접하는 두 자극, 하나의 자극을 간격으로 두는 두 자극, 두 개의 자극을 간격으로 두는 두 자극을 모두 활용하여 자극쌍을 작성하였다.

두 자극의 제시 순서에 있어서 Ladd & Morton(1997)은 음높이가 낮은 자극부터 제시했을 때 청자가 구별할 수 있었던 자극들을 음높이가 높은 자극부터 제시하자 구별하지 못한다는 결과를 얻었다. 이러한 양상이 나타난 이유를 설명하지 않았으나 앞에서 논의했던 '점진하강'이란 현상과 관련이 있을 수 있다고 지적하였다. 따라서 정확한 결과를 도출하기 위하여 본 연구는 목표점의 음높이가 낮은 자극부터 제시하였다.[49] 지속 시간에 대한 자극들의 제시 순서에 대하여, 본 연구에서는 실험을 통제하기 위해 지속 시간 구별에 대한 자극쌍에서 모두 지속 시간이 짧은 자극부터 긴 순서대로 정렬하였다.

이 외에 하나의 자극쌍에 속하는 두 개의 자극의 배정 시간 간격에

---

49 영어나 유럽어의 음높이에 대한 지각 구별 실험에서는 ax의 형태뿐만 아니라 xa, aa, xx의 형태도 함께 분석한 경우가 있다. 그러나 그러한 연구들은 일반적으로 하나의 단서(예:오름조로 들리는가 아니면 내림조로 들리는가)에 대한 실험을 진행하였고, 또한 one/two/three-step pairs 중 하나만 활용한 경우가 대부분이다. 본 연구는 one/two/three-step pairs를 모두 활용할 뿐만 아니라 분석 대상이 많기 때문에 ax, xa, aa, xx의 네 가지의 자극쌍 형태를 모두 활용하기가 어려운 상황이라 판단하였다. 따라서 이 네 가지의 형태 중 가장 대표적인 ax(x의 목표점 음높이가 a의 그것보다 높음) 형태로 실험을 진행하기로 하였다.

대해서 Pisoni(1973)는 범주 간과 범주 내의 지각적 차이를 최대하게 드러나게 하기 위하여 자극들이 500ms(interstimulus interval)의 간격으로 나타날 필요가 있다고 지적하였다. 이에 본 연구에서는 500ms(0.5s)의 시간 간격으로 하나의 자극쌍에 속한 두 개의 자극을 배정하였다.

이상의 논의를 바탕으로 기존의 20개의 자극(초점이 없는 원시 발화의 최고점 음높이와 지속 시간을 조절하여 작성한 자극)을 활용하여 '음높이/지속 시간 연속체에서 인접하는 두 자극으로 작성하는 자극쌍'을 18개, '음높이/지속 시간 연속체에서 하나의 자극을 간격으로 두는 두 자극으로 작성하는 자극쌍'을 16개, 음높이/지속 시간 연속체에서 두 개의 자극을 간격으로 두는 두 자극으로 작성하는 자극쌍을 14개, 총 48개의 구별 자극쌍을 작성하였다.

그 다음 자극이 전달하는 의미를 인식할 수 있는가에 초점을 둔 지각 식별 실험에 대하여 살펴보도록 하겠다. 지각 식별 실험의 설계에서 고려할 사항은 자극의 종류와 식별 결과에 대한 선택 항목이다. 식별 실험을 위하여 위에서 작성한 21개의 자극을 모두 참여자에게 들려주었다. 식별 결과에 대한 선택 항목은 정확성과 자연성을 고려하여 다음과 같이 설정하였다. 첫째, "엄마' 부분에서 문장 초점이 실현됐는가'는 최고점의 음높이와 지속 시간에 대한 지각 양상을 밝히기 위한 것이다. 둘째, "영화' 부분에서 문장 초점이 실현됐는가'는 말토막 억양 경계 해지의 역할을 분석하기 위한 것이다. 셋째, 발화의 자연성을 고려하여 "엄마'의 음높이/ 지속 시간이 자연스러운가'라는 항목과 넷째인 "영화 보러' 부분의 음높이 변화가 문장 속에서 자연스러운가'란 항목을 설정하였다. 또한 지각 결과의 신뢰도를 확보하기 위하여 Excel의 랜덤 배열 기능을 활용하여 자극들을 무작위로 제시하였다. 이상의 논의를 바탕으로 문장 초점의 전달 기능에 대한 지각 실험 내용을 다음과 같이 정리하였다.[50]

<표 3-4> 문장 초점의 전달 기능에 대한 지각 실험 내용

실험 유형	자극(쌍) 수		선택 항목
지각 구별 실험 (48개)	자극쌍 30개		두 자극의 '엄마'의 음높이가 같음/다름
	자극쌍 18개		두 자극의 '엄마'의 지속 시간이 같음/다름
지각 식별 실험 (21개)		12개 (초점이 없는 원시 발화의 '엄마' 음높이 조절)	(1) '엄마' 부분에서 문장 초점이 실현됐는가 (2) '엄마'의 음높이가 자연스럽게 들리는가 (3) '영화' 부분에서 문장 초점이 실현됐는가 (4) 문장 속에서는 '영화 보러' 부분의 음높이 변화가 자연스럽게 들리는가
		8개 (초점이 없는 원시 발화의 '엄마' 지속 시간 조절)	(1) '엄마' 부분에서 문장 초점이 실현됐는가 (2) '엄마'의 지속 시간이 자연스럽게 들리는가 (3) '영화' 부분에서 문장 초점이 실현됐는가 (4) 문장 속에서는 '영화 보러' 부분의 음높이 변화가 자연스럽게 들리는가
		1개 (초점이 실현된 원시 발화를 조절하여 작성한 자극)	(1) '엄마' 부분에서 문장 초점이 실현됐는가 (2) '엄마'의 지속 시간/음높이가 자연스럽게 들리는가 (3) '영화' 부분에서 문장 초점이 실현됐는가 (4) 문장 속에서는 '영화 보러' 부분의 음높이 변화가 자연스럽게 들리는가

2.1.3. 지각 결과 분석

2.1.3.1. 최고점 음높이에 대한 지각 양상

앞 절에서 제시했듯이 자극의 자연성 분석을 진행하기 위하여 지각 식별 실험에서 "엄마'의 음높이가 자연스러운가'라는 항목을 설정하였다.

---

50 자극들을 세 번 이상 반복하여 제시한 기존의 연구가 있다. 그러나 본 연구에서의 연구 대상이 많아(핵억양과 말토막 억양 모두 포함) 모든 자극들을 세 번 이상 반복해서 제시하는 것은 실험 참여자의 부담을 늘릴 가능성이 높기 때문에 본 연구는 자극을 반복해서 제시하지 않기로 하였다. 대신에 본 연구의 실험참여자 명수는 기존의 연구보다 많다고 할 수 있으므로 자극들을 반복하여 제시하지 않는다는 한계점을 보완할 수 있다.

아래 그림은 최고점 음높이가 점차적으로 변하는 자극들의 자연성에 대하여 한국인 19명이 판단한 결과이다. y축은 각 자극이 자연스럽다고 판단한 한국인의 비율이다. 60%[51]를 기준으로 260HZ-350HZ는 한국인이 자연스럽다고 판단한 구간이다. 따라서 최고점이 260-350HZ인 자극에 대한 참여자의 지각 양상을 분석하였다.

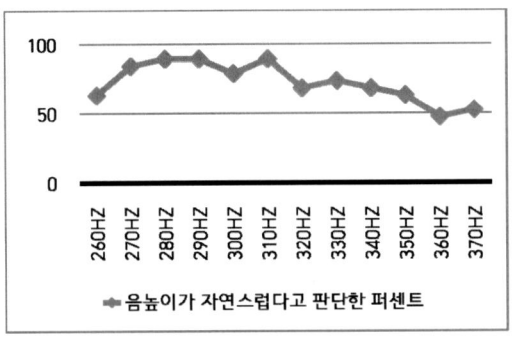

〈그림 3-5〉 음높이의 자연성에 대한 한국인의 판단 결과

한국인이 자연스럽다고 판단한 초점의 최고점 음높이와 그에 대한 한국인의 초점 식별 결과의 상관분석을 진행하자 상관계수는 .957(P=.000)로 나타났다. 즉 한국인이 초점을 식별하는 데 최고점 음높이가 매우 큰 영향을 미쳤다.

아래 그림은 최고점의 음높이를 조절하여 작성한 자극들에 대한 한국인의 지각 구별 및 지각 식별 결과이다. 식별 실험에서 음높이의 변화에

---

51 자연성 판단 기준을 마련한 이유는 분석의 효율성을 높이기 위한 것으로, 참여자의 자연성 판단 결과를 분석하기 위한 것이 아니다. 뒤에서 제시하겠지만 한국인과 중국인의 자연성 판단 결과를 비교하기 위하여 각 자극의 자연성에 대한 참여자의 지각 결과에 대한 통계분석을 진행하였다. 자연성 판단에 대한 일정한 기준은 없으나, 본 연구에서 상대적으로 높은 기준이 아닌 60%로 설정한 이유는 지각 범주화를 밝히려면 자극의 개수가 지나치게 적으면 안 되기 때문이다. 따라서 한국인의 지각 결과와 필요한 자극 개수를 고려하여 60%가 적당한 판단 기준으로 간주하였다.

따른 식별 결과가 점차적으로 높아지는 S형으로 나타났고 식별 결과가 50%인 지점이 310HZ(47.4%)와 320HZ(68.4%) 사이에 있었다. 또한 10HZ의 간격으로 둔 두 자극에 대한 구별 결과에서 310HZ와 320HZ(자극쌍6)에 대한 구별률(31.6%)이 다른 자극쌍에 대한 구별률보다 높은 것으로 나타났다. 따라서 한국인은 초점의 최고점 음높이에 대한 지각 범주화가 형성되었으며 범주를 구별하는 지점이 310HZ-320HZ 사이에 있다는 결론을 내릴 수 있다.[52]

범주를 구별하는 지점이 310HZ-320HZ 사이에 위치하기 때문에 20HZ를 간격으로 둔 두 자극에 대한 구별 결과에서 300HZ와 320HZ(자극쌍5)에 대한 구별 결과, 그리고 310HZ와 330HZ(자극쌍6)에 대한 구별 결과를 살펴봐야 하고, 30HZ를 간격으로 둔 두 자극에 대한 구별 결과에서 290HZ와 320HZ(자극쌍4)에 대한 구별 결과, 300HZ와 330HZ(자극쌍5)에 대한 구별 결과, 310HZ와 340HZ(자극쌍6)에 대한 구별 결과를 살펴봐야 한다. 그 결과 이상의 자극쌍에 대한 구별률이 같은 연속체에 속한 다른 자극쌍에 대한 구별률보다 낮은 경우도 있었다. 이러한 양상이 나타난 원인은 한국인 모어 화자에게 20HZ나 30HZ의 차이가 쉽게 구별할 수 있는 음높이 차이이기 때문이라고 할 수 있다. 이는 음높이에 대한 지각 범주화 양상을 분석하는 데 20HZ와 30HZ의 간격이 적당하지 않음을 의미한다. 즉 같은 범주에 속하더라도 두 자극의 음높이 차이가 크면 둘의 음성학적 차이를 충분히 구별할 수 있다.

---

[52] 물론 사용한 자극, 즉 발화자에 따라 범주를 구별하는 지점의 위치가 달라질 수 있다. 그러나 본 연구의 목적은 같은 자극에 대한 한국인과 중국인의 지각 차이를 밝히는 데에 두었기 때문에 발화자의 영향을 고려하지 않아도 된다고 판단하였다.

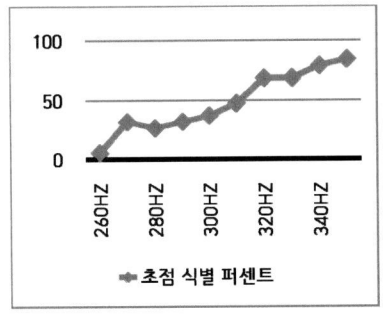
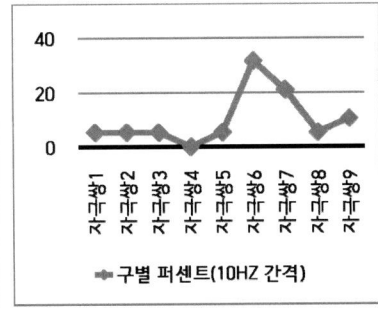
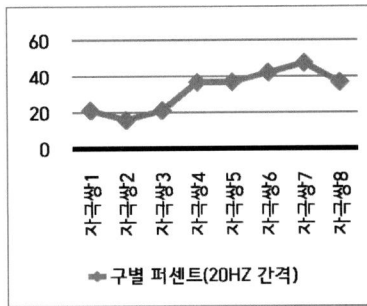
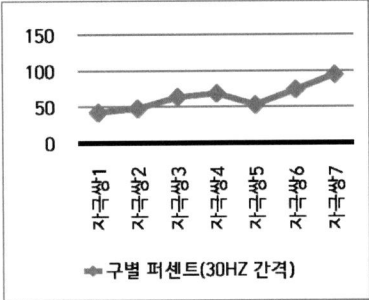

〈그림 3-6〉 최고점 음높이에 대한 한국인 지각 양상

이어서 학습자의 지각 양상을 살펴보도록 하겠다. 한국인이 자연스럽다고 판단한 최고점 음높이와 그에 대한 초급 학습자의 초점 식별 결과에 대한 상관분석 결과 상관계수가 .910(P=.000)으로 나타났다. 즉 초급 학습자가 초점을 식별하는 데도 최고점 음높이가 매우 큰 영향을 미쳤다.

자극들에 대한 초급 학습자의 지각 양상은 다음 그림과 같다. 식별 결과는 대체로 S형으로 나타났으며 식별 결과가 50%인 지점이 270HZ(47.4%)와 280HZ(52.6%) 사이에 있었다. 그러나 10HZ를 간격으로 둔 자극쌍에 대한 구별 실험에서 최고점이 270HZ와 280HZ인 두 자극(자극쌍2)에 대한 구별률이 다른 자극쌍들에 대한 구별률보다 높지 않았다. 또한 20HZ를 간격으로 둔 자극쌍에 대한 구별에서의 260HZ와 280HZ(자극쌍1)에 대한 구별 결과, 그리고 270HZ와 290HZ(자극쌍2)에 대한 구별 결과, 30HZ를 간격으로 둔 두 자극에 대한 구별에서의 260HZ 와 290HZ(자극쌍1)에 대한 구별 결과, 그리고 270HZ와 300HZ(자극쌍2)에 대한 구별 결과를 살펴보면 이상의 구별 결과가 다른 자극쌍에 대한 구별 결과보다 낮은 경우도 관찰되었다. 즉 초급 학습자가 최고점 음높이의 의미 범주를 구별하는 음높이 지점은 270HZ와 280HZ 사이에 있을 가능성이 있으나 최고점 음높이에 대한 지각 범주화를 형성하지 않았다.

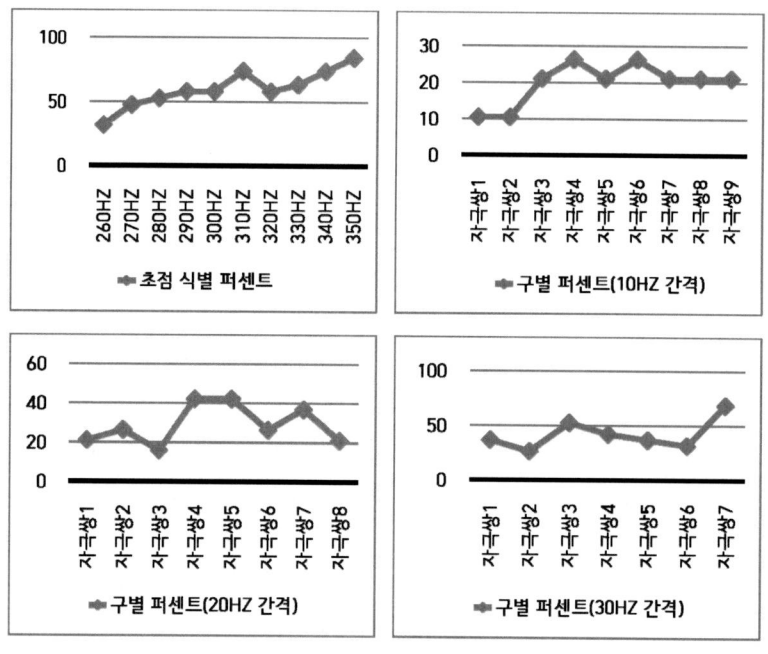

〈그림 3-7〉 최고점 음높이에 대한 초급 학습자의 지각 양상

이어서 중급 학습자의 지각 양상을 살펴보도록 하겠다. 초점의 최고점 음높이와 그에 대한 중급 학습자의 초점 식별 결과의 상관분석을 진행한 결과 상관계수가 .923(P=.000)로 나타났다. 즉 둘 사이에 높은 상관성이 보인다. 다음 그림은 자극들에 대한 중급 학습자의 지각 결과이다. 음높이

변화에 따른 식별 결과가 점차적으로 높아진 것으로 나타났으며 식별 결과가 50%인 지점이 280HZ(36.8%)와 290HZ(57.9%) 사이에 있었다. 10HZ를 간격으로 둔 두 자극에 대한 구별 실험에 있어서 최고점이 280HZ와 290HZ(자극쌍3)인 두 자극에 대한 구별 결과가 다른 자극들에 대한 구별 결과보다 높지 않았다. 또한 20HZ를 간격으로 둔 두 자극에 대한 구별 실험에서의 270HZ와 290HZ(자극쌍2)에 대한 구별 결과, 280HZ와 300HZ(자극쌍3)에 대한 구별 결과, 그리고 30HZ를 간격으로 둔 두 자극에 대한 구별 실험에서의 260HZ와 290HZ(자극쌍1)에 대한 구별 결과, 270HZ와 300HZ(자극쌍2), 280HZ와 310HZ(자극쌍3)에 대한 구별 결과가 다른 자극쌍에 대한 구별 결과보다 낮은 경우도 있었기 때문에 중급

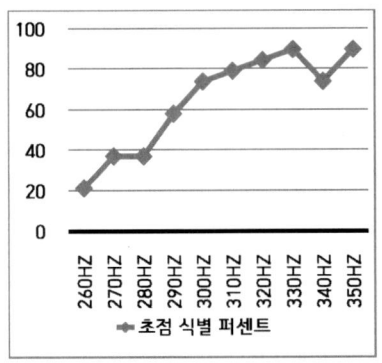
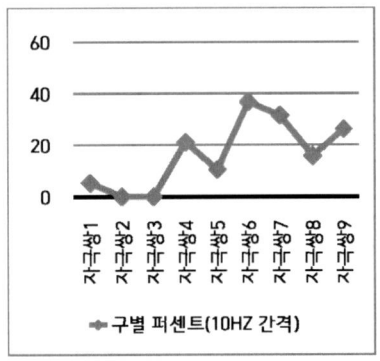
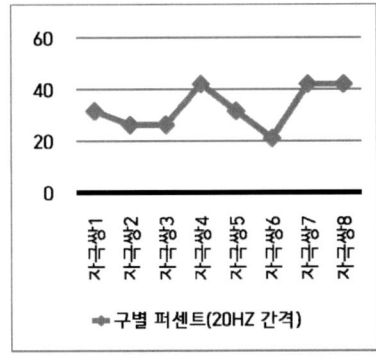
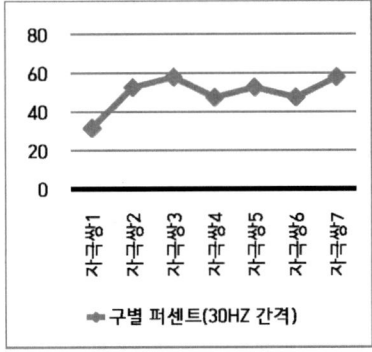

〈그림 3-8〉 최고점 음높이에 대한 중급 학습자의 지각 양상

학습자가 최고점 음높이의 의미 범주를 구별하는 음높이 지점은 280HZ와 290HZ 사이에 있을 가능성이 있으나 최고점 음높이에 대한 지각 범주화를 형성하지 않았다.

마지막으로 고급 학습자의 지각 양상을 살펴보도록 하겠다. 최고점 음높이와 그에 대한 고급 학습자의 초점 식별 결과의 상관분석을 진행하자 상관계수가 .950(P=.000)으로 나타났듯이 둘 사이에 높은 상관성이 보인다. 아래 그림은 자극들에 대한 고급 학습자의 지각 결과이다. 표를 통해서 알 수 있듯이 식별 결과는 대체로 S형으로 나타났으며 지각 결과가 50%인 지점이 290HZ(42.1%)와 300HZ(52.6%) 사이에 나타났다. 구별 실험에 있어서 최고점이 290HZ와 300HZ로 실현된 두 자극(자극쌍4)에 대한 구별 결과가 다른 자극들에 대한 구별 결과보다 낮은 경우가 있었다. 그러나 20HZ의 간격으로 둔 두 자극에 대한 구별 결과에 있어서 280HZ와 300HZ(자극쌍3), 290HZ와 310HZ(자극쌍4)에 대한 구별 결과가 가장 높은 것으로 나타났다. 즉 고급 학습자는 20HZ의 간격에 의해 음높이에 대한 지각 범주화가 형성되며 범주를 구별하는 음높이가 290HZ와 300HZ 사이에 있다.

30HZ의 간격으로 둔 두 자극에 대한 구별 결과에 있어서 270HZ와 300HZ(자극쌍2), 280HZ와 310HZ(자극쌍3), 290HZ와 320HZ(자극쌍4)에 대한 결과를 살펴봐야 하는데 그 결과 이상의 자극쌍에 대한 구별률이 다른 자극쌍에 대한 구별률보다 낮은 경우도 있었다. 이는 고급 학습자에게 30HZ의 음높이 차이가 쉽게 구별할 수 있는 차이임을 알려 준다.

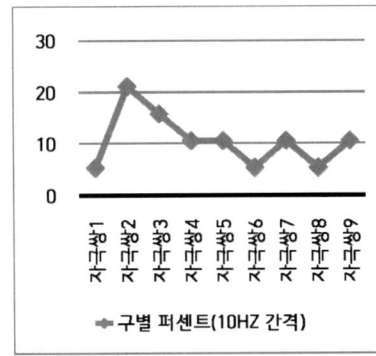
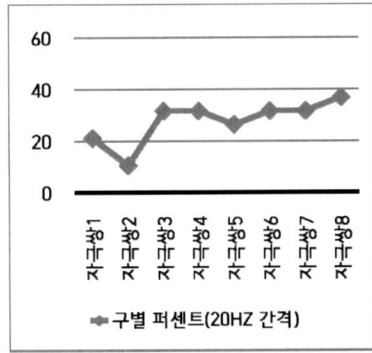
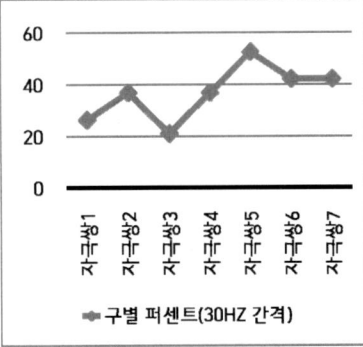

〈그림 3-9〉 최고점 음높이에 대한 고급 학습자의 지각 양상

한국인 모어 화자와 중국인 학습자의 지각 양상을 비교한 결과는 다음 표와 같다. 이를 통해서 내릴 수 있는 결론은 첫째, 최고점 음높이 변화가 네 가지 집단이 초점을 식별하는 데에 모두 큰 영향을 미친 것으로 나타났다. 둘째, 지각 범주화 형성 여부와 범주 경계의 위치에서 네 집단 간 뚜렷한 차이가 나타났다. 이로 인하여 한국인이 초점 발화로 지각하지 않을 발화에 대해서 중국인 학습자가 초점 발화로 지각할 가능성이 있으며 숙달도가 낮을수록 그럴 가능성이 높아진다.

〈표 3-5〉 초점의 최고점 음높이에 대한 한국인과 중국인의 지각 양상

	한국인	초급 학습자	중급 학습자	고급 학습자
최고점 음높이의 영향을 받는가	O	O	O	O
지각 범주화가 형성됐는가	O	X	X	O
음높이 간격	10HZ			20HZ
범주를 구별하는 지점의 위치	310-320HZ	(270-280HZ)	(280-290HZ)	290-300HZ
초점으로 지각하는데 필요한 최소 음높이 차이[53]	90-100HZ	50-60HZ	60-70HZ	70-80HZ

마지막으로 최고점 음높이가 자연스러운지를 판단한 결과에 대한 ANOVA 분석을 진행하였다. 표를 통해서 알 수 있듯이 .05의 수준에서 네 가지 집단의 판단 결과 사이에 유의미한 차이가 없는 것으로 나타났다.

〈표 3-6〉 최고점 음높이 자연성에 대한 한국인과 중국인의 판단 결과에 대한 ANOVA 분석

집단		평균차이	표준오차	유의확률
한국인	초급	.057	.076	.456
	중급	-.009	.076	.908
	고급	-.044	.076	.566
초급	중급	-.066	.076	.391
	고급	-.101	.076	.191
중급	고급	-.035	.076	.646

2.1.3.2. 지속 시간에 대한 지각 양상

자극 지속 시간의 자연성에 대한 한국인의 판단 결과는 다음 그림과 같다. 60%를 기준으로 0.25-0.40s는 한국인이 자연스럽다고 판단한 구간

---

[53] '엄'의 음높이가 220HZ이다.

이었다. 이 결과에 따라 '엄마'의 지속 시간이 0.25-0.40s인 자극에 대한 지각 양상 위주로 분석하여야 하였으나 4개의 자극에 대한 지각 양상만 분석하는 것이 적당하지 않다. 따라서 상관분석은 4개의 자극에 대해서 진행하였으나 지각 범주화 양상은 모든 자극에 대한 지각 양상에 의하여 분석하였다.

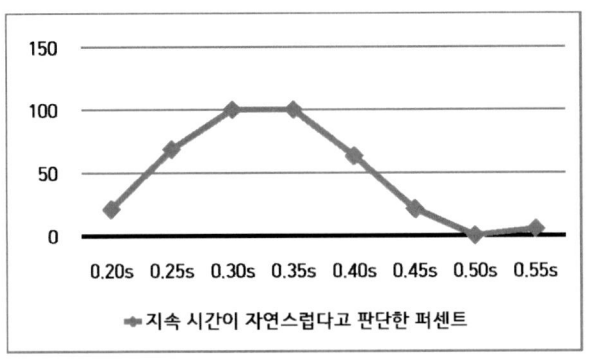

〈그림 3-10〉 지속 시간의 자연성에 대한 한국인의 판단 결과

한국인이 자연스럽다고 판단한 '엄마'의 지속 시간과 그에 대한 한국인의 초점 식별 결과의 상관분석을 진행하자 상관계수는 .982(P=.001)로 나타났다. 즉 한국인이 초점을 식별하는 데 초점의 지속 시간이 큰 영향을 미쳤다. 아래 그림은 초점 부분의 지속 시간을 조절하여 작성한 자극들에 대한 한국인의 지각 구별 및 지각 식별 결과이다. 식별 결과는 대체적으로 S형으로 나타났고 식별 결과가 50%인 지점이 0.30s(47.4%)와 0.35s(57.9%) 사이에 있었다. 그러나 0.05s의 간격으로 둔 두 자극에 대한 구별 결과에서는 0.30s와 0.35s(자극쌍3)에 대한 구별률(31.6%)이 가장 높은 것으로 나타나지 않았다.

범주를 구별하는 지점이 0.30s와 0.35s 사이에 위치하기 때문에 0.10s를 간격으로 둔 두 자극에 대한 구별 결과에서 0.25s와 0.35s(자극쌍2)에 대한 구별 결과, 그리고 0.30s와 0.40s(자극쌍3)에 대한 구별 결과를 확인해 봐야 한다. 그 결과 이 두 자극쌍에 대한 구별률이 다른 자극쌍에 대한 구별률보다 높은 것으로 나타났다. 따라서 한국인은 0.10s의 간격에 의해 지각 범주화가 형성되었으며 범주를 구별하는 지점이 0.30s와 0.35s 사이에 있다는 결론을 내릴 수 있다.

0.15s를 간격으로 둔 두 자극에 대한 구별에서 0.20s와 0.35s(자극쌍1)에 대한 구별 결과, 0.25s와 0.40s(자극쌍2)에 대한 구별 결과, 0.30s와 0.45s(자극쌍3)에 대한 구별 결과를 확인한 결과 0.15s는 한국인에게 쉽게 구별할 수 있는 시간 간격임을 알 수 있다. 0.15s의 간격을 둔 범주 내의 두 자극에 대한 구별률도 높은 것으로 나타났기 때문이다. 이는 모어 화자의 지각 범주화 양상을 분석하는 데 0.15s의 간격이 적당하지 않음을 의미한다.

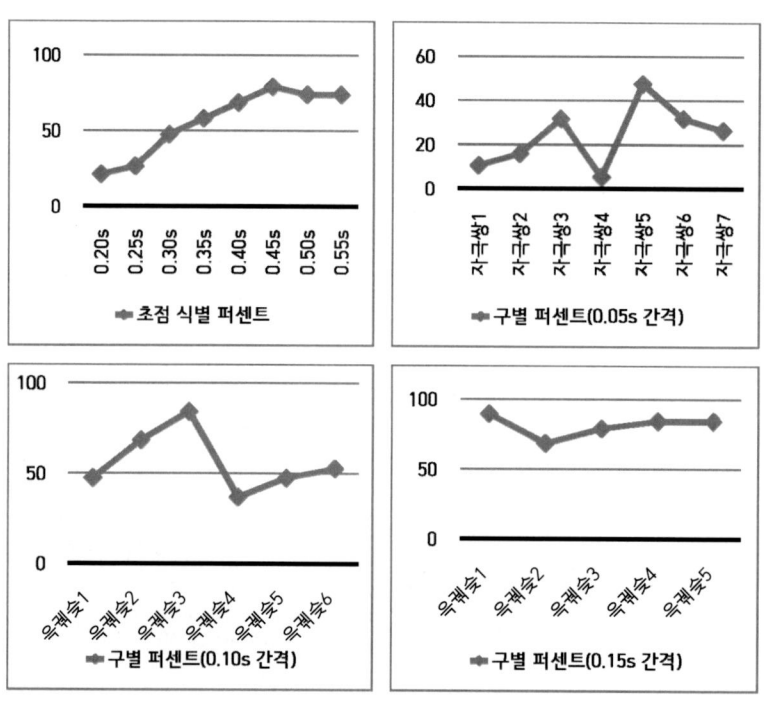

〈그림 3-11〉 지속 시간에 대한 한국인 지각 양상

이어서 학습자의 지각 양상을 살펴보도록 하겠다. 한국인이 자연스럽다고 판단된 초점 부분의 지속 시간과 그에 대한 초급 학습자의 초점 식별 결과의 상관분석을 진행한 결과 상관계수가 .862(P=.006)로 나타났다. 즉 초급 학습자가 초점을 식별하는 데 지속 시간이 큰 영향을 미쳤다. 아래 그림은 초점 부분의 지속 시간을 조절하여 작성한 자극들에 대한 초급 학습자의 지각 구별 및 지각 식별 결과이다. 식별 결과는 대체적으로 S형으로 나타났고 식별 결과가 50%인 지점이 0.25s(47.4%)와 0.30s(63.2%) 사이에 있었다. 구별 실험에 있어서 0.05s의 간격으로 둔 두 자극에 대한 구별 결과에서 0.25s와 0.30s(자극쌍2)에 대한 구별률(15.8%)이 다른 자극쌍에 대한 구별률보다 낮은 경우가 있었기 때문에 초급 학습자는 0.05s의 간격으로 지각 범주화가 형성되지 않았다.

범주를 구별하는 지점이 0.25s와 0.30s 사이에 위치하기 때문에 0.10s를 간격으로 둔 두 자극에 대한 구별 결과에서 0.20s와 0.30s(자극쌍1)에 대한 구별 결과, 그리고 0.25s와 0.35s(자극쌍2)에 대한 구별 결과를 확인해 봐야 하고, 0.15s를 간격으로 둔 두 자극에 대한 구별 결과에서 0.20s와 0.35s(자극쌍1)에 대한 구별 결과, 0.25s와 0.40s(자극쌍2)에 대한 구별 결과를 확인해 봐야 한다. 이상의 자극쌍에 대한 구별 결과가 다른 자극쌍에 대한 구별 결과보다 낮은 경우도 존재하였기 때문에 초급 학습자는 지속 시간에 대한 지각 범주화가 형성되지 않았다는 결론을 내릴 수 있다.

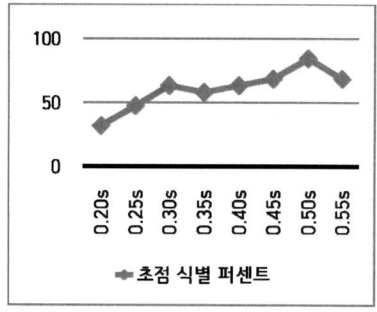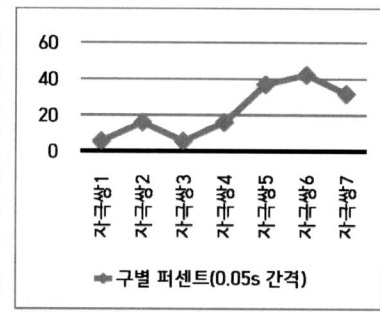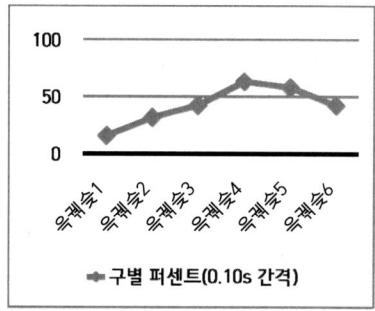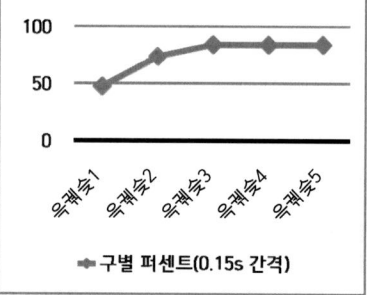

〈그림 3-12〉 지속 시간에 대한 초급 학습자의 지각 양상

이어서 중급 학습자의 지각 양상을 살펴보도록 하겠다. 지속 시간과 그에 대한 중급 학습자의 초점 식별 결과의 상관분석을 진행하자 상관계수가 .944(P=.000)로 나타났다. 즉 둘 사이에 높은 상관성이 존재하였다. 아래 그림은 초점 부분의 지속 시간을 조절하여 작성한 자극들에 대한 중급 학습자의 지각 구별 및 지각 식별 결과이다. 식별 실험에서 지속 시간에 따른 식별 결과는 점차적으로 높아졌고 식별 결과가 50%인 지점이 0.25s(42.1%)와 0.30s(57.9%) 사이에 있었다. 0.05s의 간격으로 둔 두 자극에 대한 구별 결과에서 0.25s와 0.30s(자극쌍2)에 대한 구별률(10.5%)이 다른 자극쌍에 대한 구별률보다 낮은 경우가 존재하였기 때문에 중급 학습자는 0.05s의 간격으로 지각 범주화가 형성되지 않았다. 범주를 구별하는 지점이 0.25s와 0.30s 사이에 위치하기 때문에 0.10s

를 간격으로 둔 두 자극에 대한 구별 결과에 있어서 0.20s와 0.30s(자극쌍1)에 대한 구별 결과, 그리고 0.25s와 0.35s(자극쌍2)에 대한 구별 결과를 확인해 봐야 하고, 0.15s를 간격으로 둔 두 자극에 대한 구별 결과에 있어서 0.20s와 0.35s(자극쌍1)에 대한 구별 결과, 그리고 0.25s와 0.40s(자극쌍2)에 대한 구별 결과를 봐야 한다. 이상의 자극쌍에 대한 구별률이 가장 높은 것으로 나타나지 않았기 때문에 중급 학습자는 초점의 지속 시간에 대한 지각 범주화가 형성되지 않았다고 할 수 있다.

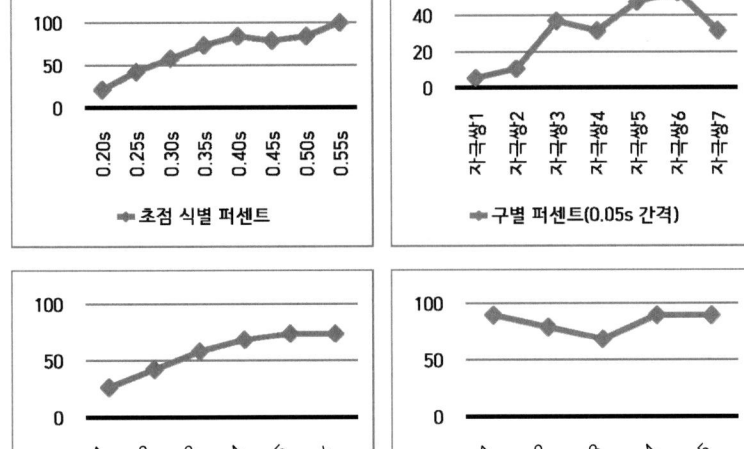

〈그림 3-13〉 지속 시간에 대한 중급 학습자의 지각 양상

마지막으로 고급 학습자의 지각 양상을 살펴보도록 하겠다. 지속 시간과 그에 대한 고급 학습자의 초점 식별 결과의 상관분석을 진행한 결과 상관계수가 .855(P=.007)로 나타났다. 즉 둘 사이에 높은 상관성이 나타

났다. 아래 그림은 지속 시간을 조절하여 작성한 자극들에 대한 고급 학습자의 지각 구별 및 지각 식별 결과이다. 식별 결과는 대체적으로 높아진 것으로 나타났고 식별 결과가 50%인 지점이 0.30s(47.4%)와 0.35s(68.4%) 사이에 있었다. 0.05s의 간격으로 둔 두 자극에 대한 구별 결과에서 0.30s와 0.35s(자극쌍3)에 대한 구별 결과를, 0.10s를 간격으로 둔 두 자극에 대한 구별 결과에서 0.25s와 0.35s(자극쌍2)에 대한 구별 결과, 그리고 0.30s와 0.40s(자극쌍3)에 대한 구별 결과를, 0.15s를 간격으로 둔 두 자극에 대한 구별 결과에서 0.20s와 0.35s(자극쌍1)에 대한 구별 결과, 0.25s와 0.40s(자극쌍2)에 대한 구별 결과, 그리고 0.30s와 0.45s(자극쌍3)에 대한 구별 결과를 확인한 결과 이상의 자극쌍에 대한 구별률이 다른 자극쌍에 대한 구별률보다 낮은 경우도 많았다. 따라서 고급 학습자도 초점의 지속 시간에 대한 지각 범주화가 형성되지 않았다.

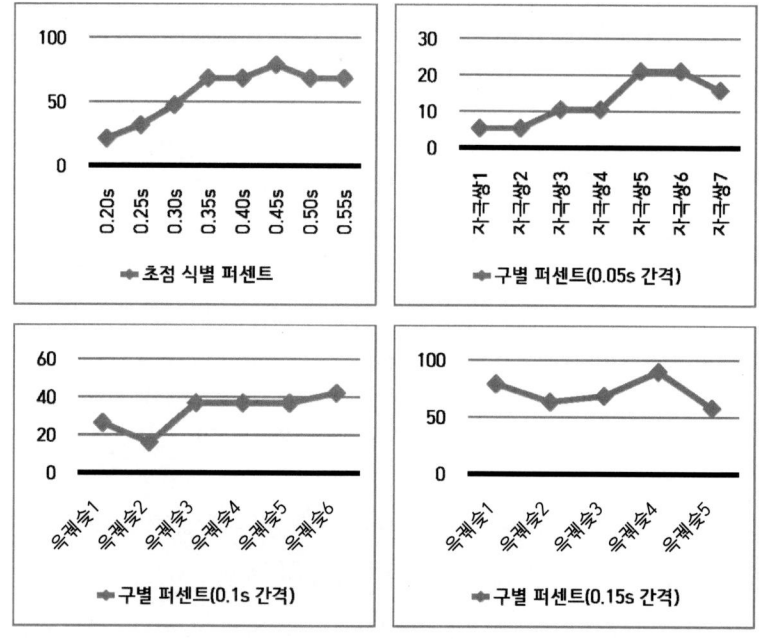

〈그림 3-14〉 지속 시간에 대한 고급 학습자의 지각 양상

이상의 논의를 바탕으로 한국인과 중국인의 지각 양상을 비교한 결과는 다음 표와 같다. 표를 통해서 알 수 있는 점은 첫째, 지속 시간은 한국인과 초·중·고 학습자가 초점을 식별하는 데 모두 영향을 미친다. 둘째, 지속 시간에 대하여 한국인은 지각 범주화가 형성된 반면 중국인 학습자는 숙달도와 관계없이 지각 범주화가 형성되지 않았다. 또한 지속 시간에 대한 지각 결과만 보면 한국인이 초점 발화로 지각하지 않을 발화에 대해서 초급 학습자와 중급 학습자는 초점 발화로 지각할 가능성이 있다.

〈표 3-7〉 초점의 지속 시간에 대한 한국인과 중국인의 지각 범주화 양상

	한국인	초급 학습자	중급 학습자	고급 학습자
지속 시간의 영향을 받는가	O	O	O	O
지각 범주화가 형성됐는가	O	X	X	X
시간 간격	0.10s			
범주를 구별하는 지점의 위치	0.30-0.35s	0.25-0.30s	0.25-0.30s	0.30-0.35s

 또한 지속 시간의 자연성에 대한 지각 결과에 대한 ANOVA 분석을 진행한 결과는 다음 표와 같다. 표를 통해서 알 수 있는 것처럼 .05 수준에서 네 가지 집단의 판단 결과 사이에 유의미한 차이가 없는 것으로 나타났다(P>.05).

〈표 3-8〉 지속 시간의 자연성에 대한 한국인과 중국인의 판단 결과에 대한 ANOVA 분석 결과

집단		평균차이	표준오차	유의확률
한국인	초급	-.112	.174	.525
	중급	-.072	.174	.680
	고급	-.092	.174	.600

초급	중급	.039	.174	.822
	고급	.020	.174	.910
중급	고급	-.020	.174	.910

2.1.3.3. 말토막 억양 경계 해지와 초점의 관계, 그리고 다른 억양 단서와의 관계

앞서 제시했듯이 말토막 억양 경계 해지와 최고점 음높이, 그리고 지속 시간의 관계를 밝히기 위하여 '엄마'의 음높이를 이론적으로 가능 낮은 음높이로 설정하고 지속 시간을 짧게 조절하며 말토막 억양 경계 해지가 나타난 자극 하나를 작성하였다. 이 자극에 대하여 68.4%(13/19)의 한국인 모어 화자가, 78.9%(15/19)의 초급 학습자가, 73.7%(14/19)의 중급 학습자가, 73.7%(14/19)의 고급 학습자가 '엄마'에 초점이 실현됐다고 판단하였다. 또한 '영화'가 문장의 초점인지에 대해서는 31.6%(6/19)의 한국인 모어 화자가, 5.3%(1/19)의 초급 학습자가, 15.8%(3/19)의 중급 학습자가, 31.6%(6/19)의 고급 학습자가 '영화'가 문장의 초점이라고 판단하였다. 이는 앞의 말토막의 지속 시간이 짧고 음높이가 낮음에도 불구하고 앞의 말토막과 뒤의 말토막 사이에 말토막 억양 경계 해지 현상이 나타나기만 하면 앞의 말토막에 초점이 실현되고 뒤의 말토막이 초점이 아닌 것으로 들릴 가능성이 높음을 의미한다. 이에 대해서 모든 중국인 학습자가 제대로 습득된 것으로 나타났다.

그렇다면 말토막 억양 경계 해지 현상이 나타나지 않으면 어떻게 될 것인가? 앞서 제시한 것처럼 최고점 음높이와 지속 시간에 대한 지각 범주화 양상을 밝히는 데 활용한 자극들은 모두 초점이 없는 발화를, 즉 말토막 억양 경계 해지 현상이 나타나지 않은 발화를 활용하여 작성하였기 때문에 이 자극들에 대한 지각 양상을 통하여 말토막 억양 경계 해지 현상이 나타나지 않으면 지각에 어떤 영향을 미치는지를 알 수 있다. 우선 음높이 관련 자극들에 대한 지각 결과를 살펴보도록 하겠다. '엄마'의 최고점을 조절한 자극들의 '영화 보러' 부분의 음높이 변화 자연성에 대한 한국인의 지각 결과에 따르면 모든 자극에 대하여 자연성 판단 결과가 80% 이상이었다. 즉 말토막 억양 경계 해지가 일어나지 않아도 '엄마'가 문장의 초점이 될 수 있고 이러한 발화에 대하여 한국인이 자연스럽다고 판단할 가능성이 높다. 그러나 말토막 억양 경계 해지가 일어나지 않는 전제 하에서 선행 말토막의 최고점 음높이의 변화에 따라 전달하는 의미가 달라질 수 있다. 이를 밝히기 위하여 우선 통계분석을 진행하였다. 선행 말토막의 최고점 음높이와 한국인이 후행 말토막을 초점으로 지각한 비율의 상관분석을 진행한 결과 상관계수가 -.946(P=.000)으로 둘 사이에 높은 상관관계가 존재하는 것으로 나타났다. 즉 선행 말토막의 최고점 음높이가 높아질수록 후행 말토막을 초점으로 지각할 가능성이 낮아진다.

또한 선행 말토막의 최고점 음높이와 후행 말토막의 초점 여부의 관계를 더 구체적으로 밝히기 위하여 아래 그림처럼 자극에 대한 참여자의 지각 양상을 분석하였다. 아래 그림은 '엄마'의 최고점 음높이를 조절한 자극들에서 '영화' 부분이 초점인지 아닌지에 대한 한국인의 판단 결과이다. 앞에서 밝혔듯이 310HZ-320HZ는 한국인이 선행 말토막의 의미 범주를 구별하는 지점의 위치이기 때문에 최고점이 310HZ 이상의 자극들에 대한 지각 결과만 제시하였다. 그림을 통해서 알 수 있듯이 '엄마'의 최고점 음높이가 330HZ~340HZ(전후 말토막의 최고점 음높이 차이가 30-40HZ)일 때부터 한국인 모어 화자가 '영화(후 말토막)'를 문장의 초점이라고 지각하지 않을 가능성이 높아진다(초점이 아니라고 판단한 한국인이 50%가 되었음). 즉 전후 말토막의 최고점 음높이 차이에 따라 문장 초점의 개수가 달라질 수 있다.

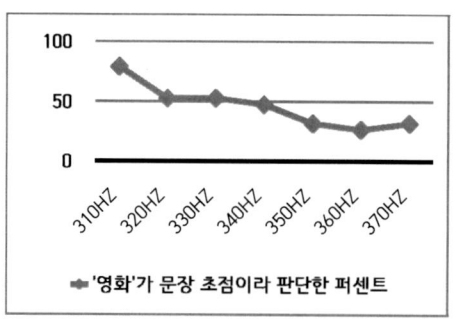

〈그림 3-15〉 '엄마'의 최고점 음높이에 따른 '영화'의
초점 실현 여부에 대한 한국인의 지각 결과

이어서 학습자의 지각 양상을 살펴보도록 하겠다. 선행 말토막의 최고점 음높이와 초급 학습자가 후행 말토막을 초점으로 지각한 비율에 대한 상관분석을 진행한 결과 상관계수가 -.749(P=.005)로 나타났다. 즉 둘 사이에 상관성이 존재하였다. 또한 '엄마'의 최고점을 조절한 12개의 자극의 '영화 보러' 부분의 음높이 변화 자연성에 대한 초급 학습자의 지각 결과에 따르면 네 개의 자극 외(73.7%, 73.7%, 68.4%, 73.7%) 다른 자극에 대하여 80% 이상의 초급 학습자가 자연스럽다고 판단하였다. 즉 말토막 억양 경계 해지가 일어나지 않아도 '엄마'가 문장의 초점이 된 발화에 대하여 초급 학습자도 자연스럽다고 판단할 가능성이 높다.

아래 그림은 '엄마'의 최고점 음높이를 조절한 자극들의 '영화' 부분이 초점인지 아닌지에 대한 초급 학습자의 판단 결과이다. 270-280HZ는 초급 학습자가 범주를 구별하는 지점의 위치이기 때문에 최고점이 270HZ 이상의 자극들에 대한 지각 결과만 제시하였다. 그림을 통해서 알 수 있듯이 '영화'가 문장의 초점이 아닌 것으로 판단한 초급 학습자가 50%인 지점이 세 개가 있었다. 즉 전후 말토막의 음높이 최고점 차이가 초급 학습자가 후행 말토막을 초점으로 지각하는 데 어느 정도의 영향을 미칠 수 있었으나 초급 학습자는 그 영향을 체계적으로 습득하지 못했다고 할 수 있다.

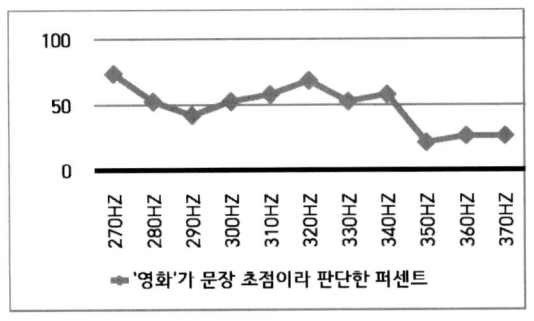

〈그림 3-16〉 '엄마'의 최고점 음높이에 따른 '영화'의 초점
실현 여부에 대한 초급 학습자의 지각 결과

 이어서 중급 학습자의 지각 양상을 살펴보도록 하겠다. 선행 말토막의 최고점 음높이와 중급 학습자가 후행 말토막을 초점으로 지각한 비율에 대한 상관분석을 진행하자 상관계수가 -.951(P=.000)로 나타났다. 또한 '엄마'의 최고점을 조절한 자극의 '영화 보러' 부분의 음높이 변화 자연성에 대한 중급 학습자의 지각 결과에 따르면 모든 자극에 대하여 90%이상의 중급 학습자가 자연스럽다고 판단하였다.
 아래 그림은 '엄마'의 최고점 음높이를 조절한 자극들이 주어졌을 때 '영화' 부분이 초점인지 아닌지에 대한 중급 학습자의 판단 결과이다. 280-290HZ는 중급 학습자가 범주를 구별하는 지점의 위치이기 때문에 최고점이 280HZ 이상의 자극들에 대한 지각 결과만 제시하였다. 그림을 통해서 알 수 있듯이 '엄마'의 최고점 음높이가 310HZ~320HZ일 때부터 말토막 억양 경계 해지 현상이 없어도 '영화'가 문장의 초점이 아닌 것으로 판단한 중급 학습자가 50% 이상이 되었다. 즉 전후 말토막의 최고점 차이가 10~20HZ 이상인 경우('영화'의 최고점이 300HZ임) 전후 말토막 간 말토막 억양 경계 해지 현상이 없어도 중급 학습자가 후행 말토막을 문장 초점이라고 지각하지 않을 가능성이 높다.

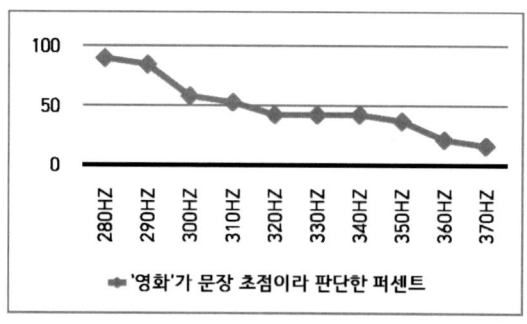

〈그림 3-17〉 '엄마'의 최고점 음높이에 따른 '영화'의 초점
실현 여부에 대한 중급 학습자의 지각 결과

　　마지막으로 고급 학습자의 지각 양상을 살펴보도록 하겠다. 선행 말토막의 최고점 음높이와 고급 학습자가 후행 말토막을 초점으로 지각한 비율에 대한 상관분석을 진행한 결과 상관계수가 -.964(P=.000)로 나타났다. 또한 '엄마'의 최고점을 조절한 12개의 자극의 '영화 보러' 부분의 음높이 변화 자연성에 대한 고급 학습자의 지각 결과를 보면 네 개의 자극 외(73.7%, 78.9%, 84.2%, 84.2%) 다른 자극에 대하여 90% 이상의 고급 학습자가 자연스럽다고 판단하였다.
　　아래 그림은 '엄마'의 최고점 음높이를 조절한 자극들이 주어졌을 때 '영화' 부분이 초점인지 아닌지에 대한 고급 학습자의 판단 결과이다. 290-300HZ는 고급 학습자가 범주를 구별하는 지점의 위치이기 때문에 최고점이 290HZ 이상의 자극들에 대한 지각 결과를 제시하였다. 그림을 통해서 알 수 있듯이 '엄마'의 최고점 음높이가 320HZ~330HZ일 때부터 말토막 억양 경계 해지 현상이 없어도 '영화'가 문장의 초점이 아닌 것으로 판단한 고급 학습자가 50% 이상이 되었다. 즉 전후 말토막의 최고점 차이가 20~30HZ 이상이라면 전후 말토막 간 말토막 억양 경계 해지 현상이 없어도 고급 학습자가 후행 말토막을 문장 초점이라고 지각하지 않을 가능성이 높다.

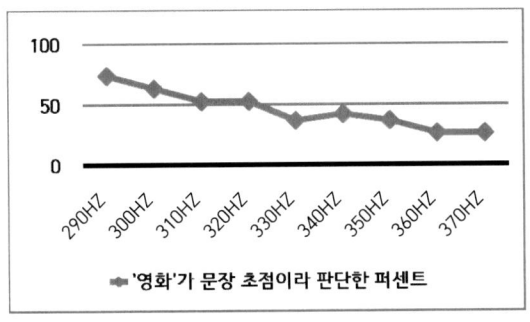

<그림 3-18> '엄마'의 최고점 음높이에 따른 '영화'의 초점
실현 여부에 대한 고급 학습자의 지각 결과

　한국인과 중국인 학습자의 지각 양상을 비교한 결과가 다음 표와 같다. 표를 통해서 전후 말토막의 음높이 차이와 후행 말토막을 초점으로 지각할 가능성에 관계에 대해서 다음과 같은 결론을 내릴 수 있다. 첫째, 후행 말토막이 초점이 아닌 것으로 지각하는 데 말토막 억양 경계 해지 현상이 필수적이지 않다. 둘째, 전후 말토막 간 말토막 억양 경계 해지 현상이 없다는 전제 하에서 전후 말토막의 최고점 음높이 차이가 한국인과 중국인의 후행 말토막 초점 인식에 공통적으로 영향을 미칠 수 있다. 셋째, 후행 말토막이 초점인지 아닌지를 구별하는 데 있어 한국인과 중국인의 차이점은 전후 말토막의 음높이 차이에서 나타났다. 즉 말토막 억양 경계가 해지되지 않는 전제에서 후행 말토막을 초점으로 지각하지 않으려면 한국인이 필요한 전후 말토막 최고점의 최소 음높이 차이가 학습자보다 큰 것으로 나타났다. 이로 인하여 말토막 억양 경계 해지 현상이 없는 경우 한국인이 뒤의 말토막을 초점이라고 지각하지 않는 발화에 대하여 중국인 학습자가 초점이라고 지각할 가능성이 있고 학습자의 수준이 낮을수록 그럴 가능성이 높아진다.

〈표 3-9〉 전후 말토막의 음높이 차이와 후행 말토막의 초점 실현 여부의 관계
(말토막 억양 경계 해지 현상이 없을 경우)

	한국인	초급	중급	고급
상관계수	-.946	-.749	-.951	-.964
'영화'만 초점임을 '엄마'와 '영화'가 모두 초점임으로 전환시키는 '엄마' 최고점	310-320HZ	270-280HZ	280-290HZ	290-300HZ
'엄마'와 '영화'가 모두 초점임을 '엄마'만 초점임으로 전환시키는 '엄마' 최고점	330-340HZ		310-320HZ	320-330HZ
말토막 억양 경계가 해지되지 않는 전제에서 후행 말토막을 초점으로 지각하지 않으려면 전후 말토막 최고점의 최소 음높이 차이	30-40HZ		10-20HZ	20-30HZ

이어서 지속 시간에 관한 자극들에 대한 지각 결과를 살펴보도록 하겠다. '엄마'의 지속 시간을 조절한 자극의 '영화 보러' 부분의 음높이 변화 자연성에 대한 한국인의 지각 결과에 따르면 모든 자극의 자연성에 대한 판단 결과가 90% 이상이다. 즉 앞서 밝힌 것처럼 말토막 억양 경계 해지는 초점 전달의 필수적 조건이 아니다. 또한 선행 말토막의 지속 시간과 한국인이 후행 말토막을 초점으로 지각한 비율에 대한 상관분석을 진행한 결과 상관계수가 -.730(P=.040)으로 나타났다. 즉 선행 말토막의 지속 시간이 길어질수록 한국인이 후행 말토막을 문장의 초점으로 판단할 가능성이 낮아진다.

아래 그림은 '엄마'의 지속 시간을 조절한 자극들의 '영화' 부분이 초점인지 아닌지에 대한 한국인의 판단 결과이다. 앞에서 밝힌 결과에 따라 0.30-0.35s는 한국인이 범주를 구별하는 지점의 위치이기 때문에 지속 시간이 0.30s 이상의 자극들에 대한 지각 결과를 제시하였다. 그림을 통해서 알 수 있듯이 지속 시간에 따른 초점 식별 결과가 50%인 지점은

두 가지가 있었다. 이는 선행 말토막의 지속 시간과 그에 따른 한국인이 후행 말토막을 초점으로 지각한 비율 간 상관관계가 존재하였으나 선행 말토막의 지속 시간으로 후행 말토막이 초점으로 들리는가를 판단하기가 어렵다는 점을 알려 준다.

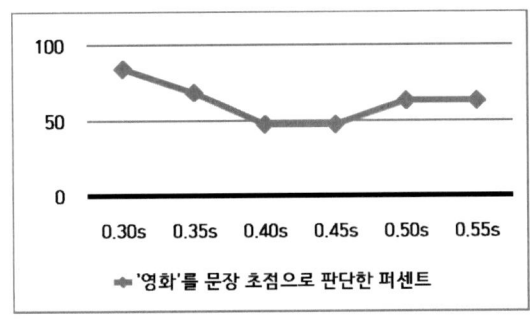

〈그림 3-19〉 '엄마'의 지속 시간을 조절한 자극들의 '영화' 부분이 초점인지에 대한 한국인의 지각 결과

이어서 학습자의 지각 양상을 살펴보도록 하겠다. 선행 말토막의 지속 시간을 조절한 자극의 '영화 보러' 부분의 음높이 변화 자연성에 대한 초급 학습자의 지각 결과에 따르면 한국인과 마찬가지로 말토막 억양 경계 해지가 일어나지 않아도 초급 학습자 듣기에 저연스러운 초점 전달이 실현될 수 있다. 또한 선행 말토막의 지속 시간과 초급 학습자가 후행 말토막을 초점으로 지각한 비율에 대한 상관분석을 진행하자 상관계수가 -.642(P=.086) 0.05)로 나타났다. 이는 초급 학습자에게 선행 말토막의 지속 시간은 후행 말토막을 초점인지 아닌지를 판단하는 중요한 기준이 아니라는 점을 의미한다. 이에 따라 각 자극에 대한 초급 학습자의 지각 양상을 분석할 필요가 없다.

이어서 중급 학습자의 지각 양상을 살펴보도록 하겠다. 선행 말토막의 지속 시간을 조절한 자극의 '영화 보러' 부분의 음높이 변화 자연성에 대한 중급 학습자의 지각 결과에 따르면 모든 자극의 자연성에 대한 판단 결과가 90% 이상이었다. 또한 선행 말토막의 지속 시간과 중급 학습자가 후행 말토막을 초점으로 지각한 비율에 대한 상관분석을 진행하자 상관계수가 -.722(P=.043)로 나타났다. 즉 선행 말토막의 지속 시간이 중급 학습자가 후행 말토막을 초점으로 지각하는 데 영향을 미칠 수 있었다.

아래 그림은 '엄마'의 지속 시간을 조절한 자극들의 '영화' 부분이 초점인지 아닌지에 대한 중급 학습자의 판단 결과이다. 0.25-0.30s는 중급 학습자가 범주를 구별하는 지점의 위치이기 때문에 지속 시간이 0.25s 이상의 자극들에 대한 지각 결과만 제시하였다. 그림을 통해서 알 수 있듯이 식별 결과가 50%인 지점이 0.40-0.45s 사이에 위치하였으나 전체적인 곡선은 점차적으로 낮아진 것으로 나타나지 않았다. 즉 선행 말토막의 지속 시간과 그에 따른 후행 말토막을 초점으로 지각한 중급 학습자의 비율 간 상관관계가 나타났으나 중급 학습자가 후행 말토막을 초점으로 지각하는 데 선행 말토막의 지속 시간이 중요한 기준이 아니라고 할 수 있다.

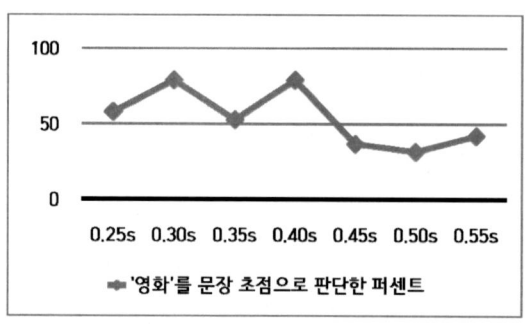

〈그림 3-20〉 '엄마'의 지속 시간을 조절한 자극들의 '영화' 부분이 초점인지에 대한 중급 학습자의 지각 결과

마지막으로 고급 학습자의 지각 양상을 살펴보도록 하겠다. 선행 말토막의 지속 시간을 조절한 자극의 '영화 보러' 부분의 음높이 변화 자연성에

대한 고급 학습자의 지각 결과에 따르면 모든 자극의 자연성에 대한 판단 결과가 90% 이상이었다. 또한 선행 말토막의 지속 시간과 고급 학습자가 후행 말토막을 초점으로 지각한 비율에 대한 상관분석을 진행한 결과 상관계수가 -.850(P=.007)으로 나타났다.

아래 그림은 선행 말토막의 지속 시간을 조절한 자극들의 '영화' 부분이 초점인지 아닌지에 대한 고급 학습자의 판단 결과이다. 0.30-0.35s는 고급 학습자가 범주를 구별하는 지점의 위치이기 때문에 지속 시간이 0.30s 이상의 자극들에 대한 지각 결과만 제시하였다. 그림을 통해서 알 수 있듯이 식별 결과가 50%인 지점이 두 개가 있었다. 즉 다른 집단과 마찬가지로 고급 학습자가 후행 말토막을 문장의 초점으로 지각하는 데 선행 말토막의 지속 시간이 중요한 기준이 아니다.

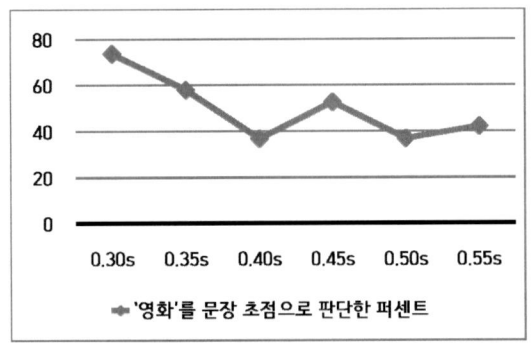

〈그림 3-21〉 '엄마'의 지속 시간을 조절한 자극들의 '영화' 부분이 초점인지에 대한 고급 학습자의 지각 결과

한국인과 중국인의 지각 양상을 비교한 결과가 다음 표와 같다. 표를 통해서 선행 말토막의 지속 시간에 따른 후행 말토막 초점 지각 가능성에 대해서 다음과 같은 결론을 내릴 수 있다. 즉 한국인 모어 화자와 중국인 학습자(초급 학습자 제외)에게 선행 말토막의 지속 시간은 후행 말토막이 초점인지 아닌지를 지각하는 데 영향을 미칠 수 있으나 필수적이고 중요

한 기준이 아니다.

〈표 3-10〉 선행 말토막의 지속 시간과 후행 말토막의 초점 실현 여부의 관계
(말토막 억양 경계 해지 현상이 없을 경우)

	한국인	초급	중급	고급
선행 말토막의 지속 시간과 후행 말토막이 초점으로 들리는가 간 관계가 있는지	반비례	무상관	반비례	반비례
후 말토막이 초점으로 들린 결과의 곡선 모양	비S형		비S형	비S형
50%인 지점의 개수	2개		1개	2개
지각 범주화 형성 여부	X		X	X

이상의 논의를 바탕으로 말토막 억양 경계 해지 현상의 역할을 정리하자면 첫째, 최고점 음높이와 지속 시간과 상관없이 말토막 억양 경계 해지 현상이 나타나기만 하면 선행 말토막이 문장 초점으로, 후행 말토막이 초점이 아닌 것으로 들릴 가능성이 높다. 둘째, 말토막 억양 경계 해지 현상이 없을 경우, 후행 말토막이 초점으로 들릴 수도 있고 초점이 아닌 것으로 들릴 수도 있다. 이에 중요한 영향을 미치는 요소는 전후 말토막의 최고점 음높이 차이다. 셋째, 중국인 학습자는 말토막 억양 경계 해지의 역할을 잘 알고 있으나 말토막 억양 경계 해지 현상이 없을 경우, 고급 학습자이더라도 한국인의 지각 양상과 차이가 있으며 한국인에게 후행 말토막이 초점으로 들리지 않는 발화에 대하여 후행 말토막이 초점으로 들릴 가능성이 있다.

2.1.3.4. 최고점 음높이와 지속 시간의 관계

이 절에서는 지속 시간과 최고점 음높이가 초점 전달에 미치는 영향을 비교하여 초점 전달의 핵심적 억양 단서가 무엇인지를 밝히고자 한다.

지속 시간에 대한 식별 실험에서 사용한 8개의 자극(지속 시간:0.20-0.55s, 최고점:291.7HZ), 그리고 음높이에 대한 식별 실험에서 사용한 12개 자극(지속 시간: 0.31s, 최고점: 260-370HZ)에 대한 지각 결과는 다음 그림과 같다. 진한 색깔은 초점 발화로 들리는 구역이고 연한 색깔은 초점이 아닌 발화로 들리는 구역이다. 그림을 통하여 알 수 있듯이 학습자가 한국인의 초점 발화를 지각하는 데 문제가 없다. 학습자의 초점 지각 범위가 한국인보다 크게 나타났기 때문이다. 그러나 한국인의 초점이 아닌 발화를 학습자가 초점 발화로 지각할 가능성이 있다.

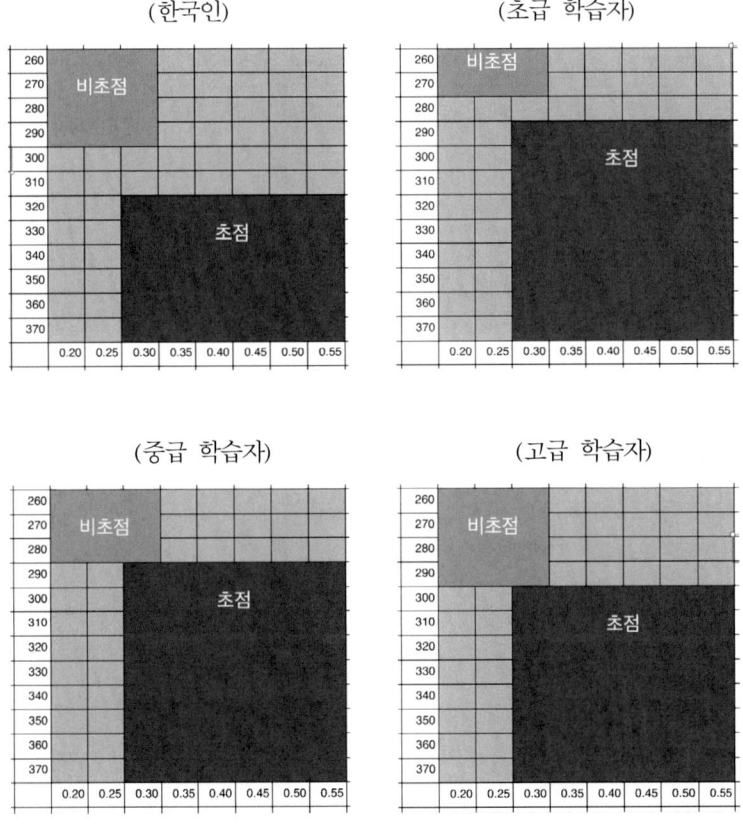

〈그림 3-22〉 지속 시간과 최고점 음높이에 따른 네 집단의 초점 지각 양상

이어서 지속 시간에 대한 식별 실험에서 사용한 8개의 자극(지속 시간:0.20-0.55s, 최고점:291.7HZ), 그리고 음높이에 대한 식별 실험에서 사용한 12개 자극(지속 시간: 0.31s, 최고점: 260-370HZ)에 대한 지각 결과에 대하여 선형회귀분석을 진행하였다. 독립 변인은 지속 시간과 최고점 음높이이며 종속 변인은 초점 식별률이다. 아래 표는 지속 시간과 최고점 음높이(독립 변인), 그리고 그에 따른 한국인의 초점 식별률(종속 변인)에 대한 선형회귀분석 결과이다. 표를 통해서 알 수 있듯이 최고점 음높이의 변화와 지속 시간의 변화가 모두 한국인이 초점을 지각하는 데 영향을 미쳤으나(모형1의 t=4.552, P=.000; 제외된 변수의 편상관계수 =.864) 최고점 음높이의 변화가 더 중요한 역할을 하였다. 모형2에서 최고점 음높이의 표준화계수가 지속 시간의 표준화계수보다 높게 나타났기 때문이다.

〈표 3-11〉 지속 시간, 최고점 음높이, 초점 식별률에 대한 선형회귀분석(한국인)

모형		표준화 계수 베타	t	유의확률
1	상수		-3.221	.005
	최고점 음높이	.732	4.552	.000
2	상수		-8.907	.000
	최고점 음높이	.826	9.806	.000
	시간	.597	7.086	.000
제외된 변수				
모형		t	유의확률	편상관계수
1	시간	7.086	.000	.864

같은 통계분석 방법으로 학습자의 지각 양상도 분석하였다. 아래 표들에서 제시한 것처럼 초·중·고급 학습자가 초점을 지각하는 데에도 최고점 음높이의 변화와 지속 시간의 변화가 모두 영향을 미쳤으며 최고점

음높이의 변화가 더 중요한 역할을 하였다. 또한 말토막 억양 경계 해지가 일어나지 않는 경우 문장 초점의 개수에 큰 영향을 미친 억양 단서가 음높이란 점을 고려하면 초점 전달의 핵심적 단서가 최고점 음높이라 할 수 있다. 그러나 앞에서 밝혔듯이 음높이에 대한 구체적인 지각 양상에 있어서 한국인과 학습자 간 차이가 있는 것으로 나타났다.

〈표 3-12〉 지속 시간, 최고점 음높이, 초점 식별률에 대한 선형회귀분석(초급 학습자)

모형		표준화 계수 베타	t	유의확률
1	상수		-1.943	.068
	최고점 음높이	.709	4.260	.000
2	상수		-5.069	.000
	최고점 음높이	.796	7.242	.000
	시간	.553	5.029	.000
제외된 변수				
모형		t	유의확률	편상관계수
1	시간	5.029	.000	.773

〈표 3-13〉 지속 시간, 최고점 음높이, 초점 식별률에 대한 선형회귀분석(중급 학습자)

모형		표준화 계수 베타	t	유의확률
1	상수		-2.361	.030
	최고점 음높이	.678	3.917	.001
2	상수		-7.603	.000
	최고점 음높이	.780	8.739	.000
	시간	.647	7.240	.000
제외된 변수				
모형		t	유의확률	편상관계수
1	시간	7.240	.000	.975

〈표 3-14〉 지속 시간, 최고점 음높이, 초점 식별률에 대한 선형회귀분석(고급 학습자)

모형		표준화 계수 베타	t	유의확률
1	상수		-3.793	.001
	최고점 음높이	.801	5.676	.000
2	상수		-7.311	.000
	최고점 음높이	.874	9.142	.000
	시간	.461	4.821	.000
제외된 변수				
모형		t	유의확률	편상관계수
1	시간	4.821	.000	.760

2.1.3.5. 학습자의 지각 능력

지각과 산출의 관계에 대한 통계분석을 진행하기 위하여 학습자의 지각 능력을 객관적 수치로 표시할 필요가 있다. 본 연구는 초점 부분의 지속 시간이 0.35s 이상인 지각 자극(0.35-0.55s, 5개)과 초점의 최고점 음높이가 320HZ 이상인 지각 자극(320-370HZ, 6개), 총 11개의 자극에 대한 초점 식별 결과를 통해서 초점 발화에 대한 참여자의 지각 능력을 확인하였다. 한국인 모어 화자가 범주를 구별하는 지점의 위치는 0.30-0.35s, 310-320HZ 사이에 있었기 때문이다. 다음 표에 제시된 바와 같이, 한국인과 학습자의 지각 식별률 간 유의미한 차이가 나타나지 않았다. 즉 제시된 조건에서 학습자가 초점을 지각하는 데 문제가 없다고 할 수 있다.

〈표 3-15〉 한국인과 학습자의 초점 지각 식별률에 대한 다중비교

비교 집단	비교 집단	평균차이	표준오차	유의확률
한국인	초급 학습자	.034	.071	.634
	중급 학습자	-.115	.071	.106
	고급 학습자	-.062	.071	.378

또한 '엄마' 부분의 지속 시간이 0.30s 이하인 지각 자극(0.20-0.30s, 3개)과 최고점 음높이가 310HZ 이하인 지각 자극(260-310HZ, 6개), 총 9개의 자극에 대한 식별 결과를 통하여 초점이 없는 발화에 대한 참여자의 지각 능력을 확인하였다. 아래 표를 통해서 알 수 있듯이 한국인의 지각 정확도가 학습자 집단보다 유의미하게 높은 것으로 나타났다. 한편 학습자 집단 내에서는 숙달도에 따른 유의미한 차이가 나타나지 않았다. 숙달도에 따른 차이가 없었던 사실은 초점에 대한 지각 범주화의 형성에 자연 발화를 통한 훈련이 한계점을 지닌다는 것을 알려 준다. 한국인의 자연 발화에 노출된 빈도가 높은 고급 학습자의 지각 범주화 양상도 한국인과 차이가 있는 것으로 나타났기 때문이다.

〈표 3-16〉 초점이 없는 발화에 대한 한국인과 학습자의 지각 정확도에 대한 다중비교

비교 집단	비교 집단	평균차이	표준오차	유의확률
한국인	초급 학습자	.263	.079	.001
	중급 학습자	.222	.079	.006
	고급 학습자	.164	.079	.041
초급	중급	-.041	.079	.605
	고급	-.099	.079	.211
중급	고급	-.058	.079	.460

　초점 발화에 대한 지각 능력과 초점이 없는 발화에 대한 지각 능력의 차이는 앞에서 밝혀진 한국인과 중국인의 지각 경계가 다르다는 점을 통해서 설명할 수 있다. 즉 초점을 지각하는 데 큰 영향을 미치는 초점의 최고점 음높이에 대한 범주 구별 위치에 있어서 한국인에게 310-320HZ 사이에, 초급 학습자에게 270-280HZ 사이에, 중급 학습자에게 280-290HZ 사이에, 고급 학습자에게 290-300HZ 사이에 위치하였다. 다시 말해서 학습자가 초점으로 인식하는 데 필요한 최고점 음높이가 한국

인보다 낮은 것으로 나타났다. 이 때문에 학습자가 한국인의 초점 발화를 인식하는 데 문제가 없었으나 초점이 없는 발화를 인식하는 데 문제가 생겼다. 즉 중국인 학습자가 한국인의 초점이 없는 발화를 초점 발화로 인식할 가능성이 있다.

따라서 지각에 있어서는 초점이 없는 발화에 대한 학습자의 지각 능력을 향상시킬 필요가 있으며 그 핵심은 초점 발화와 초점이 없는 발화에 대한 지각 범주화를 형성시키거나 형성된 범주 경계를 이동시키는 것이다. 또한 세 학습자 집단의 지각 능력 간 차이가 없었다는 사실은 문장 초점의 전달 기능에 대한 지각 능력을 향상시키기 위한 훈련은 초급부터 고급까지에 모두 포함되어야 함을 의미한다.

2.2. 말토막 억양 경계의 의미 전달 기능에 대한 지각 양상

2.2.1. 자극의 작성

초점 전달 기능과 마찬가지로 말토막 억양 경계의 의미 전달 기능에 대한 지각 양상을 분석한 지각 실험에서 사용한 자극들은 발화 자료 작성, 한국인 모어 화자의 원시 발화 수집, 프라트(Praat)를 통한 억양 조작, 자극 범주 판단의 네 가지의 단계를 거쳐 작성하였다. II장에서 논의했듯이 말토막 억양 경계의 의미 전달 기능에 관련된 억양 단서는 이론적으로 후행 말토막 첫음절과 선행 말토막의 끝음절의 음높이 차이, 그리고 선행 말토막의 음절말 장음화로 설정하였다.

우선 발화 자료 작성 단계를 살펴보도록 하겠다. 말토막 억양의 경계를 실현하는 데 영향을 미칠 수 있는 억양 단서를 밝히기 위하여 같은 분절음이라도 말토막 억양 경계의 실현 여부에 따라 전달하는 의미가 달라지는 문장을 작성하여야 한다. 이러한 문장을 마련하는 기준은 다음과 같다. 첫째, 선행 말토막의 음절말 장음화의 역할을 밝히기 위하여 선행 말토막의 끝음절과 후행 말토막의 첫음절의 내재적 음높이 사이에 큰 차이가 없는 것이 적당하다. 즉 두 음절이 모두 L로 실현하거나 H로 실현하여야 한다. 이래야 장음화에 대한 분석에서 음높이 차이의 영향을 없앨 수 있다. 둘째, 후행 말토막 첫음절과 선행 말토막의 끝음절의 음높이 차이의 역할을 밝히기 위하여 후행 말토막의 첫음절과 선행 말토막의 끝음절의 내재적 음높이 사이에 큰 차이가 존재하여야 한다. 즉 'L'+'H' 혹은 'H'+'L'의 유형이 적절하다. 셋째, 초급 학습자의 한국어 수준을 고려하여 난이도가 매우 높은 단어가 적절하지 않다. 분절음의 발음이 억양 분석에 영향을 미치지 않기 위한 것이다. 이러한 점들을 고려하여 본 연구는 '큰(H) 할(H)아버지/큰할아버지'와 '큰(H) 아(L)버지/큰아버지'를 목표 말토막으로 선정하였다.[54] '큰 할아버지(HH)'에 대한 분석을 통하여 선행 말토막의 음절말 장음화의 역할을 밝히고자 하였고, '큰 아버지(HL)'를 통하여 둘 음절의 음높이 차이의 역할을 밝히고자 하였다.

　이상의 논의를 바탕으로 녹음 자료를 다음과 같이 작성하였다. 앞에서 논의했듯이 청력과 발화, 인지력에 지장이 없는 서울 출신인 20대 여성 두 명의 발화를 수집하였다. 두 명 중 합성 발화가 더 자연스러운 한 명의 발화를 원시 발화로 활용하였다.

〈표 3-17〉 말토막 억양 경계의 의미 전달 기능에 대한 실험 자료

실험 문장1:
큰아버지는 아버지보다 나이가 많은 형제이다.

실험 문장2:
키가 **큰 아버지**가 마르시다.

---

[54] 'H'+'H'와 'L'+'H'인 말토막에 대한 분석을 통해서 선행 말토막의 음절말 장음화와 전후 말토막의 음높이 차이의 역할을 충분히 밝힐 수 있기 때문에 'L'+'L'와 'L'+'H'인 경우를 분석할 필요가 없다고 판단하였다.

실험 문장3:
큰할아버지는 할아버지보다 나이가 많은 형제이다.

실험 문장4:
키가 **큰 할아버지**가 마르시다.

이어서 프라트(Praat)를 통한 조작 과정을 살펴보도록 하겠다. 우선 '큰아버지'와 '큰 아버지'를 논의하도록 하겠다. 한국인이 발화한 '큰아버지'와 '큰 아버지'의 억양 곡선은 다음 그림과 같다. 구체적으로 보면 '큰아버지'의 경우 '큰'은 243.2HZ이고 '아'는 254.2HZ이며 '큰'의 지속 시간은 0.16s이다. '큰 아버지'의 경우 '큰'은 275.9HZ이고 '아'는 184.8HZ이며 '큰'의 지속 시간은 0.25s이다. '큰아버지'의 발화를 활용하여 합성된 발화는 '큰 아버지'를 활용하여 합성된 발화보다 더 자연스럽게 들리기 때문에 '큰아버지'의 발화를 활용하여 자극들을 작성하기로 하였다.

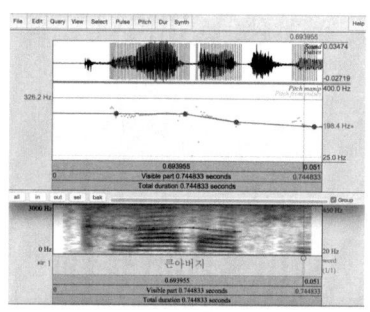 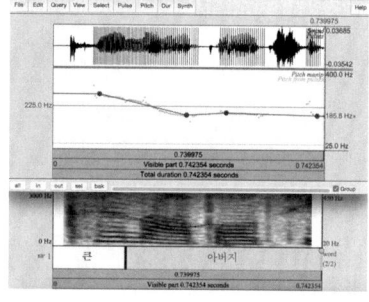

〈그림 3-23〉 한국인이 발화한 '큰아버지'   〈그림 3-24〉 한국인이 발화한 '큰 아버지'

같은 화자가 발화한 '큰아버지'와 '큰 아버지'의 '아'가 각각 254.2HZ와 184.8HZ이기 때문에 일차적으로 조절 범위를 '180HZ-260HZ'로 설정할 필요가 있었다.[55] 양극의 자극이 확실히 서로 다른 범주에 속한다는 것을

---

55 서로 다른 발화에서 나타난 '아'의 음높이를 활용하였으나 본 연구에서 마련된 자극 연속체의 양극 자극에 대한 의미 범주 판단에서 한국인이 서로 다른 의미를 전달했다

확보하기 위하여 양극을 각 2 단계씩 확대하여 이차적으로 조절 범위를 '160HZ-280HZ'로 설정하였다. 또한 '큰 아버지'의 '큰'과 '아'의 음높이 차이를 고려하여 최저점을 3 단계를 확장하여 최종적으로 '아'의 조절 범위를 '130HZ-280HZ'로 설정하였다. 앞과 마찬가지로 10HZ의 변화 간격으로 총 16개의 자극을 작성하였다.

이어서 '큰아버지'의 '큰'의 지속 시간에 대한 조절을 논의하도록 하겠다. 전후 음절의 음높이 차이의 역할을 밝히기 위한 '큰아버지'의 '큰'의 지속 시간에 대한 조절도 진행한 이유는 '음높이 차이'와 '지속 시간'의 영향력을 비교하기 위한 것이다. 즉 '음높이 차이'가 거의 없으며 '선행 말토막의 음절말 장음화가 나타나는 발화에 대하여 청자가 '큰 아버지'로 지각하는가 아니면 '큰아버지'로 지각하는가를 분석함으로써 '음높이 차이'와 '지속 시간' 중 어느 단서의 영향력이 더 큰 것인가를 밝힐 수 있다. 이는 원시 발화인 '큰 아버지'를 조절하여 '음높이 차이'가 충분히 크며 '지속 시간'이 매우 짧은 자극에 대한 분석을 통해서도 밝힐 수 있다. 단 장음화와 음높이 차이의 역할을 비교하는 데 둘 중 하나에 대해서만 분석하면 된다고 판단하였기 때문에 여기서는 '음높이 차이'가 거의 없으며 '음절말 장음화가 나타나는 경우에 대해서만 분석하기로 하였다. 이러한 자극을 작성하는 과정은 다음과 같다. '큰 아버지'의 경우 '큰'의 지속 시간은 0.25s이기 때문에 일차적으로 '큰아버지'의 '큰'의 지속 시간을 '0.25s'로 설정할 필요가 있었다. '큰'의 지속 시간이 확실히 길다는 점을 확정하기 위하여 2 단계를 확장하여 최종적으로 '큰'의 지속 시간을 '0.35s'로 설정하였다.

이어서 선행 말토막의 음절말 장음화의 역할을 밝히는 데 활용한 '큰할아버지'와 '큰 할아버지'에 대한 조절을 살펴보도록 하겠다. 아래 그림은

고 판단하였기 때문에 그 음높이를 직접적으로 활용한 것이 지각 결과에 부정적 영향을 미치지 않을 것이라고 판단하였다.

한국인이 발화한 '큰할아버지'와 '큰 할아버지'의 억양 곡선이다. 그림을 통해서 알 수 있듯이 선행 말토막의 끝음절과 후행 말토막의 첫음절의 내재적 음높이가 같을 때 말토막 억양 경계의 존재 여부와 관계없이 선행 말토막의 끝음절과 후행 말토막의 첫음절의 음높이 차이에 큰 차이가 나타나지 않았다. 따라서 이러한 경우에는 합성명사인지 아니면 관계절인지를 구별하는 기준은 앞에서 논의했듯이 선행 말토막의 끝음절의 지속 시간(장음화)이 될 수 있다.

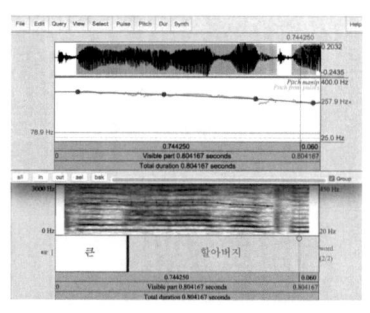
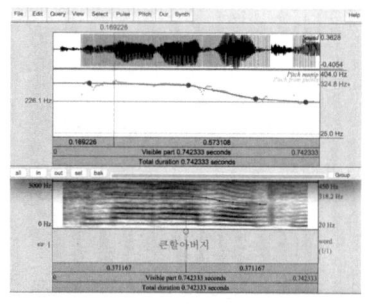

〈그림 3-26〉'큰 할아버지'　　　　〈그림 3-25〉'큰할아버지'

프라트(Praat)를 통해서 '큰할아버지'의 '큰'의 지속 시간은 0.15s이며 '큰 할아버지'의 지속 시간은 0.20s이란 점을 확인할 수 있다. 따라서 '큰'의 지속 시간에 대한 조절 범위를 일차적으로 '0.15s-0.20s'로 설정하여야 한다. 자극의 개수를 고려하여 최종적으로 '큰'의 지속 시간에 대한 조절 범위를 '0.05s-0.35s'로 설정하였고 앞에서 마련된 시간 변화 간격인 0.05s의 간격으로 총 7개의 자극을 작성하였다.

'큰아버지'의 '아' 음높이에 대한 자극 연속체와 '큰할아버지'의 '큰'의 지속 시간에 대한 자극 연속체의 양극 자극에 대한 한국인의 청취판단을 진행하였고 서로 다른 의미를 전달한다고 판단하였다. 이상의 내용을 정리하여 말토막 억양 경계의 의미 전달 기능에 대한 분석에서 활용한 자극을 다음과 작성하였다.

〈표 3-18〉 말토막 억양 경계의 의미 전달 기능에 대한 분석에서 활용한 자극 유형

목적	자극
후행 말토막 첫음절과 선행 말토막의 끝음절의 음높이의 차이에 대한 지각 양상을 밝힘.	'큰아버지'의 '아'의 음높이를 10HZ의 간격으로 130HZ부터 280HZ까지 조절하여 총 16개의 자극을 작성하였음.
선행 말토막의 음절말 지속 시간에 대한 지각 양상을 밝힘.	'큰할아버지'의 '큰'의 지속 시간을 0.05s의 간격으로 0.05s부터 0.35s까지 조절하여 총 7개의 자극을 작성하였음.
'후행 말토막 첫음절과 선행 말토막의 끝음절의 음높이 차이'와 '선행 말토막의 음절말 장음화'의 영향력 차이 밝힘.	'큰아버지'의 '큰'의 지속시간을 0.35s로 조절하여 하나의 자극을 작성하였음.

2.2.2. 실험 절차

문장 초점의 전달 기능과 마찬가지로 말토막 억양 경계의 의미 전달 기능에 대한 지각 구별 실험에서는 자극 연속체에서 인접하는 두 자극, 하나의 자극을 간격으로 두는 두 자극, 두 개의 자극을 간격으로 두는 두 자극을 활용하여 자극쌍을 작성하였다. 앞처럼 음높이가 낮은 자극과 지속 시간이 짧은 자극부터 제시하였고 하나의 자극쌍에 속한 두 자극을 500ms의 간격으로 배정하였다. 초점 전달 기능과 달리 자극은 문장의 형태가 아니라 목표 말토막만 제시하였다. 문장으로 제시하면 문맥이 의미 파악에 큰 영향을 미치기 때문이다.

지각 식별 실험에서는 작성한 24개의 자극을 활용하였다. 여기서 지각 결과에 대한 선택 항목에 대해 생각할 필요가 있다. '큰 아버지'와 '큰할아버지'는 문맥이 없으면 자연스러운 발화 내용이 아니기 때문에 의미 식별을 지각 결과로 설정하기보다는 발음 양상의 식별이 더 적당하다고 판단하였다.[56] 또한 자연성과 정확성을 모두 고려하여 자극 결과에 대한

선택 항목을 다음 표와 같이 설정하였다. 실험 결과의 정확성을 확보하기 위하여 모든 자극을 Excel의 랜덤 배열 기능을 활용하여 참여자에게 무작위로 제시하였다. 이상의 논의를 바탕으로 말토막 억양 경계의 의미 전달 기능에 대한 지각 실험 내용을 다음과 같이 정리하였다.

〈표 3-19〉 말토막 억양 경계의 의미 전달 기능에 대한 지각 실험 내용

실험 유형	자극(쌍) 수	지각 결과
지각 구별 실험 (총 57개)	자극쌍 42개	'아'의 음높이가 같음 / 다름
	자극쌍 15개	'큰'의 지속 시간이 같음 / 다름
지각 식별 실험 (총 24개)	자극 1개 (큰아버지-시간 조절)	1. '키가 큰 아버지'를 말할 때의 '큰 아버지'의 발음 양상에 더 가까운가, 아니면 '큰아버지는 아버지의 형제이다'를 말할 때의 '큰아버지'의 발음 양상에 더 가까운가. 2. 판단한 의미를 표현할 때 파일의 '큰'의 지속 시간이 자연스럽게 들리는가.
	자극 16개 (큰아버지-음높이 조절)	1. '키가 큰 아버지'를 말할 때의 '큰 아버지'의 발음 양상에 더 가까운가, 아니면 '큰아버지는 아버지의 형제이다'를 말할 때의 '큰아버지'의 발음 양상에 더 가까운가. 2. 판단한 의미를 표현할 때 파일의 '아'의 음높이가 자연스럽게 들리는가.
	자극 7개 (큰할아버지-시간 조절)	1. '키가 큰 할아버지'를 말할 때의 '큰 할아버지'의 발음 양상에 더 가까운가, 아니면 '큰할아버지는 할아버지의 형제이다'를 말할 때의 '큰할아버지'의 발음 양상에 더 가까운가. 2. 판단한 의미를 표현할 때 파일의 '큰'의 지속 시간이 자연스럽게 들리는가.

---

56 '큰할아버지/큰 할아버지'에 대한 실험 설명을 예로 들겠다. "('큰'의 길이에 주의하시면서) 파일은 '키가 큰 할아버지'를 말할 때의 '큰 할아버지'의 발음 양상에 더 가까운지, 아니면 '큰할아버지는 할아버지의 형제이다'를 말할 때의 '큰할아버지'의 발음 양상에 더 가까운지를 판단하세요. '큰 할아버지'는 자연스러운 한국어 표현이 아니며 '아버지가 키가 크다는 의미'를 생각하지 않으시겠지만 본 실험은 의미 선택이 아니라 발음 양상에 대한 선택입니다."

2.2.3. 지각 결과 분석

2.2.3.1. 선행 말토막의 끝음절과 후행 말토막의 첫음절의 음높이 차이에 대한 지각 양상

'큰아버지'의 '야'의 음높이를 조절한 자극에 대한 한국인의 자연성 판단 결과는 다음과 같다. 여기서 유의할 만한 점은 180-220HZ의 자연성이 상대적으로 낮은 것으로 나타났으나 180-220HZ는 자극 연속체의 중간 부분에 위치할 뿐만 아니라 한국인이 범주를 구별하는 음높이 지점의 위치일 수도 있기 때문에 이에 대한 분석을 뺄 수 없다. 따라서 모든 자극에 대한 지각 결과를 살펴보기로 하였다.

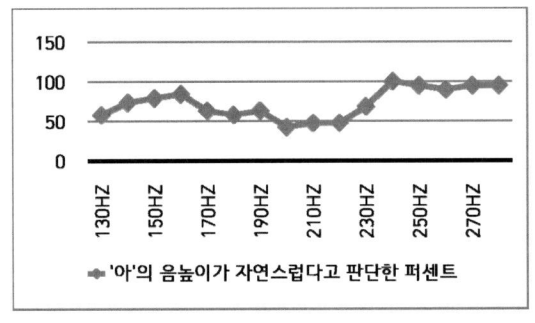

〈그림 3-27〉 '야'의 음높이 자연성에 대한 한국인의 판단 결과

'야'의 음높이 변화와 그에 따른 한국인이 '큰아버지'로 식별한 결과에 대한 상관분석을 진행하자 상관계수가 .917(P=.000)로 나타났다. 즉 한국인이 말토막 억양 경계를 식별하는 데 선행 말토막의 끝음절과 후행 말토막의 첫음절의 음높이 차이가 중요한 역할을 하였다. 다시 말해서 선행 말토막의 끝음절과 후행 말토막의 첫음절의 내재적 음높이가 다를 경우, 둘의 음높이 차이가 적을수록 한국인이 하나의 말토막으로 지각할 가능성이 높아진다.

아래 그림은 '아'의 음높이를 조절하여 작성한 자극들에 대한 한국인의 지각 구별 및 지각 식별 결과이다. 식별 결과가 50%인 지점이 210HZ(47.4%)와 220HZ(94.7%) 사이에 있었으며 10HZ의 간격으로 둔 두 자극에 대한 구별 결과에서 210HZ와 220HZ(자극쌍9)에 대한 구별률(21.1%)이 다른 자극쌍에 대한 구별률보다 높은 것으로 나타났기 때문에 한국인은 전후 말토막의 음높이 차이에 따른 말토막 억양 경계 형성 여부에 대한 지각 범주화가 형성되었으며 범주를 구별하는 지점이 210HZ-220HZ 사이에 있다는 결론을 내릴 수 있다. 다시 말해서 '큰'의 음높이가 240HZ이므로 전후 음높이 차이가 20~30HZ 이하라면 한국인 듣기에 말토막 억양 경계가 형성되지 않는다.

범주를 구별하는 지점이 210HZ-220HZ 사이에 위치하기 때문에 20HZ를 간격으로 둔 두 자극에 대한 구별 결과에서 200HZ와 220HZ(자극쌍8)에 대한 구별 결과, 210HZ와 230HZ(자극쌍9)에 대한 구별 결과를 확인해 봐야 한다. 그리고 30HZ를 간격으로 둔 두 자극에 대한 구별 결과에서 190HZ와 220HZ(자극쌍7)에 대한 구별 결과, 200HZ와 230HZ(자극쌍8)에 대한 구별 결과, 210HZ와 240HZ(자극쌍9)에 대한 구별 결과를 확인해 봐야 한다. 그 결과 이상의 자극쌍에 대한 구별률은 다른 자극쌍에 대한 구별률보다 낮은 경우도 있었다. 즉 초점에 대한 분석 결과와 마찬가지로 한국인 모어 화자에게 20HZ나 30HZ의 차이를 쉽게 구별할 수 있는 것이다.

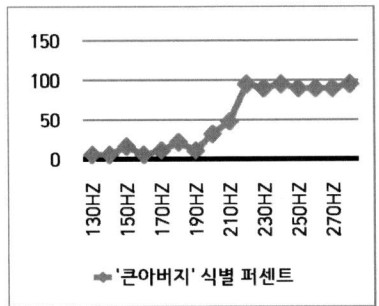
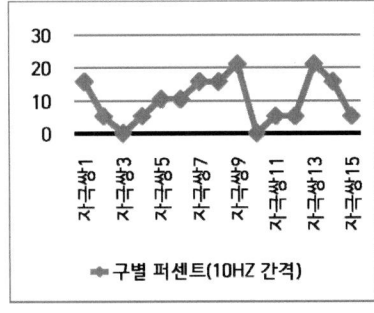
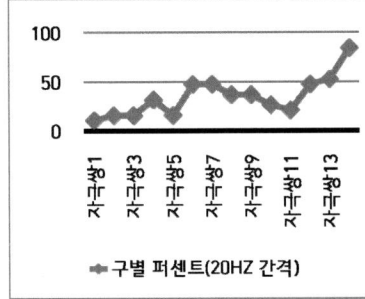
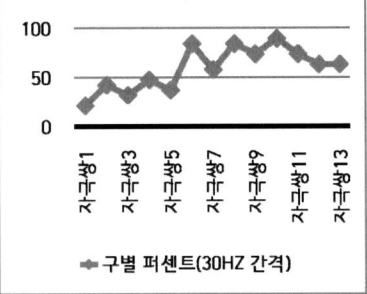

〈그림 3-28〉 '야'의 음높이에 대한 한국인 지각 양상

이어서 학습자의 지각 양상을 살펴보도록 하겠다. '야'의 음높이와 그에 따른 초급 학습자가 '큰아버지'로 식별한 결과에 대한 상관분석을 진행한 결과 상관계수가 .239(P=.373)로 나타났듯이 초급 학습자가 말토막 억양 경계를 식별하는 데 선행 말토막의 끝음절과 후행 말토막의 첫음절의 음높이 차이가 영향을 미치지 않았다.

아래 그림은 '야'의 음높이를 조절하여 작성한 자극들에 대한 초급 학습자의 지각 식별 결과이다. 그림을 통해서 알 수 있듯이 식별 결과는 S형으로 나타나지 않았고 식별 결과가 50%인 지점이 4개가 있었다. 즉 초급 학습자는 말토막 억양 경계를 식별하는 데 전후 말토막의 음높이 차이가 미치는 영향을 파악하지 못하였다.

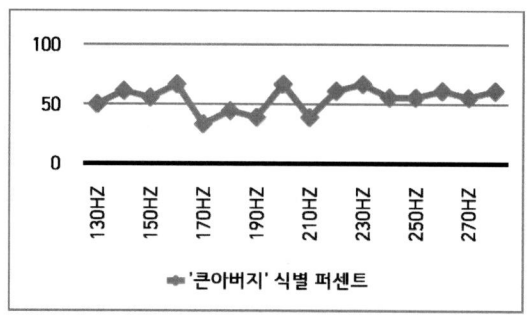

〈그림 3-29〉 '야'의 음높이에 대한 초급 학습자의 지각 식별 양상

이어서 중급 학습자의 지각 양상을 살펴보도록 하겠다. '야'의 음높이와 그에 따른 중급 학습자가 '큰아버지'로 식별한 결과에 대한 상관분석을 진행하자 상관계수가 .859(P=.000)로 나타났다. 즉 중급 학습자가 말토막 억양 경계를 식별하는 데 선행 말토막의 끝음절과 후행 말토막의 첫음절의 음높이 차이가 중요한 역할을 하였다.

아래 그림은 '야'의 음높이를 조절하여 작성한 자극들에 대한 중급 학습자의 지각 구별 및 지각 식별 결과이다. 식별 실험에서 음높이의 변화에 따른 식별 결과가 점차적으로 높아진 것으로 나타났고 식별 결과가 50%인 지점이 210HZ(47.4%)와 220HZ(52.6%) 사이에 있었다. 따라서 구별 실험에 있어서 10HZ의 간격으로 둔 두 자극에 대한 구별 결과에서 210HZ와 220HZ(자극쌍9)에 대한 구별 결과를, 20HZ를 간격으로 둔 두 자극에 대한 구별 결과에서 200HZ와 220HZ(자극쌍8)에 대한 구별 결과, 그리고 210HZ와 230HZ(자극쌍9)에 대한 구별 결과를 봐야 한다. 또한 30HZ를 간격으로 둔 두 자극에 대한 구별 결과에서 190HZ와 220HZ(자극쌍7)에 대한 구별 결과, 200HZ와 230HZ(자극쌍8)에 대한 구별 결과, 210HZ와 240HZ(자극쌍9)에 대한 구별 결과를 확인해 봐야 한다. 그 결과 30HZ를 간격으로 둔 두 자극에 대한 구별 결과가 다른 자극쌍에 대한 구별 결과보다 높은 것으로 나타났다. 그러나 앞에서 논의했듯이 30HZ는 지각 범주화를 분석하는 데 적절한 음높이 간격이 아니다. 30HZ의 간격으로 두는 같은 범주에 속한 두 자극도 지각적으로 구별할 수 있기 때문이다. 따라서 중급 학습자는 30HZ의 간격에 의하여 전후 말토막의 음높이 차이에 따른 말토막 억양 경계 형성 여부에 대한 지각 범주화가 형성되었다고 하기에 무리가 따른다.

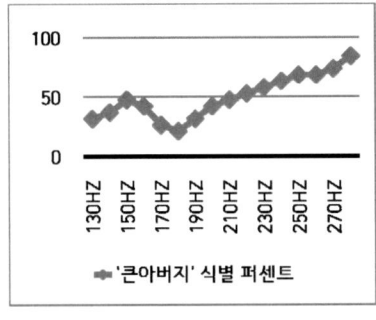
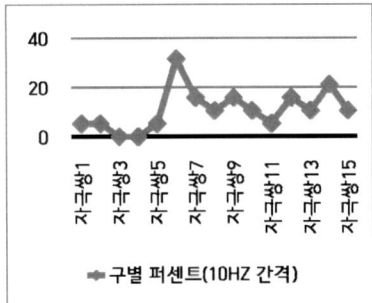
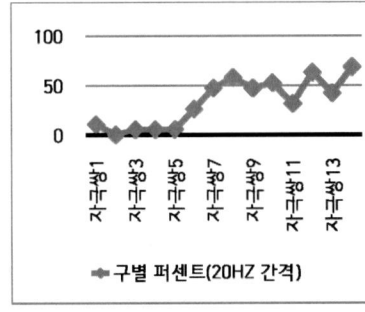
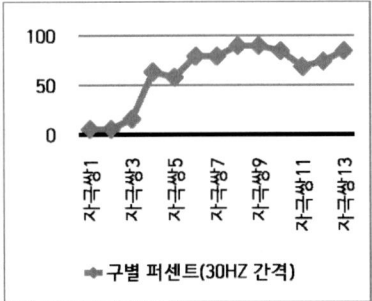

〈그림 3-30〉 '아'의 음높이에 대한 중급 학습자의 지각 양상

마지막으로 고급 학습자의 지각 양상을 살펴보도록 하겠다. '아'의 음높이와 그에 따른 고급 학습자가 '큰아버지'로 식별한 결과에 대한 상관분석을 진행한 결과 상관계수가 .893(P=.000)로 나타났다. 즉 고급 학습자가 말토막 억양 경계를 식별하는 데 선행 말토막의 끝음절과 후행 말토막의 첫음절의 음높이 차이가 중요한 영향을 끼쳤다.

아래 그림은 '야'의 음높이를 조절하여 작성한 자극들에 대한 고급 학습자의 지각 구별 및 지각 식별 결과이다. 음높이 변화에 따른 식별 결과가 대체로 점차적으로 높아진 것으로 나타났고 식별 결과가 50%인 지점이 200HZ(31.6%)와 210HZ(57.9%) 사이에 있었다. 또한 10HZ의 간격으로 둔 두 자극에 대한 구별 결과에서 200HZ와 210HZ(자극쌍8)에 대한 구별률(26.3%)이 다른 자극쌍에 대한 구별률보다 높은 것으로 나타났다. 따라서 고급 학습자는 10HZ의 간격에 의하여 전후 말토막의 음높이 차이에 따른 말토막 억양 경계 형성 여부에 대한 지각 범주화가 형성되었으며 범주를 구별하는 지점이 200HZ-210HZ 사이에 있다는 결론을 내릴 수 있다.

범주를 구별하는 지점이 200HZ-210HZ 사이에 위치하기 때문에 20HZ를 간격으로 둔 두 자극에 대한 구별 결과에서 190HZ와 210HZ(자극쌍7)에 대한 구별 결과, 그리고 200HZ와 220HZ(자극쌍8)에 대한 구별 결과를 확인해 봐야 하고, 30HZ를 간격으로 둔 두 자극에 대한 구별 결과에서 180HZ와 210HZ(자극쌍6)에 대한 구별 결과, 190HZ와 220HZ(자극쌍7)에 대한 구별 결과, 200HZ와 230HZ(자극쌍8)에 대한 구별 결과를 확인해 봐야 한다. 그 결과를 통해서 범주 내의 자극들이라도 음높이 간격이 충분히 크면 고급 학습자가 그 차이를 구별할 수도 있다는 것을 알 수 있다.

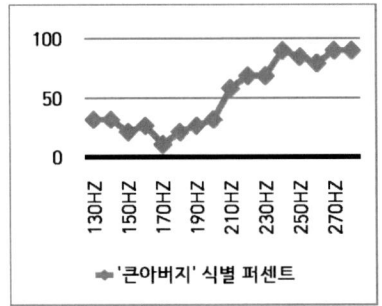
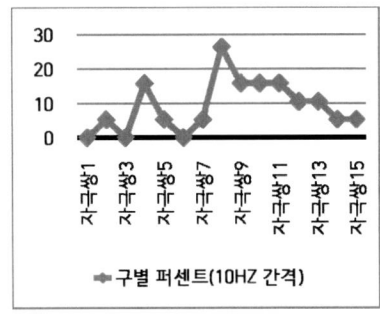
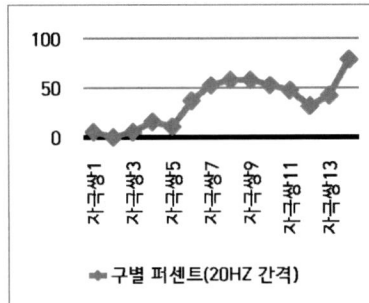
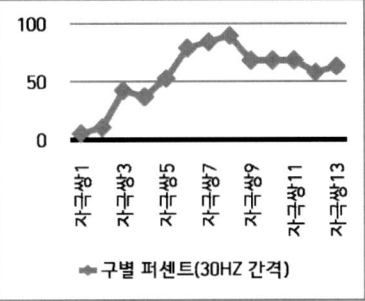

〈그림 3-31〉 '아'의 음높이에 대한 고급 학습자의 지각 양상

　한국인 모어 화자의 지각 양상과 중국인 학습자의 지각 양상을 비교한 결과는 다음 표와 같다. 표를 통해서 알 수 있듯이 첫째, 초급 학습자는 전후 음절의 음높이 차이가 말토막 경계 형성에 미치는 영향을 인지하지 못하였으나 학습자의 숙달도가 높을수록 전후 음절의 음높이 차이의 역할을 충분히 인지할 수 있게 되었다. 둘째, 학습자의 수준이 높아짐에 따라 음높이 차이에 대한 지각 범주화 양상이 한국인과 비슷해진다.

〈표 3-20〉 선행 말토막의 끝음절과 후행 말토막의 첫음절의 음높이 차이에 대한
한국인과 중국인의 지각 양상

	한국인	초급 학습자	중급 학습자	고급 학습자
음높이 차이의 영향을 받는가	O	X	O	O
지각 범주화가 형성됐는가	O	X	가능성이 있음	O
음높이 간격	10HZ		30HZ	10HZ
범주를 구별하는 지점의 위치	210-220HZ		210-220HZ	200-210HZ
'큰아버지'로 지각하는 데 필요한 '큰'과 '아'의 최소 음높이 차이	23.2-33.2HZ		23.2-33.2HZ	43.2-33.2HZ

또한 '아'의 음높이 자연성에 대한 네 집단의 판단 결과에 대한 ANOVA 분석을 진행한 결과가 다음 표와 같다. 표를 통해서 알 수 있듯이 .05의 수준에서 네 가지 집단의 판단 결과 사이에 유의미한 차이가 없었다 (P>.05).

〈표 3-21〉 '아'의 음높이 자연성에 대한 한국인과 중국인의 판단 결과에 대한
ANOVA 분석

집단		평균차이	표준오차	유의확률
한국인	초급	.072	.049	.149
	중급	.066	.049	.189
	고급	.023	.049	.643
초급	중급	-.007	.049	.895
	고급	-.049	.049	.323
중급	고급	-.043	.049	.391

2.2.3.2. 선행 말토막의 음절말 장음화에 대한 지각 양상

이 절에서는 선행 말토막의 음절말 장음화가 말토막 억양 경계 형성에 미치는 영향을 살펴보도록 하겠다. 앞에서 제시했듯이 '큰할아버지/큰 할아버지'에 대한 분석을 통하여 이를 밝힐 수 있다. '큰'의 지속 시간 자연성에 대한 한국인의 지각 결과는 다음과 같다. 60%의 기준으로 0.05-0.25s인 자극의 자연성이 상대적으로 높은 것으로 나타났다. 이에 따라 '큰'의 지속 시간이 0.05-0.25s인 자극에 대한 지각 양상 위주로 분석하여야 한다. 그러나 시간에 대한 자극의 개수가 많지 않기 때문에 더 정확한 결과를 얻기 위하여 상관분석에서만 0.05-0.25s인 자극에 대해서 분석하였고 지각 범주화에 대한 분석에서 모든 자극에 대한 지각 양상을 분석하였다.

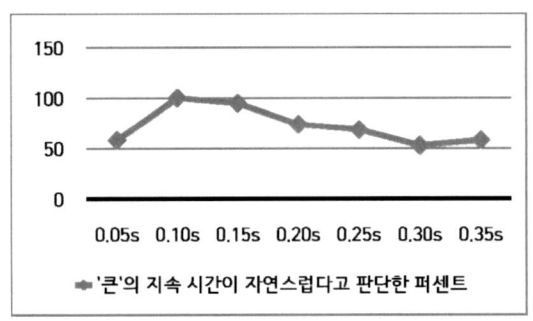

〈그림 3-32〉 '큰'의 지속 시간의 자연성에 대한 한국인의 판단 결과

한국인이 자연스럽다고 판단한 '큰'의 지속 시간과 그에 따른 한국인이 '큰할아버지'로 식별한 결과에 대한 상관분석을 진행한 결과 상관계수가 -.794(P=.109 > .05)로 나타났다. 즉 둘 사이에 유의미한 상관관계가 존재하지 않았다. 다시 말해서 한국인이 말토막 억양 경계를 식별하는 데 선행 말토막의 음절말 장음화가 중요한 판단 기준이 아니다. 이에 한국인의 지각 식별 및 지각 구별 결과를 분석하지 않아도 선행 말토막의 음절말 장음화에 대한 지각 범주화가 형성되지 않는다고 할 수 있다.

이어서 학습자의 지각 양상을 살펴보도록 하겠다. 한국인이 자연스럽다고 판단한 '큰'의 지속 시간과 그에 따른 초급 학습자가 '큰할아버지'로 식별한 결과에 대한 상관분석을 진행하자 상관계수가 .143(P=.818).05)으로 나타났다. 또한 한국인이 자연스럽다고 판단한 '큰'의 지속 시간과 그에 따른 중급 학습자가 '큰할아버지'로 식별한 결과에 대한 상관분석을 진행한 결과 상관계수가 -.864(P=.136).05)로 나타났다. 즉 초급 학습자와 중급 학습자가 말토막 억양 경계를 지각하는 데에도 선행 말토막의 음절말 장음화가 영향을 미치지 않았다.

마지막으로 고급 학습자의 지각 양상을 살펴보도록 하겠다. 한국인이 자연스럽다고 판단한 '큰'의 지속 시간과 그에 따른 고급 학습자가 '큰할아버지'로 식별한 결과에 대한 상관분석을 진행하자 상관계수가 -.919(P=.027)로 나타났다. 다시 말해서 '큰'의 지속 시간이 길어짐에 따라 고급 학습자가 '큰할아버지'로 식별할 가능성이 낮아진다.

아래 그림은 '큰'의 지속 시간을 조절하여 작성한 자극들에 대한 고급 학습자의 지각 구별 및 지각 식별 결과이다. 식별 실험에서 지속 시간에 따른 식별 결과가 점차적으로 낮아진 것으로 나타났고 식별 결과가 50%인 지점이 0.25s(57.9%)와 0.30s(42.1%) 사이에 있었다. 구별 결과에서 0.05s의 간격으로 둔 두 자극에 대한 구별 결과에서 0.25s와 0.30s(자극쌍5)에 대한 구별률(31.6%)이 가장 높은 것으로 나타났지 않았으나 0.10s의 간격으로 둔 두 자극인 0.20s와 0.30s(자극쌍4), 그리고 0.25s와 0.35s(자극쌍5)에 대한 구별 결과가 다른 자극쌍에 대한 구별 결과보다 높은 것으로 나타났다. 따라서 고급 학습자가 0.10s의 간격에 의하여 지각 범주화가 형성된다고 할 수 있으며 범주를 구별하는 지점의 위치는 0.25-0.30s 사이에 있다. 그러나 여기서 유의할 점은 지속 시간이 0.25s와 0.30s인 자극에 대해서 한국인이 자연스럽지 않다고 판단하였다. 즉 이러한 발화 양상이 일상생활에서 나타날 가능성이 낮다.

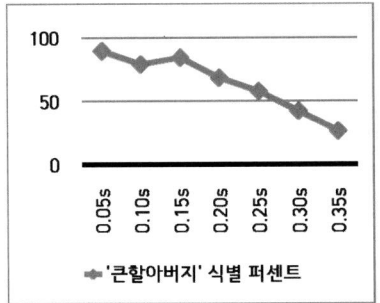
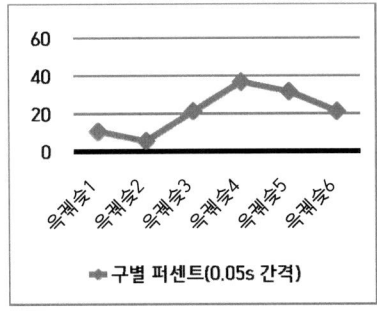
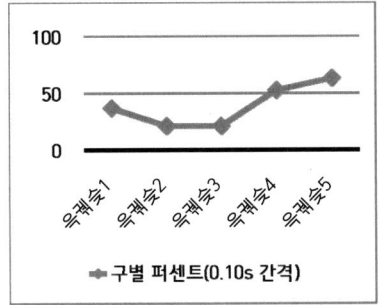
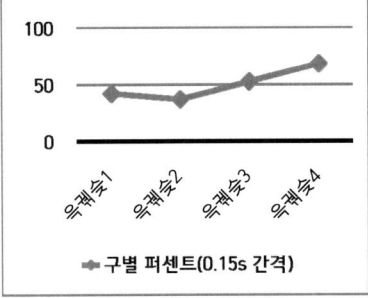

〈그림 3-33〉 '큰'의 지속 시간에 대한 고급 학습자의 지각 양상

　지속 시간에 대한 한국인 모어 화자의 지각 양상과 중국인 학습자의 지각 양상을 비교한 결과가 다음 표와 같다. 표를 통해서 알 수 있듯이 선행 말토막의 끝음절의 지속 시간(장음화)은 말토막 억양 경계를 지각하는 데 미치는 영향이 제한적이다. 유의할 만한 점은 한국인 모어 화자가 이에 대한 지각 범주화 양상을 형성하지 않았으나 고급 학습자는 지각 범주화가 형성되었다. 이는 학습자가 한국어를 공부하면서 합성어와 관계절에서 이러한 차이가 존재할 수도 있다는 점을 인식하게 되었기 때문이라고 할 수 있다. 그러나 이는 학습자 오류로 보기가 어렵다. 한국인이 발화한 합성어와 관계절에서 선행 말토막 끝음절의 지속 시간 차이가 존재한다고 밝힌 연구(김태경·이필영, 2012))가 있었기 때문이다. 따라서 학습자에게 선행 말토막의 끝음절의 지속 시간이 말토막 억양 경계

식별에 중요한 영향을 미치지 못한다고 가르치기보다는 선행 말토막의 끝음절과 후행 말토막의 첫음절의 음높이 차이의 중요성을 가르치는 것이 더 적당하다고 할 수 있다.

〈표 3-22〉 선행 말토막의 끝음절의 지속 시간에 대한 한국인과 중국인의 지각 양상

	한국인	초급 학습자	중급 학습자	고급 학습자
지속 시간이 영향을 미치는가	X	X	X	O
지각 범주화가 형성됐는가	X	X	X	O
시간 간격				0.10s
범주를 구별하는 지점의 위치				0.25-0.30s

또한 '큰'의 지속 시간 자연성에 대한 네 집단의 판단 결과에 대한 ANOVA 분석을 진행한 결과가 다음 표와 같다. 표를 통해서 알 수 있듯이 .05의 수준에서 네 가지 집단의 판단 결과 사이에 유의미한 차이가 없었다 (P〉.05).

〈표 3-23〉 '큰'의 지속 시간 자연성에 대한 한국인과 중국인의 판단 결과에 대한 ANOVA 분석 결과

집단		평균차이	표준오차	유의확률
한국인	초급	.023	.116	.848
	중급	.083	.116	.485
	고급	.060	.116	.610
초급	중급	.060	.116	.610
	고급	.038	.116	.750
중급	고급	-.023	.116	.848

2.2.3.3. 선행 말토막의 음절말 장음화 및 선행 말토막의 끝음절과 후행 말토막의 첫음절의 음높이 차이의 관계

이 절에서는 말토막 억양 경계를 식별하는 데 선행 말토막의 음절말 장음화 및 선행 말토막의 끝음절과 후행 말토막의 첫음절의 음높이 차이의 관계를 논의하도록 하겠다. 앞에서 밝힌 지각 양상을 통해서 한국인이 말토막 억양 경계를 식별하는 데 선행 말토막의 끝음절 지속 시간이 아니라 전후 음절의 음높이 차이가 영향을 끼쳤다. 즉 말토막 억양 경계의 의미 전달 기능에 관한 핵심적 억양 단서는 선행 말토막의 끝음절과 후행 말토막의 첫음절의 음높이 차이이다.

이 사실은 작성한 '큰'의 지속 시간이 길고 '큰'과 '아'의 음높이 차이가 작은 자극에 대한 참여자의 지각 양상을 통해서도 알 수 있다. 이 자극에 대하여 63.2%의 한국인 모어 화자가, 63.2%의 초급 학습자가, 57.9%의 중급 학습자가, 73.7%의 고급 학습자가 아버지의 형제인 '큰아버지'로 지각하였다. 이것도 말토막 억양 경계를 식별하는 데 전후 말토막의 음높이가 차이가 더 중요한 역할을 수행한다는 증거가 된다.[57] 그러나 앞서 밝힌 것처럼 선행 말토막의 끝음절과 후행 말토막의 첫음절의 음높이 차이에 대한 구체적인 지각 양상에 있어서 학습자와 한국인 간 차이가 나타났다.

2.2.3.4. 학습자의 지각 능력

본 연구는 '큰아버지/큰 아버지'의 '아' 음높이가 220HZ 이상인 자극 (220-280HZ, 7개)에 대한 식별 결과를 통하여 합성어에 대한 참여자의

---

[57] 문장 초점의 전달 기능에 대한 분석처럼 말토막 억양 경계 형성에 의한 의미 전달에 있어서 단서의 영향력 차이를 밝히기 위한 선형회귀분석을 진행하지 않았다. 지각 범주화 양상에 대한 분석에서 선행 말토막의 끝음절 지속 시간이 한국인과 초급 학습자, 그리고 중급 학습자의 말토막 억양 경계 식별에 영향을 미치지 않은 것으로 나타났기 때문이다.

지각 능력을 확인하였다. 한국인 모어 화자가 선행 말토막의 끝음절의 지속 시간이 아니라 전후 음높이 차이에 의하여 지각 범주화가 형성되었고 범주를 구별하는 지점의 위치는 210-220HZ 사이에 있었기 때문이다. 한국인과 학습자의 지각 결과에 대한 분석은 다음 표와 같다. 보다시피 고급 학습자의 식별률은 한국인과 같았으며 초급과 중급 학습자의 식별률보다 높은 것으로 나타났다. 이는 합성어의 운율적 특징에 대한 지각 능력은 학습자의 숙달도가 높아짐에 따라 높아진다는 점을 알려 준다.

〈표 3-24〉 한국인과 학습자의 합성어 식별률에 대한 다중비교

비교 집단	비교 집단	평균차이	표준오차	유의확률
한국인	초급	.353	.096	.000
	중급	.248	.096	.012
	고급	.105	.096	.277
초급	중급	-.105	.096	.277
	고급	-.248	.096	.012
중급	고급	-.143	.096	.041

이어서 관계절에 대한 지각 능력을 보도록 하겠다. 한국인 모어 화자가 선행 말토막의 끝음절 지속 시간이 아니라 음높이 차이에 의하여 지각 범주화가 형성되었고 범주를 구별하는 지점의 위치는 210-220HZ 사이에 있었기 때문에 본 연구는 '야'의 음높이가 210HZ 이하인 자극(130-210HZ, 9개)에 대한 식별 결과를 통해서 관계절에 대한 참여자의 지각 능력을 확인하였다. 한국인과 학습자의 지각 결과에 대한 분석은 다음 표와 같다. 표를 통해서 알 수 있듯이 합성어에 대한 식별률과 마찬가지로 관계절에 대한 고급 학습자의 식별률이 한국인과 같았으며 초급과 중급 학습자의 식별률보다 높은 것으로 나타났다.

〈표 3-25〉 한국인과 학습자의 관계절 식별률에 대한 다중비교

비교 집단	비교 집단	평균차이	표준오차	유의확률
한국인	초급	.339	.079	.000
	중급	.193	.079	.017
	고급	.117	.079	.144
초급	중급	-.146	.079	.069
	고급	-.222	.079	.006
중급	고급	-.163	.079	.048

이러한 집단 간의 지각 능력 차이가 나타난 원인은 집단의 지각 범주화 양상에서 찾을 수 있다. 즉 합성어와 관계절을 구분하는 데 중요한 영향을 미치는 선행 말토막의 끝음절과 후행 말토막의 첫음절의 음높이 차이에 대해서 초급 학습자와 중급 학습자는 지각 범주화가 형성되지 않았다. 한편 고급 학습자는 음높이 차이에 대한 지각 범주화가 형성되었을 뿐만 아니라 형성된 지각 범주화 양상이 한국인과 큰 차이가 없었기 때문에 고급 학습자의 지각 능력이 한국인과 같은 것으로 나타났다. 이는 말토막 억양 경계에 대한 지각 능력이 학습자의 숙달도가 높아짐에 따라 한국인과 비슷해진다는 점, 그리고 자연 발화에 노출된 빈도가 높아짐에 따라 말토막 억양 경계에 대한 지각 범주화가 한국인처럼 형성될 수 있다는 점을 알려 준다.

2.3. 자연스러운 억양의 형성 기능에 대한 지각 양상

2.3.1. 자극의 작성

자연스러운 억양의 형성 기능에 대한 지각 실험에서 사용한 자극들은 발화 자료 작성, 한국인 모어 화자의 원시 발화 수집, 프라트(Praat)를 통한 억양 조작의 세 가지의 단계를 거쳐 작성하였다. 앞처럼 '자극에

대한 범주 판단'을 진행하지 않은 이유는 다른 기능과 다르게 이 기능은 의미 변별과 관련을 짓지 않기 때문이다. II장에서 논의했듯이 본 연구는 초성의 성질에 의한 기본형 THLH(LHLH/HHLH)의 실현, 그리고 기본형 THLH(LHLH/HHLH)에 의한 첫 번째 음절과 두 번째 음절의 기울기를 중심으로 자연스러운 말토막 억양의 전달에 대해 분석하기로 하였다. 이를 위하여 초성의 성질이 다른 말토막 억양 발화(초성이 격음이나 경음, 마찰음인 경우와 그렇지 않은 경우)를 수집하여야 한다. 발화 자료를 작성하기 위하여 다음과 같은 사항들을 고려하여야 한다. 첫째, 한국어 발음 방식에 영향을 미치지 않도록 외래어를 피하여야 한다. 둘째, 흔히 접할 수 있는 어휘나 발음이 매우 어려운 어휘를 피하여야 한다. 흔히 접할 수 있는 어휘를 선정한다면 그에 대한 학습자의 지각이나 발음이 습관이 됐을 가능성이 높기 때문에 그 운율에 대한 실제적 습득 양상을 밝히지 못할 수도 있다. 또한 분절음에 대한 학습자의 습득 수준이 억양에 미치는 영향을 최소화시키기 위하여 발음하기가 매우 어려운 어휘도 적당하지 않다고 판단하였다. 이에 본 연구는 '시시비비'와 '이쑤시개'를 선정하였다. 또한 문장의 형태로 나타나야 자연스러운 말토막 억양을 실현할 수 있기 때문에 문장으로 실험 자료를 작성하였다. 실험 자료는 다음과 같다.

〈표 3-26〉 자연스러운 억양의 형성 기능에 대한 실험 자료

실험 문장1:
시시비비 가릴 필요가 없다.
실험 문장2:
이쑤시개 찾았어?

앞에서 제시했듯이 두 명의 발화자의 발화를 수집하였고 그 중 한 명의 발화를 원시 발화로 활용하였다. 한국인의 발화 양상은 다음 그림과 같다. 보다시피 '이쑤시개'의 끝음절이 H가 아니라 L로 실현되었으나 이는 잘못

발화한 것이 아니라 기본형 'LHLH'의 변형이다. 발화에 대한 음성학적 분석을 통해서 알 수 있듯이 '시시비비'의 경우 첫 번째 '시'는 320.1HZ, 두 번째 '시'는 370.8HZ이고 '이쑤시개'의 경우 '이'는 231.4HZ, '쑤'는 329.8HZ이다. 이를 바탕으로 초성의 성질에 의한 기본형의 실현, 그리고 기본형에 의한 첫 번째 음절과 두 번째 음절의 기울기에 대한 자극을 작성하도록 하겠다.

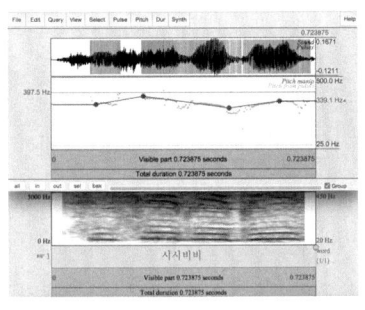 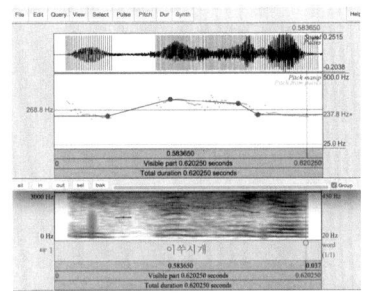

〈그림 3-34〉 '시시비비'의 발화 양상   〈그림 3-35〉 '이쑤시개'의 발화 양상

　자극을 작성할 때 우선 고려할 점은 자극을 문장으로 작성하는 것인가 아니면 목표 부분인 '시시비비'와 '이쑤시개'를 발췌해서 작성하는 것인가 이다. 본 연구는 문장으로 작성하기로 하였다. 분석 내용이 '시시비비'와 '이쑤시개'이지만 말토막 억양은 문장 안에서야 자연스럽게 실현되기 때문에 문장으로 제시하는 것이 보다 적당하다고 판단하였기 때문이다.
　이어서 프라트(Praat)를 통한 억양 조작 단계를 살펴보도록 하겠다. 우선 초성의 성질에 의한 기본형의 실현에 대해 논의하도록 하겠다. 초성의 성질에 의한 기본형의 실현에 대한 연구 초점은 초성의 음높이에 대한 지각이다. 이에 '시시비비'와 '이쑤시개'의 초성의 음높이에 대해 조절하여 자극을 작성하여야 한다. 시시비비'의 경우 첫 번째 '시'는 320.1HZ이고 두 번째 '시'는 370.8HZ이기 때문에 첫 번째 '시'의 음높이를 일차적으로

'320-370HZ'로 조절할 필요가 있다. '320-370HZ'는 큰 범위가 아니므로 자극 개수를 고려하여 이차적으로 양극을 각 3단계씩 확장시켜 조절 범위를 '290-400HZ'로 설정하였다. 즉 10HZ의 간격으로 총 12개의 자극을 작성하였다. 같은 원리로 '이쑤시개'의 '이'의 음높이가 10HZ의 간격으로, 200HZ부터 360HZ까지로 변하는 17개의 자극을 작성하였다.

이어서 기본형에 의한 첫 번째 음절과 두 번째 음절의 기울기에 대해 살펴보도록 하겠다. 위에서 제시된 '초성의 성질에 의한 기본형의 실현'을 분석하기 위하여 작성한 자극들을 통하여 기본형에 의한 첫 번째 음절과 두 번째 음절의 기울기에 대한 분석을 진행할 수 있다. 그 이유는 첫째, 첫 번째 음의 음높이를 조절하면서 첫 번째 음과 두 번째 음의 기울기도 조절되기 때문이다. 둘째, 앞에서 설정된 첫 번째 음절의 음높이에 대한 조절 범위에 두 번째 음절의 음높이보다 높은 음높이와 낮은 음높이가 모두 포함되어 있기 때문이다. 또한 두 번째의 음절의 음높이를 조절하면 첫 번째 음절과의 기울기가 변할 뿐만 아니라 세 번째 음절과의 기울기도 변하기 때문에 실험 변수가 매우 많다는 제한점을 지닌다. 따라서 기본형에 의한 첫 번째 음절과 두 번째 음절의 기울기에 대한 자극들을 따로 설정할 필요가 없다고 판단하였다. 이상의 논의를 바탕으로 자연스러운 억양의 형성 기능에 대한 지각 자극을 다음 표와 같이 작성하였다.

⟨표 3-27⟩ 자연스러운 억양의 형성 기능에 대한 분석에서 활용한 지각 유형

목적	자극
강자음으로 실현된 초성에 대한 지각 양상, 그리고 첫 번째 음절과 두 번째 음절의 기울기에 대한 지각 양상을 밝힘.	'시시비비'의 시작음을 10HZ의 간격으로 290HZ부터 400HZ까지 조절하여 총 12개의 자극을 작성하였음.
약자음으로 실현된 초성에 대한 지각 양상, 그리고 첫 번째 음절과	'이쑤시개'의 시작음을 10HZ의 간격으로 200HZ부터 360HZ까지 조절하여 총 17개의 자극을 작성하

두 번째 음절의 기울기에 대한 지각 양상을 밝힘.	였음.

2.3.2. 실험 절차

자연스러운 억양의 형성 기능에 있어서 유의할 점은 이 기능은 의미 전달과 상관없다. 즉 억양이 달라져도 전달된 의미가 달라지지 않으며 자극 연속체의 양극 자극은 서로 다른 '범주'에 속할 수 없다. 따라서 이 기능에 대한 분석은 지각 범주화 양상이 아니라 발화 자연성에 초점을 맞춰야 한다. 즉 자극의 음성학적 차이를 구별할 수 있는지를 분석하는 지각 구별 실험을 진행할 필요가 없다. 따라서 말토막 억양의 자연스러운 억양의 형성 기능에 대하여 발화 자연성을 분석하는 지각 식별 실험만 진행하였다. 식별 실험에서 작성한 29개의 자극을 활용하였다. 지각 결과의 항목은 '음높이 변화가 자연스러운가'로 설정하였다. 모든 자극을 Excel의 랜덤 배열 기능을 활용하여 참여자에게 무작위로 제시하였다. 이상의 논의를 바탕으로 자연스러운 억양의 형성 기능에 대한 지각 실험 내용을 다음 표와 같이 정리하였다.

〈표 3-28〉 자연스러운 억양의 기능에 대한 지각 실험 내용

실험 유형	자극(쌍) 수	지각 결과
지각 식별 실험 (총 29개)	자극 12개	'시시비비' 부분의 음높이 변화가 자연스러운가
	자극 17개	'이쑤시개' 부분의 음높이 변화가 자연스러운가

2.3.3. 지각 결과 분석

2.3.3.1. 음높이 변화에 대한 지각 양상

우선 초성의 성질에 의한 기본형 THLH에 대한 지각 양상을 살펴보도록 하겠다. 아래 그림은 '이쑤시개'의 '이'의 음높이를 조절하여 작성한

자극들에 대한 참여자의 지각 식별 결과이다. 60%의 기준으로 한국인은 200-280HZ가 자연스럽다고 판단하였다. 학습자와 같은 경우에 초급 학습자는 200-330HZ, 중급 학습자는 200-290HZ, 고급 학습자는 200-270HZ를 자연스럽다고 판단하였다. 즉 약자음으로 시작하는 말토막 억양 패턴에 있어서 초성의 최저점에 대한 학습자의 허용도가 한국인과 같은 것으로 나타났으나 최고점에 대한 초급 학습자의 허용도가 한국인보다 상당히 높게 나타났다.

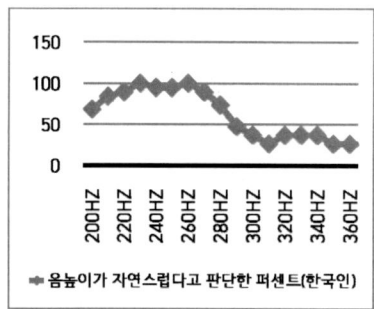 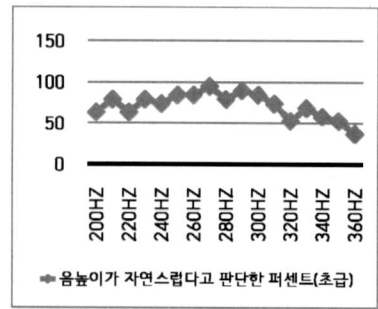
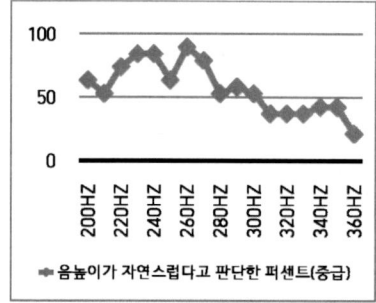 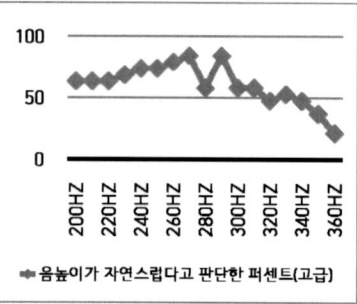

〈그림 3-36〉 '이쑤시개'의 음높이 변화 자연성에 대한 참여자의 지각 양상

이어서 '시시비비'에 대해서 살펴보도록 하겠다. 아래 그림은 '시'의 음높이를 조절한 자극들에 대한 참여자의 지각 식별 결과이다. 60%의 기준으로 한국인은 290-370HZ가 자연스럽다고 판단하였다. 학습자의 경우

초급 학습자는 320-400HZ, 중급 학습자는 320-400HZ, 고급 학습자는 320-390HZ를 자연스럽다고 판단하였다. 즉 강자음으로 시작하는 경우 초성의 최저점에 대한 학습자의 허용도가 한국인보다 낮았고 최고점에 대한 학습자의 허용도가 한국인보다 높았다.

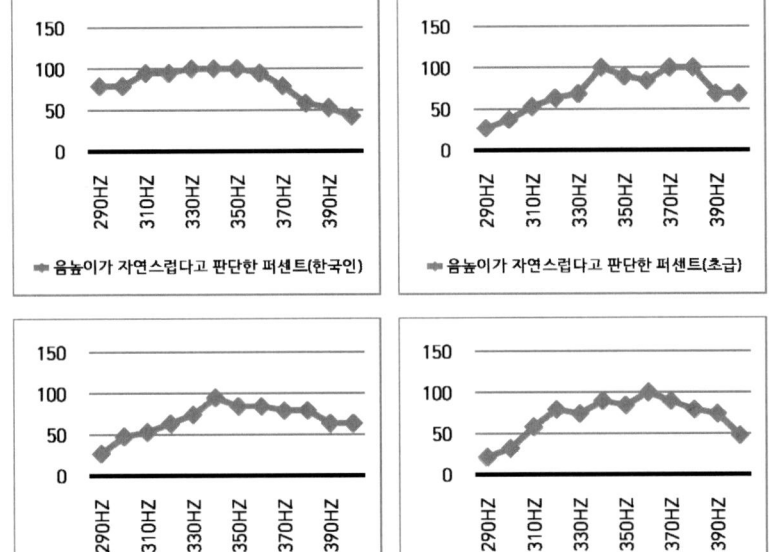

〈그림 3-37〉 '시시비비'의 음높이 변화 자연성에 대한 참여자의 지각 양상

이어서 기본형 THLH에 의한 첫 번째 음절과 두 번째 음절의 기울기에 대한 지각 양상을 살펴보도록 하겠다. 이 부분에서는 첫 번째 음절이 두 번째 음절보다 낮아야 하는지, 그리고 첫 번째 음절과 두 번째 음절의 기울기, 즉 음높이 차이를 분석하도록 하겠다. '이쑤시개'의 경우 '쑤'는 329.8HZ이며 한국인은 200-280HZ인 '이'의 음높이가 자연스럽다고 판단하였다. '시시비비'의 경우 두 번째 '시'는 370.8HZ이며 한국인은

290-370HZ인 첫 번째의 '시'의 음높이가 자연스럽다고 판단하였다. 즉 어떤 자음으로 시작하는지와 상관없이 두 번째의 음절의 음높이가 첫 번째 음절의 음높이보다 높아야 한국인이 자연스럽다고 판단하였다.

앞서 제시했듯이 '이쑤시개'에 대해서 중급 학습자와 고급 학습자의 지각 범위가 한국인과 비슷한 것으로 나타났다. 그러나 초급 학습자가 200-330HZ가 자연스러운 범위로 판단되었기 때문에 첫음절의 음높이가 두 번째 음절의 음높이보다 높은 발화도 자연스럽다고 판단할 가능성이 있다. '시시비비'에 대해서 초급 학습자는 320-400HZ, 중급 학습자는 320-400HZ, 고급 학습자는 320-390HZ의 구간을 자연스럽다고 판단하였기 때문에 학습자는 첫음절의 음높이가 두 번째 음절의 음높이보다 높은 발화도 자연스럽다고 판단할 가능성이 있는 것으로 나타났다.

이상의 논의를 통해서 알 수 있듯이 첫째, 시작음의 성질과 상관없이 한국인 모어 화자와 중국인 학습자가 자연스럽다고 판단한 초성의 음높이 범위에 차이가 나타났다. 둘째, 시작음의 성질과 상관없이 한국인은 첫음절보다 두 번째의 음절의 음높이가 높은 발화가 자연스럽게 들리며 강자음으로 시작한 말토막의 음높이 기울기가 약자음으로 시작한 말토막의 음높이 기울기보다 작다. 셋째, 첫음절보다 두 번째의 음절의 음높이가 높아야 한다는 점에 대하여 모든 숙달도의 학습자가 제대로 습득하지 못하였고 특히 강자음로 시작한 말토막 억양의 경우에 더욱 그랬다. 이상의 결과들을 표로 정리하자면 다음과 같다.

〈표 3-29〉 자연스러운 억양에 대한 참여자의 지각 양상

		한국인	초급	중급	고급
약자음으로 시작한 말토막 억양	첫음절이 두 번째 음절보다 낮아야 하는가	O	X	O	O

	자연스러운 첫음절과 두 번째 음절의 음높이 차이	49.8~129.8HZ	-0.2~129.8HZ	39.8~129.8HZ	59.8~129.8HZ
강자음으로 시작한 말토막 억양	첫음절이 두 번째 음절보다 낮아야 하는가	O	X	X	X
	자연스러운 첫음절과 두 번째 음절의 음높이 차이	0.8~80.8HZ	-29.2~50.8HZ	-29.2~50.8HZ	-19.2~50.8HZ

2.3.3.2. 학습자의 지각 능력

이 절에서는 자연스러운 말토막 억양 패턴에 대한 학습자의 지각 능력을 분석하도록 하겠다. 자연스러운 억양의 형성 기능은 의미 전달과 상관없으므로 한국인의 지각 범주화 양상을 분석할 수 없다. 따라서 지각 능력 분석을 위한 자극 선정에 있어서는 앞에서 분석한 초점 전달 기능이나 말토막 억양 경계의 의미 전달 기능처럼 한국인의 지각 범주화 양상을 바탕으로 자극을 선정할 수 없다. 이 문제를 해결하기 위하여 90% 이상의 한국인이 자연스럽다고 판단된 자극에 대한 지각 결과를 분석하였다. 앞에서 제시된 60%를 기준으로 활용하지 않은 이유는 지각 능력에 대한 분석에서 반드시 대부분의 한국인이 자연스럽게 들리는 자극에 대한 지각 결과를 분석하여야 하기 때문이다.

90%의 선정 기준으로 '이쑤시개'의 경우 '이'의 음높이가 230-260HZ인 자극에 대한 지각 결과를 분석하였고, '시시비비'의 경우 첫 번째의 '시'의 음높이가 310-360HZ인 자극에 대한 지각 결과를 분석하였다. 결과는 다음 표와 같다. 결과를 통해서 알 수 있듯이 어떤 음높이로 시작하는지와 상관없이 .05수준에서 학습자의 지각 능력이 한국인보다 유의미하게 낮았으며 학습자 집단 간 유의미한 차이가 나타나지 않았다.

〈표 3-30〉 '이쑤시개'에 대한 한국인과 학습자의 자연성 판단 결과에 대한 다중비교

비교 집단	비교 집단	평균차이	표준오차	유의확률
한국인	초급	.171	.080	.037
	중급	.171	.080	.037
	고급	.184	.080	.025
초급	중급	.000	.080	1.000
	고급	.013	.080	.870
중급	고급	.013	.080	.870

〈표 3-31〉 '시시비비'에 대한 한국인과 학습자의 자연성 판단 결과에 대한 다중비교

비교 집단	비교 집단	평균차이	표준오차	유의확률
한국인	초급	.211	.059	.001
	중급	.219	.059	.000
	고급	.167	.059	.006
초급	중급	.009	.059	.883
	고급	-.044	.059	.461
중급	고급	-.053	.059	.377

이상의 분석을 통해서 알 수 있는 것은 시작음의 음높이, 그리고 첫 번째 음절과 두 번째 음절의 기울기에 대한 한국인과 학습자의 지각 양상이 다르기 때문에 자연스러운 말토막 억양에 대한 학습자의 지각 능력이 한국인과 차이가 나타났다. 말토막 억양의 기본 패턴에 대한 특징은 의미 전달에 영향을 미치지 않으나 한국어다운 억양에 대한 지각과 실현에 영향을 미칠 수 있기 때문에 가능한 한 학습자에게 교육하는 것이 바람직하다.

3. 핵억양 기능의 지각 양상

3.1. 문법적 기능에 대한 지각 양상

3.1.1. 자극의 작성

문법적 기능에 대한 지각 실험에서 사용한 자극들은 발화 자료 작성, 한국인 모어 자의 원시 발화 수집, 프라트(Praat)를 통한 억양 조작, 자극에 대한 범주 판단의 네 가지의 단계를 거쳐 작성하였다. II장에서 논의했듯이 핵억양의 문법적 기능과 관련하여 아래의 세 가지가 그 교육 초점이 되어야 한다고 주장하고자 한다. 즉 내림조로 실현하는 의문문, 판정의문문과 설명의문문의 차이, 문말 음절의 길이와 변화 정도에 따른 평서문과 명령문의 구별이다. 이어서 각 교육 내용에 대한 발화 자료 작성 단계를 논의하도록 하겠다.

우선 내림조로 실현하는 의문문에 대하여 살펴보도록 하겠다. 중국인 학습자가 내림조로 한국어의 의문문을 실현하지 못하는 이유는 두 가지로 추리할 수 있다. 첫째, 내림조로 실현하여야 한다는 것을 모르기 때문이다. 둘째, 내림조로 실현하여야 한다는 것을 알며 내림조로 실현했다고 생각했으나 한국인 듣기에 내림조로 실현하지 않았기 때문이다. 본 연구에서 마련된 지각 실험을 통하여 과연 어떤 이유 때문인지를 파악할 수 있다. 본 연구는 '지'의문문, 선택의문문, 설명의문문(HL%와 LH% 중의 HL%)에 대한 분석이 모두 내림조로 실현하는 의문문에 관한 내용이기 때문에 이 세 가지의 문장 유형에 대한 분석을 모두 진행할 필요가 없다고 판단하였다. 실험 문장은 '지'의문문으로 선정하였는데 그 이유는 첫째, 선택의문문은 두 개의 문장으로 이루어지므로 앞뒤 문장에 대한 조절 조합이 상당히 많기 때문에 실험에 적당하지 않다고 판단하였기 때문이다. 둘째, 설명의문문에 대한 분석은 뒤에서 판정의문문과 함께 진행하는 것이 적당하다고 판단하였기 때문이다. 이상의 논의를 바탕으로 내림조로 실현하는 의문문에 대한 실험 자료를 다음과 같이 작성하였다.

〈표 3-32〉 내림조로 실현하는 의문문에 대한 실험 자료

상황 설명: 후배를 만났는데 후배가 안색이 안 좋아 보인다. 나는 다음과 같이 말했다.
실험 문장2:
많이 힘들지?

이어서 판정의문문과 설명의문문에 대하여 살펴보도록 하겠다. 판정의문문과 설명의문문의 실험 자료에 있어서 '설명의문문으로 발화한다'거나 '판정의문문으로 발화한다'는 것이 아니라 전문 용어의 사용을 피하도록 문맥을 제공하여 상황에 맞게 발화하라는 방식으로 실험 자료를 마련하는 것이 더 적당하다. 이에 설명의문문과 판정의문문의 구별에 대한 실험 자료는 다음 표와 같이 작성하였다.

〈표 3-33〉 설명의문문과 판정의문문의 구별에 대한 실험 자료

실험 문장1:
- **뭐 마실래요?**
- 커피요.

실험 문장2:
- **뭐 마실래요?**
- 네, 좋아요.

마지막으로 평서문과 명령문의 구별에 대한 실험 자료에 대해서 논의하도록 하겠다. 화용론적 기능까지 고려하면 문말 음절의 길이와 음높이 변화 정도가 평서문과 명령문을 구별해 주는 절대적 기준이라고 하기가 어렵다. 그러나 기존의 연구들에 따르면 평서문인지 아니면 명령문인지에 따라 문말 음절의 길이와 음높이 변화 정도가 다를 수 있는데 중국인

학습자가 이러한 차이를 습득하지 못하기 때문에 평서문을 명령문처럼 발화한 경우가 있다. 따라서 본 연구는 문말 음절의 길이와 음높이 변화 정도가 평서문과 명령문을 구별하는 데 미치는 영향을 밝힐 필요가 있다고 판단하였고, 실험 자료를 다음과 같이 작성하였다.

〈표 3-34〉 평서문과 명령문의 구별에 대한 실험 자료

실험 문장1: - 오늘 알바 있어? - (나는 머리를 흔들면서) **학교 가.**
상황 설명: 엄마가 별 감정이 없는 말투로 아들에게 다음과 같이 말했다.
실험 문장2: - **학교 가.**

프라트(Praat)를 통한 억양 조작 단계에서 우선 '지'의문문에 대한 조절을 살펴보도록 하겠다. 두 명의 발화자의 발화 양상은 다음 그림과 같다. 한 명은 HL% 패턴으로 핵억양을 실현하였고 한 명은 LHL% 패턴으로 핵억양을 실현하였다. 두 패턴이 모두 내림조이지만 본 연구는 HL% 패턴으로 핵억양을 실현한 발화를 원시 발화로 활용하기로 하였다. 그 이유는 첫째, LHL% 패턴으로 핵억양을 실현한 발화를 조절하여 작성한 자극은 자연성이 훨씬 떨어졌기 때문이다. 둘째, HL% 패턴으로 핵억양을 실현한 발화를 활용하여 오름조부터 내림조까지 모두 자연스럽게 조절할 수 있기 때문이다. 셋째, 본 연구의 목적은 중국인 학습자가 LHL% 패턴으로 의문문을 실현하지 못하는 이유를 밝히는 것이 아니라 중국인 학습자가 내림조로 의문문을 실현하지 못하는 이유를 밝히는 데에 있기 때문에 상대적으로 복잡한 LHL% 패턴보다 HL% 패턴을 활용하는 것이 더 적당하다고 판단하였기 때문이다.

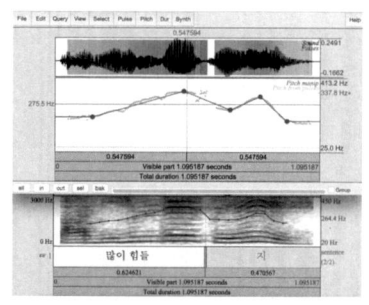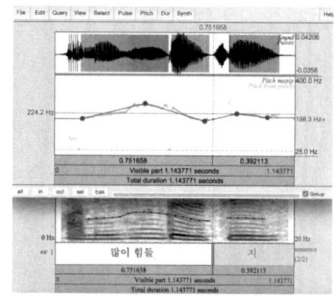

〈그림 3-38〉 한국인이 발화한 '지'의문문의 억양 곡선

HL% 패턴으로 실현된 '지'의 시작 음높이는 224.2HZ이고 끝 음높이는 206.9HZ이다. 즉 일차적으로 '지'의 끝 음높이를 200HZ-230HZ로 조절할 필요가 있다. 그러나 여기서 유의할 점은 첫째, '지'는 내림조로 실현했으나 중국인 학습자가 내림조로 의문문을 실현하기가 어렵다는 원인을 찾기 위하여 핵억양 패턴을 오름조로 조절할 필요도 있다. 또한 화용론적 기능까지 고려하면 '지'의문문은 오름조로 실현할 수도 있으므로 오름조로 실현한 자극을 작성하여야 한다. 따라서 오름조와 내림조로 실현한 자극의 개수를 균형적으로 조절하기 위하여 이차적으로 조절 범위를 '200HZ-260HZ'로 조절할 필요가 있었다. 또한 200HZ-260HZ는 비교적 좁은 범위라서 참여자의 지각 양상을 밝히는 데 부족하므로 범위를 넓힐 필요가 있다. 따라서 자극의 개수를 고려하여 최저점을 2 단계를 확장시켜, 최고점을 1 단계[58]를 확장시켜 최종적으로 '지'의 끝 음높이를 10HZ의 간격으로 180HZ부터 270HZ까지 조절하였고 10개의 자극을 작성하였다. 양극의 자극이 확실히 다른 패턴으로 실현되었다는 점을 확보하기 위하여 양극의 두 자극에 대한 한국인 모어 화자의 청취판단을 진행하였다.

---

58 최고점을 1단계만 확장시킨 이유는 '지'의 시작 음높이는 224.2HZ이지만 10HZ의 간격을 고려하여 일차적으로 최고점을 230HZ까지 설정하였기 때문이다. 즉 내림조와 오름조의 개수를 균형적으로 배정하기 위하여 최고점을 1단계만 확장시켰다.

이어서 판정의문문과 설명의문문의 구분에 대하여 살펴보도록 하겠다. 기존의 연구에서 판정의문문과 설명의문문의 구분에 있어서 핵억양 패턴이 중요한 단서라는 언급이 많았다. 한국인 모어 화자의 발화에서 판정의문문은 일반적으로 H%로 실현되며 설명의문문은 HL%로 실현될 수도 있고 LH%로 실현될 수도 있다는 연구 결과가 그 예이다. 한국인과 달리 중국인 학습자는 설명의문문과 판정의문문을 모두 오름조로 실현된다는 연구 결과가 일반적이다.

이어서 나온 질문은 설명의문문과 판정의문문에 대한 지각 범주화를 분석하는 데 HL%로 실현된 설명의문문을 활용하여야 하는가 아니면 LH%로 실현된 설명의문문을 활용하여야 하는가이다. 본 연구는 후자가 더 적당하다고 판단하였다. 그 이유는 첫째, LH%로 실현된 설명의문문과 H%로 실현된 판정의문문의 핵억양이 모두 오름조이기 때문이다. 다시 말해서 HL%로 실현된 설명의문문과 H%로 실현된 판정의문문의 핵억양 패턴이 뚜렷하게 다르기 때문에 이에 대한 지각 범주화를 밝히는 것이 큰 의미를 지니지 않을 수 있다. 두 번째 이유는 HL%로 실현된 설명의문문은 내림조로 실현된 의문문에 포함되어 있기 때문에 이에 대한 분석을 다시 진행할 필요가 없다고 판단하였기 때문이다. 따라서 지각 실험에서 LH%로 실현된 설명의문문과 H%로 실현된 판정의문문에 초점을 두었다. 한국인 한 명이 발화한 억양 곡선은 다음 그림과 같다. 본 연구는 LH%로 실현하는 설명의문문 발화를 원시 발화로 삼아 LH% 패턴부터 H% 패턴으로 조절하기로 하였다. 그 이유는 LH% 패턴에서 음높이 변화 전환점의 위치를 더 정확하게 파악할 수 있기 때문이다.

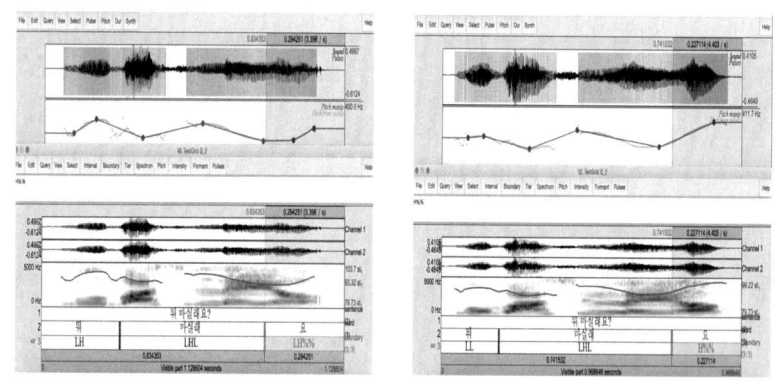

〈그림 3-39〉 한국인이 발화한 설명의문문과 판정의문문의 억양 곡선

LH% 패턴의 시작 음높이는 206.8HZ이고 끝 음높이는 275.0HZ이다. 또한 프라트(Praat)를 통해서 핵억양 패턴을 H% 패턴으로 맞추려면 시작 음높이를 239.6HZ 정도로 조절하여야 한다는 것을 알 수 있다. 따라서 일차적으로 핵억양의 시작 음높이를 200-240HZ로 조절할 필요가 있었다. 자극의 개수를 고려하여 최저 음높이의 범위를 2 단계를 확장시켜 시작 음높이에 대한 조절 범위를 최종적으로 180HZ-240HZ로 조절하였다. 시작 음높이의 최고점 범위를 확장시키지 않은 이유는 그렇게 합성된 핵억양 패턴은 설명의문문과 판정의문문에서 나타나기가 어려운 핵억양 패턴이기 때문이다. 이상의 과정을 거쳐 총 7개의 자극을 작성하였다. 또한 자극 연속체의 양단 자극의 범주에 대한 한국인의 청취판단을 진행한 결과 서로 다른 의미를 전달하였다.

마지막으로 문말 음절의 길이와 변화 정도에 따른 평서문과 명령문의 구별에 대하여 살펴보도록 하겠다. 발화자 두 명의 발화 양상이 비슷한데 그 중 한 명의 발화 양상을 다음 그림과 같이 분석하였다.

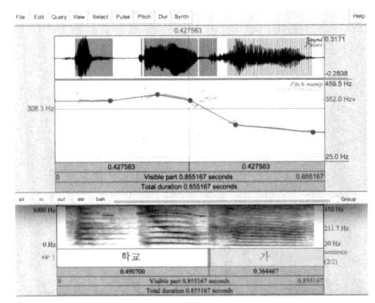 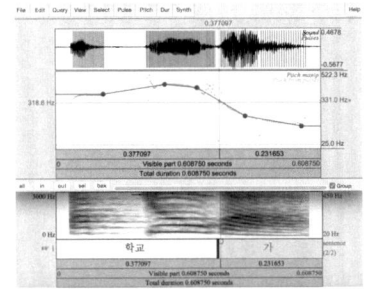

〈그림 3-40〉 한국인이 발화한 명령문(왼쪽)과 평서문(오른쪽)

　그림을 통해서 알 수 있듯이 평서문과 명령문의 억양 곡선에 있어서 핵억양의 지속 시간과 음높이가 내리는 정도에서 경미한 차이가 있다. 그러나 여기서 유의할 만한 점은 첫째, 평서문의 핵억양 지속 시간은 명령문의 핵억양 지속 시간보다 짧다는 것이고, 둘째, 평서문의 핵억양 음높이가 내리는 정도는 명령문의 핵억양 음높이가 내리는 정도보다 크다는 것이다. 이는 II장에서 논의한 기존 연구의 결론에 어긋난다. 이를 통해서 알 수 있는 점은 첫째, 핵억양의 지속 시간과 음높이가 내리는 정도는 명령문과 평서문을 구별하는 절대적 기준이 아니다. 둘째, 명성문과 명령문의 구별에는 문맥이 중요한 역할을 하고 있다. 즉 문맥이 없이 핵억양의 지속 시간과 음높이의 변화 정도만으로 평서문과 명령문을 확실하게 구별할 수 없다. 셋째, 평서문과 명령문의 구별은 억양의 화용론적 기능과도 관련이 있을 수 있다. 즉 화자가 명령하는 어투를 약화시키기 위하여 명령문의 핵억양 지속 시간을 늘리고 핵억양의 음높이가 내리는 정도를 축소할 수도 있다. 따라서 이상의 실험음성학적 결과를 통해서 평서문과 명령문의 구별에 있어서 억양 단서를 통해서만 확실히 구별하기가 어렵고 문맥이 중요하다는 결론을 내릴 수 있다. 그러나 본 연구에서 사용한 지각 범주화 양상을 분석하는 방법으로는 지각 실험에서 문맥을 제공할 수 없다. 따라서 본 연구의 연구 방법이 평서문과 명령문의 구별에 적당하지 않다고 판단하였다.[59] 이에 평서문과 명령문에 대한 분석을 분석 대상에서 제외하였다.

이상의 논의를 바탕으로 문법적 기능에 대한 분석에서 활용한 지각 자극을 다음 표와 같이 작성하였다.

〈표 3-35〉 문법적 기능에 대한 분석에서 활용한 자극 유형

목적	자극
내림조로 실현된 의문문에 대한 지각 양상을 밝힘.	'지'의문문의 끝 음높이를 10HZ의 간격으로 180HZ부터 270HZ까지 조절하여 총 10개의 자극을 작성하였음.
LH% 패턴으로 실현된 설명의문문과 H% 패턴으로 실현된 판정의문문에 대한 지각 양상을 밝힘.	끝음절의 시작 음높이를 10HZ의 간격으로 180HZ부터 240HZ까지 조절하여 총 7개의 자극을 작성하였음.

3.1.2. 실험 절차

앞서와 마찬가지로 지각 구별 실험에서는 각 자극 연속체에서 인접하는 두 자극, 하나의 자극을 간격으로 두는 두 자극, 두 개의 자극을 간격으로 두는 두 자극을 활용하여 자극쌍을 작성하였다. 또한 음높이가 낮은 자극과 지속 시간이 짧은 자극을 먼저 제시하였고 하나의 자극쌍에 속한 두 자극의 간격을 500ms로 배정하였다. 따라서 설문의문문과 판정의문문의 구별에 대한 7개의 자극을 활용하여 15개의 자극쌍을 작성하였다. '지'의문문에 대한 구별 실험을 진행하지 않았는데 그 이유는 '지'의 음높이에 따라 문장의 의미가 달라지지 않기 때문이다. 즉 앞에서 논의했던 말토막

---

59 이 결론의 정확성을 한 걸음 더 증명하도록 실험음성학적 분석을 바탕으로 지각 자극을 작성하고 자극에 대한 한국인의 청취판단을 진행하였다. 그 결과 한국인 한 명이 핵억양 지속 시간이 0.05s인 자극을 평서문으로, 0.50s인 자극을 명령문으로 판단하였고, 핵억양 음높이 변화 정도가 0HZ인 자극과 90HZ인 자극을 모두 평서문으로 판단하였다. 이는 지각 범주화에 초점을 둔 본 연구에서 평서문과 명령문에 대한 분석을 진행할 수 없다는 점을 알려 준다.

억양의 자연스러운 억양의 형성 기능과 마찬가지로 '지'의문문에 대한 자연성 식별 판단만 진행하기로 하였다. 지각 식별 실험에서는 작성한 모든 자극을 활용하였다. 따라서 '지'의문문에 대한 식별 항목을 10개로, 판정의문문과 설명의문문의 구별에 대한 식별 항목을 7개로 작성하였다.

이어서 지각 식별 실험의 선택 항목에 대하여 논의하도록 하겠다. 우선 '지'의문문 같은 경우 앞에서도 제시했듯이 '어떤 의미를 전달하는가'라는 항목이 적절하지 않다. 이에 비하여 발화 적절성을 고려하여 '문장 속에서 '지'의 음높이가 자연스럽게 들리는가'가 선택 항목이 되어야 한다. 설명의문문과 판정의문문의 구별에서 유의할 점은 실험 참여자가 '설명의문문/판정의문문'과 같은 문법 용어를 파악하지 못할 가능성이 있다는 것이다. 따라서 선택 항목은 '설명의문문인지 판정의문문인지'를 판단하는 것이 아니라 '이어진 대답을 무엇인지'를 선택하는 방식으로 설정하였다. 또한 '문장 속에서 '요'의 음높이가 자연스럽게 들리는가'를 판단하는 항목도 마련하였다. 모든 자극을 Excel의 랜덤 배열 기능을 활용하여 참여자에게 무작위로 제시하였다. 이상의 논의를 바탕으로 문법적 기능에 대한 지각 실험 내용을 다음과 같이 정리하였다.

〈표 3-36〉 문법적 기능에 대한 지각 실험 내용

실험 유형	목표 내용	자극(쌍) 수	지각 결과
지각 구별 실험	설명의문문과 판정의문문의 구별	자극쌍 15개	끝음절인 '요'의 음높이가 같음 / 다름
지각 식별 실험	'지'의문문	자극 10개	문장 속에서 '지'의 음높이가 자연스럽게 들리는가.
	설명의문문과 판정의문문	자극 7개	이어지는 대답은 '예'인가 '커피요'인가. 2. 문장 속에서 '요'의 음높이가 자연스럽게 들리는가.

3.1.3. 지각 결과 분석

3.1.3.1. 내림조로 실현된 의문문에 대한 지각 양상

아래 그림은 '지'의 음높이 자연성에 대한 네 집단의 판단 결과이다. 60%의 기준으로 한국인은 180-220HZ, 그리고 240HZ를, 초급 학습자는 180-190HZ, 그리고 240-250HZ를, 중급 학습자는 180-200HZ를, 고급 학습자는 180-210HZ를 자연스러운 발화로 판단하였다. '지'의 시작 음높이가 224.2HZ이기 때문에 한국인과 초급 학습자 듣기에 오름조와 내림조가 모두 자연스러운 발화일 수 있는 반면 중급 학습자와 고급 학습자 듣기에 내림조만 자연스러운 발화이다.

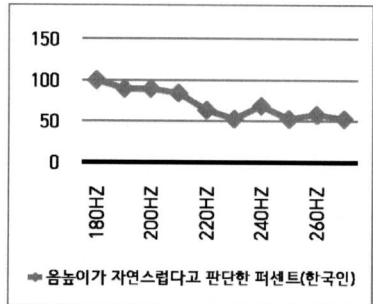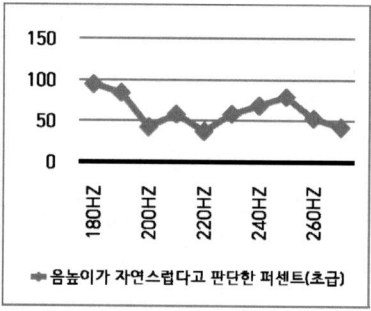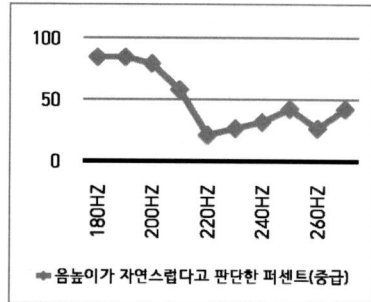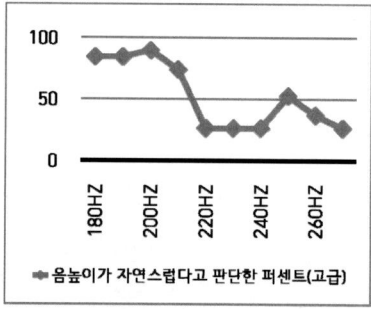

〈그림 3-41〉 '지'의 음높이 자연성에 대한 참여자의 지각 양상

이러한 집단 간의 차이가 통계적으로 유의미한지, 그리고 의문문의 오름조와 내림조에 대한 학습자의 지각 능력을 분석하기 위하여 다음과 같은 통계분석을 진행하였다. '지'의 시작 음높이가 224.2이므로 끝 음높이가 180-220HZ인 자극에 대한 분석을 통하여 내림조 자연성에 대한 지각 능력을 분석하였고 230-270HZ인 자극에 대한 분석을 통하여 오름조 자연성에 대한 지각 능력을 분석하였다. 그 결과는 다음 표와 같다. 표를 통해서 알 수 있듯이 내림조에 대한 네 집단의 허용도 간 유의미한 차이가 없는 것으로 나타났다. 이와 달리 오름조에 대한 자연성 판단 결과에 있어서 한국인과 초급 학습자의 허용도가 중급 학습자와 고급 학습자보다 높은 것으로 나타났다.

〈표 3-37〉 내림조 자연성에 대한 네 집단의 판단 결과에 대한 ANOVA 분석

집단		평균차이	표준오차	유의확률
한국인	초급	.221	.150	.159
	중급	.200	.150	.200
	고급	.137	.150	.374
초급	중급	-.021	.150	.890
	고급	-.084	.150	.581
중급	고급	-.063	.150	.679

〈표 3-38〉 오름조 자연성에 대한 네 집단의 판단 결과에 대한 ANOVA 분석

집단		평균차이	표준오차	유의확률
한국인	초급	-.032	.067	.642
	중급	.231	.067	.003
	고급	.232	.067	.003
초급	중급	.263	.067	.001
	고급	.263	.067	.001
중급	고급	.000	.067	.998

이상의 논의를 통해서 다음과 같은 결론을 내릴 수 있다. 첫째, 학습자가 의문문이 내림조로 실현되어야 한다는 경우도 있다는 사실을 인식하지 못하는 것이 아니며 숙달도와 상관없이 모든 학습자가 내림조로 실현된 의문문의 자연성에 대한 지각 능력이 한국인과 같은 것으로 나타났다. 즉 학습자가 내림조를 인식하지 못하거나 내림조로 실현된 의문문이 자연스럽지 않게 들리는 것이 아니다. 둘째, 일반적으로 내림조로 실현되어야 하는 의문문이 오름조로 실현된 경우에 대해서 초급 학습자의 허용도가 중급 학습자와 고급 학습자에 비하여 높은 것으로 나타났다. 이는 학습 기간이 길어짐에 따라 일반적으로 내림조로 실현되어야 하는 의문문이 오름조로 실현되면 듣기에 부자연스러울 가능성이 높아지며 일반적으로 내림조로 실현하는 의문문이 오름조로 실현되어도 초급 학습자가 자연스럽게 들릴 가능성이 있음을 의미한다.

3.1.3.2. 판정의문문과 설명의문문에 대한 지각 양상

'요'의 음높이와 그에 따른 네 집단이 판정의문문으로 판단한 비율 간의 상관관계를 통계분석으로 분석한 결과는 다음 표와 같다. 표를 통해서 알 수 있듯이 둘 사이에 유의미한 상관관계가 존재하지 않았다. 즉 '요'의 패턴이 H%로 실현되는지 아니면 LH%로 실현되는지는 판정의문문과 설명의문문의 구별에 중요한 영향을 미치지 않았다.

〈표 3-39〉 '요'의 음높이와 그에 따른 참여자가 판정의문문으로 판단한 비율에 대한 상관관계 분석

		한국인
		판정의문문으로 판단한 퍼센트
'요' 음높이	Person 상관	.728
	유의확률(양측)	.064
	N	7

	초급 학습자	
		판정의문문으로 판단한 퍼센트
'요' 음높이	Person 상관	.411
	유의확률(양측)	.360
	N	7

	중급 학습자	
		판정의문문으로 판단한 퍼센트
'요' 음높이	Person 상관	-.380
	유의확률(양측)	.401
	N	7

	고급 학습자	
		판정의문문으로 판단한 퍼센트
'요' 음높이	Person 상관	-.145
	유의확률(양측)	.756
	N	7

　판정의문문과 설명의문문의 구분에 있어서 핵억양 패턴(H% 및 LH%)의 영향을 더 정확하게 분석하기 위하여 네 집단의 지각 결과를 분석하였다. 아래 그림은 끝음절인 '요'의 음높이에 따른 네 집단이 판정의문문으로 판단한 비율이다. 그림처럼 음높이 변화에 따른 네 집단의 식별 결과가 점차적으로 높아지거나 낮아진 것으로 나타나지 않았다.[60] 이 사실도 H% 패턴과 LH% 패턴의 구별이 판정의문문과 설명의문문을 구분하는 중요한 기준이 아니라는 근거가 된다.

---

[60] 식별 결과가 S형으로 나타나지 않았기 때문에 구별 결과를 분석하지 않아도 지각 범주화가 형성되지 않는다고 결론을 지을 수 있다.

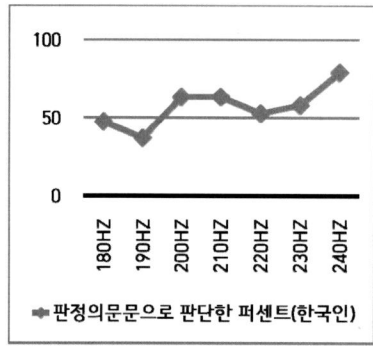
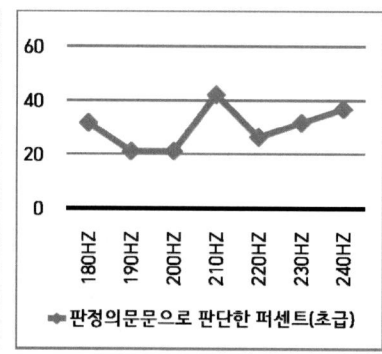
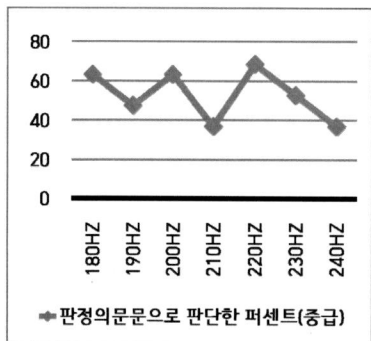
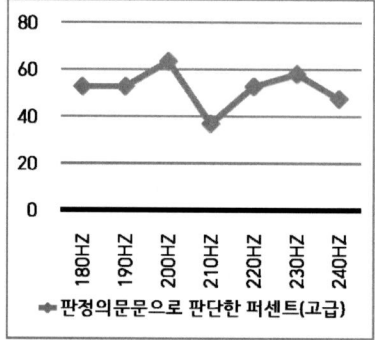

〈그림 3-42〉 '요' 음높이에 따른 판정의문문의 식별률

　이상의 논의를 통해서 알 수 있는 점은 기준의 연구에 따르면 산출에서 한국인이 LH% 패턴으로 설명의문문을, H% 패턴으로 판정의문문을 실현한다는 현상이 관찰될 수 있으나 판정의문문과 설명의문문의 지각적 구분에 있어서 LH% 패턴으로 핵억양을 실현하는지 아니면 H% 패턴으로 핵억양을 실현하는지가 그 절대적 기준이 아니라는 것이다.

3.2. 화용론적 기능에 대한 지각 양상

3.2.1. 자극의 작성

　화용론적 기능에 대한 지각 실험에서 사용한 자극들은 발화 자료 작성,

한국인 모어 화자의 원시 발화 수집, 프라트(Praat)를 통한 억양 조작, 하나의 연속체의 양극 자극에 대한 범주 판단의 네 가지의 단계를 거쳐 작성하였다. 핵억양의 화용론적 기능에 대해서 II장에서 제시한 것처럼 본 연구는 핵억양 패턴에 따라 의미가 달라지는 어미를 중심으로 분석하였다. 본 연구의 목적은 어미의 억양 패턴이 전달 의미에 따라 어떻게 달라지는지를 밝히는 것이 아니라 지각과 산출의 측면에서 의미에 따라 억양 형태가 달라지는 어미를 어떻게 교육해야 하는지를 밝히는 것이다. 다시 말해서 의미에 따라 실현하는 억양 형태가 달라지는 어미들 중 아직 의미에 따른 억양 패턴을 밝히지 못하는 어미를 연구 대상으로 삼아 지각과 산출에 대한 분석을 통해서 의미에 따른 억양 패턴을 분석해 내는 것이 본 연구의 목적이 아니다. 본 연구의 목적은 의미에 따른 억양 패턴이 명확하고 현장에서도 교육하고 있는 어미를 연구 대상으로 삼아 지각과 산출에 대한 분석을 통해서 현재 교육 방안의 제한점을 찾아내고 교육 시사점을 제시하는 데에 둔다.

 교재에서 명시적으로 다루는 의미에 따라 실현되는 핵억양 패턴이 달라지는 어미는 II장 4절에서 제시했듯이 '-거든요', '-ㄹ걸', '-면서'가 있다. 그러나 박기영·이정민(2018)에서 제시했듯이 '-거든요'와 '-면서'는 화자의 의도에 따라 동일한 의미를 전달하더라도 다양한 억양 패턴을 활용할 수 있다. 따라서 이 중에서 의미 전달과 억양 형태의 관계가 상대적으로 명백한 어미는 '-ㄹ걸'이라 할 수 있다. 물론 '-ㄹ걸' 말고도 의미 전달과 억양 형태 간 확실한 관계를 맺는 어미들이 있다. 그러나 앞에서도 논의했듯이 본 연구의 목적은 대표적인 어미를 연구 대상으로 삼아 그에 대한 분석을 바탕으로 기존의 교육 방법을 다시 살펴보는 것이다. 따라서 다양한 어미들에 대한 실험을 반복적으로 진행할 필요가 없다고 판단하였으며 '-ㄹ걸'을 연구 대상으로 삼기로 하였다. '-ㄹ걸'은 내림조로 실현하면 후회의 의미를 전달하고 오름조로 실현하면 추측의 의미를 전달한다. 이에 녹음 자료를 다음과 같이 작성하였다.

〈표 3-40〉 억양의 화용론적 기능에 대한 실험 자료

상황에 맞게 표시된 문장을 적절한 억양으로 발화하세요.
실험 문장1:
- 철수가 어디 가?
- **도서관에 갈걸.**
실험 문장2:
- 네가 좋아하는 방탄소년단이 우리 학교 도서관에 갔대.
- **도서관에 갈걸.**

앞과 마찬가지로 청력과 발화, 인지력에 지장이 없는 서울 출신인 20대 여성 두 명의 발화를 수집하였다. 두 명의 발화 중 두 문장의 '걸' 이외의 억양 형태가 비슷하게 발화됐고,[61] 두 발화 중 합성된 음성이 인간의 발화에 더 가까운 발화를 원시 발화로 삼아 자극을 작성하는 데 활용하였다. 발화의 억양 곡선은 다음과 같다.

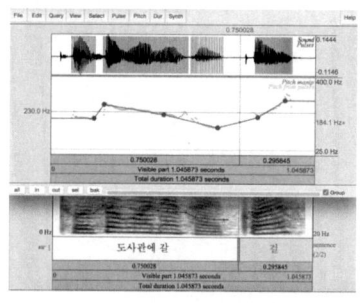 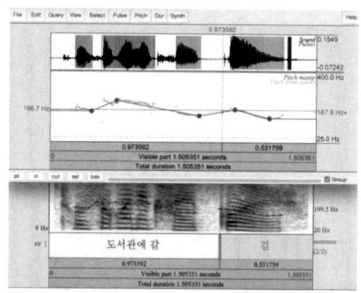

〈그림 3-43〉 한국인의 '을걸' 추측 발화 〈그림 3-44〉 한국인의 '을걸' 후회 발화

---

61 II장에서 논의하였듯이 연결어미의 종결어미형이 전달하는 의미에 있어서 핵억양 패턴이 핵심적 역할을 수행하기 때문에 두 발화의 지속 시간이나 음높이 기울기를 비교하지 않았다.

그림을 통해서 알 수 있듯이 '후회'의 의미를 표현하는 '-을걸'과 '추측'의 의미를 표현하는 '-을걸'의 차이는 '걸'이 오름조로 실현되는지 아니면 내림조로 실현되는지에 있다. 본 연구는 합성된 발화가 인간의 발화에 더 가까운 후회를 표현하는 '-을걸' 발화를 활용하여 지각 자극들을 작성하였다.

실험음성학적 분석을 통해서 알 수 있듯이 추측을 표현한 경우 '걸'의 최고 음높이가 299.3HZ이고, 후회를 표현한 경우 '걸'의 최저 음높이가 152.6HZ이다. 즉 일차적으로 '걸'의 음높이를 150HZ부터 300HZ까지 조절하여야 한다.[62] 그러나 '걸'의 시작 음높이가 198.8HZ란 점을 고려하면 이와 같은 조절로 작성한 자극들 중 오름조가 훨씬 큰 비중을 차지한다. 이를 해결하기 위하여 '걸'의 최저 음높이를 1 단계를 확장시키고 최고 음높이를 3 단계를 축소하였다[63]. 이상의 과정을 거쳐서 최종적으로 10HZ를 간격으로 '걸'의 음높이를 140HZ부터 270HZ까지 조절하여 총 14개의 자극을 작성하였다. 작성 자극의 양극을 한국인에게 들려주고 서로 다른 의미를 전달한다고 판단하였다.

3.2.2. 실험 절차

앞서와 마찬가지로 지각 구별 실험에서는 자극 연속체에서 인접하는 두 자극, 하나의 자극을 간격으로 두는 두 자극, 두 개의 자극을 간격으로 두는 두 자극을 모두 활용하여 자극쌍 36 개를 작성하였다. 제시 순서와

---

62 두 발화에서의 기본주파수를 그대로 활용하였으나 본 연구에서 마련된 기준으로 작성한 자극 연속체의 양극 자극이 전달하는 의미가 서로 다른 범주에 속하기 때문에 기본주파수를 직접적으로 활용한 것이 지각 결과에 부정적 영향을 미치지 않았다고 할 수 있다.
63 다른 한 명의 발화자 경우 '추측'을 표현할 때 끝 음높이를 40HZ 정도를 올렸다는 점을 미루어 보아 실험 문장의 최고점을 3단계로 축소하여 70HZ까지 올리게 하는 조절이 충분하다고 할 수 있다.

자극 간격도 앞처럼 음높이가 낮은 자극부터 제시하였고 하나의 자극쌍에 속한 두 자극의 배정 간격을 500ms로 배정하였다.

지각 식별 실험에서는 작성한 14개의 자극을 활용하였다. 지각 결과에 대한 선택 항목은 정확성과 자연성을 모두 고려하여 두 가지로 설정하였다. 하나는 '후회의 의미를 전달했는가, 아니면 추측의 의미를 전달했는가'이고 하나는 "걸'의 음높이가 자연스러운가'이다. 또한 구별 실험과 식별 실험에서 사용한 자극쌍(자극)은 Excel의 랜덤 배열 기능을 활용하여 참여자에게 무작위로 제시하였다. 이상의 논의를 바탕으로 화용론적 기능에 대한 지각 실험 내용을 다음과 같이 정리하였다.

〈표 3-41〉 화용론적 기능에 대한 지각 실험 내용

실험 유형	자극(쌍) 수	지각 결과
지각 구별 실험	자극쌍 36개	'걸'의 음높이가 같음 / 다름
지각 식별 실험	자극 14개	1. '후회'의 의미를 전달했는가, 아니면 '추측'의 의미를 전달했는가. 2. '걸'의 음높이가 자연스럽게 들리는가.

'-을걸'에 대한 분석에 있어서 또 하나 유의할 점은 초급 학습자가 '-을걸'이 전달하는 의미를 모를 수도 있다는 점이다. 따라서 학습자를 위한 구별 질문지 및 식별 질문지에서 '-을걸'의 사용에 대한 명시적 설명과 예시를 추가하였다.

3.2.3. 지각 결과 분석

3.2.3.1. 음높이 변화에 대한 지각 양상

'걸'의 음높이 자연성에 대한 한국인의 지각 결과는 다음과 같다. 그림을 통해서 알 수 있듯이 자연성이 상대적으로 떨어진 부분은 자극 연속체

중간 부분에 나타났기 때문에 이 부분을 분석 대상에서 제외할 수 없다. 따라서 모든 자극에 대한 지각 결과를 분석하도록 하겠다. 또한 그림에서 나타난 것처럼 140-180HZ와 240-270HZ에 대해서 60% 이상의 한국인이 자연스럽다고 판단하였다. '걸' 앞의 음절인 '갈'의 음높이가 196.8HZ(200HZ)이기 때문에 한국인은 뒤의 음절의 음높이가 전 음절보다 20HZ 정도 이상 낮아야 상대적으로 자연스러운 내림조(후회 의미)로 들리고 40HZ 정도 이상 높아야 상대적으로 자연스러운 오름조(추측 의미)로 들린다고 할 수 있다.

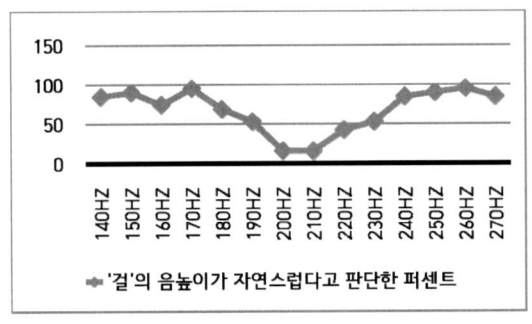

〈그림 3-45〉 '걸'의 자연성에 대한 한국인의 판단 결과

'걸'의 음높이와 그에 따른 한국인이 후회의 의미로 식별한 결과에 대한 상관분석을 진행한 결과 상관계수가 -.909(P=.000)로 나타났다. 즉 한국인이 '-을걸'이 전달하는 의미를 식별하는 데 '걸'의 음높이, 다시 말해서 핵억양 패턴이 큰 영향을 미쳤다.

아래 그림은 '걸'의 음높이를 조절하여 작성한 자극들에 대한 한국인의 지각 구별 및 지각 식별 결과이다. 식별 실험에서 음높이 변화에 따른 식별 결과가 S형으로 나타났으며 식별 결과가 50%인 지점이 200HZ(63.2%)와 210HZ(26.3%) 사이에 있었다. 또한 10HZ의 간격으로 둔 두 자극에 대한 구별 결과에 있어서 200HZ와 210HZ(자극쌍7)에 대한 구별률(26.3%)이 다른 자극쌍에 대한 구별률보다 높은 것으로 나타났다. 따라서 한국인은 지각 범주화가 형성되었으며 범주를 구별하는 지점이 200HZ-210HZ 사이에 있다는 결론을 내릴 수 있다.

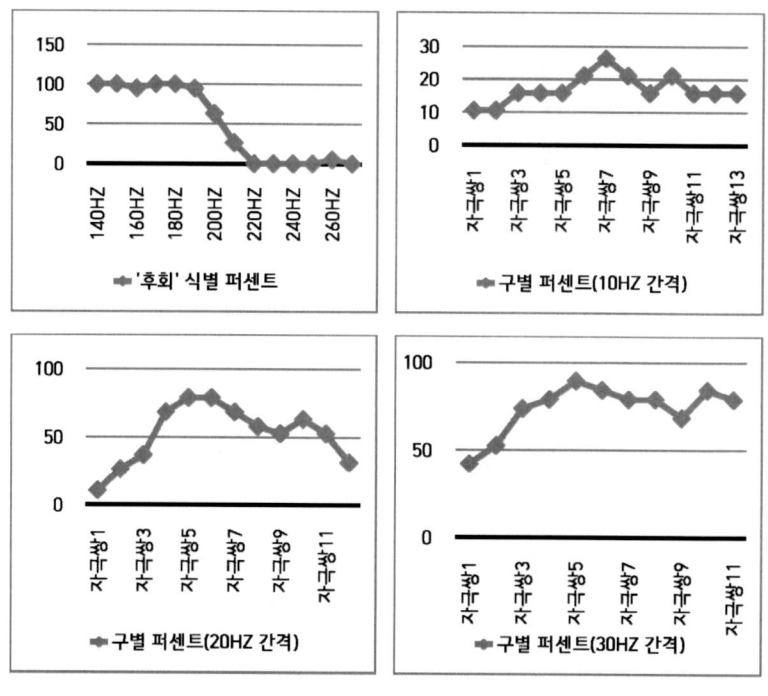

〈그림 3-46〉 '걸'의 음높이에 대한 한국인 지각 양상

이어서 학습자의 지각 양상을 살펴보도록 하겠다. '걸'의 음높이 자연성에 대한 초급 학습자의 지각 결과는 다음 그림과 같다. 그림을 통해서 알 수 있듯이 140-180HZ와 200-230HZ에 대해서 60% 이상의 초급 학습자가 자연스럽다고 판단하였다. 높은 구간에 대한 초급 학습자의 판단 결과는 한국인의 판단 결과(240-270HZ)와 큰 차이가 나타났다.

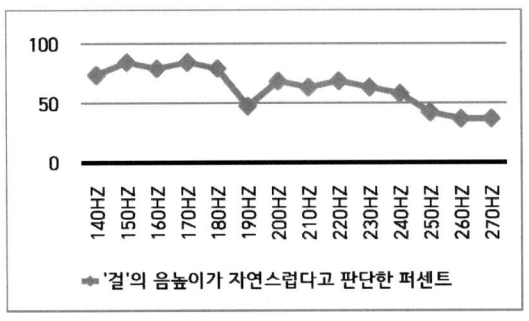

〈그림 3-47〉 '걸'의 자연성에 대한 초급 학습자의 판단 결과

　'걸'의 음높이 변화와 그에 따른 초급 학습자가 후회의 의미로 식별한 결과에 대한 상관분석을 진행하자 상관계수가 -.908(P=.000)이었다. 즉 초급 학습자가 '-을걸'이 전달하는 의미를 식별하는 데 '걸'의 음높이가 중요한 역할을 수행하였다.

　아래 그림은 '걸'의 음높이를 조절하여 작성한 자극들에 대한 초급 학습자의 지각 구별 및 지각 식별 결과이다. 그림을 통해서 알 수 있듯이 식별 실험에서 식별 결과가 대체로 낮아진 것으로 나타났고 식별 결과가 50%인 지점이 180HZ(89.5%)와 190HZ(42.1%) 사이에 있었다. 또한 10HZ의 간격으로 둔 두 자극에 대한 구별 결과에 있어서 180HZ와 190HZ(자극쌍5)에 대한 구별률(31.6%)이 다른 자극쌍에 대한 구별률보다 높은 것으로 나타났다. 따라서 초급 학습자에게 지각 범주화가 형성되었으며 범주를 구별하는 지점이 180HZ-190HZ 사이에 있다고 할 수 있다.

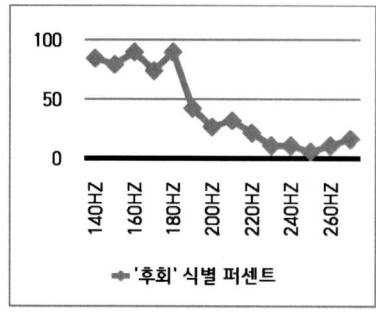
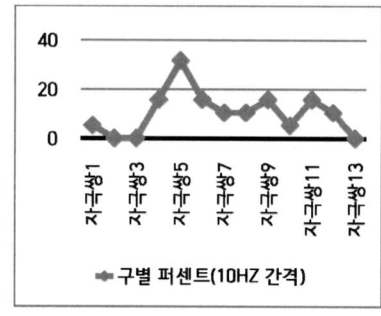
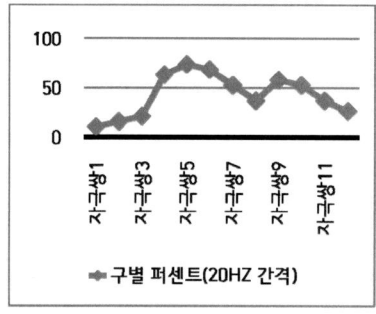
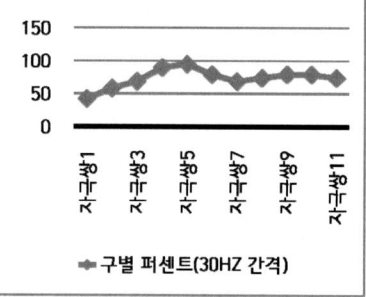

〈그림 3-48〉 '겉'의 음높이에 대한 초급 학습자의 지각 양상

이어서 중급 학습자의 지각 양상을 살펴보도록 하겠다. 다음 그림은 '겉'의 음높이 자연성에 대한 중급 학습자의 지각 결과이다. 그림을 통해서 알 수 있다. 140-180HZ와 230-250HZ에 대해서 60% 이상의 중급 학습자가 자연스럽다고 판단하였다. 즉 초급 학습자와 마찬가지로 높은 구간에 대한 중급 학습자의 판단 결과가 한국인의 판단 결과와 차이가 있는 것으로 나타났다.

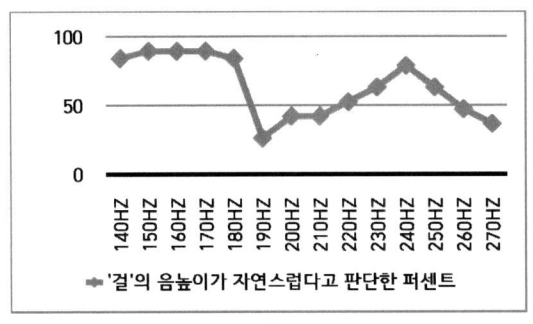

⟨그림 3-49⟩ '걸'의 자연성에 대한 중급 학습자의 판단 결과

'걸'의 음높이 변화와 그에 따른 중급 학습자가 후회의 의미로 식별한 결과에 대한 상관분석을 진행한 결과 상관계수가 -.880(P=.000)이었다. 즉 중급 학습자가 '-을걸'이 전달하는 의미를 식별하는 데도 핵억양 패턴이 중요한 역할을 하였다.

아래 그림은 '걸'의 음높이를 조절하여 작성한 자극들에 대한 중급 학습자의 지각 구별 및 지각 식별 결과이다. 식별 결과가 낮아진 것으로 나타났으며 식별 결과가 50%인 지점이 180HZ(94.7%)와 190HZ(15.8%) 사이에 있었다. 또한 10HZ의 간격으로 둔 두 자극에 대한 구별 결과에 있어서 180HZ와 190HZ(자극쌍5)에 대한 구별률(36.8%)이 다른 자극쌍에 대한 구별률보다 높은 것으로 나타났다. 따라서 중급 학습자는 '걸'의 음높이에 대한 지각 범주화가 형성되었으며 범주를 구별하는 지점이 180HZ-190HZ 사이에 있다고 할 수 있다.

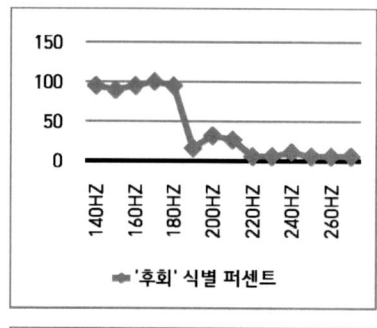
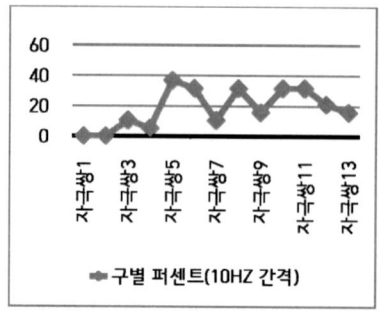
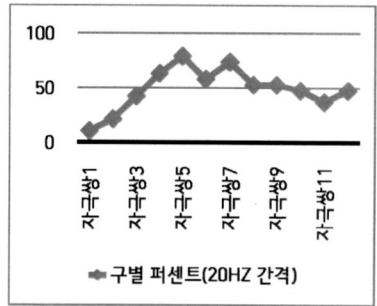
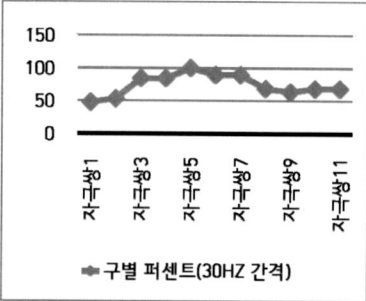

〈그림 3-50〉 '걸'의 음높이에 대한 중급 학습자의 지각 양상

마지막으로 고급 학습자의 지각 양상을 살펴보도록 하겠다. 다음 그림처럼 140-180HZ와 210-270HZ에 대해서 60% 이상의 고급 학습자가 자연스럽다고 판단하였다. 즉 다른 학습자 집단과 마찬가지로 높은 구간에 대한 고급 학습자의 판단 결과가 한국인의 판단 결과와 큰 차이가 있었다.

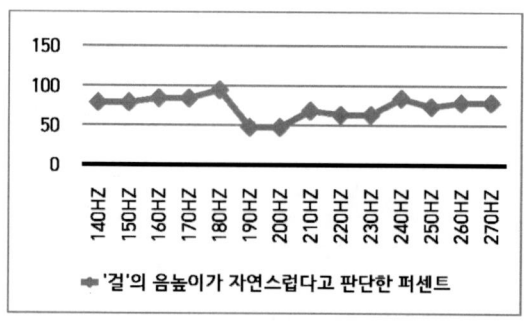

〈그림 3-51〉 '걸'의 자연성에 대한 고급 학습자의 판단 결과

'걸'의 음높이 변화와 그에 따른 고급 학습자가 후회의 의미로 식별한 결과에 대한 상관분석을 진행하자 상관계수가 -.940(P=.000)으로 나타났다. 즉 다른 집단과 마찬가지로 고급 학습자가 '-을걸'이 전달하는 의미를 식별하는 데 '걸'의 음높이가 중요한 영향을 끼쳤다.

아래 그림은 '걸'의 음높이를 조절하여 작성한 자극들에 대한 고급 학습자의 지각 구별 및 지각 식별 결과이다. 그림을 통해서 알 수 있듯이 식별 결과가 점차적으로 낮아진 것으로 나타났으며 식별 결과가 50%인 지점이 180HZ(100%)와 190HZ(36.8%) 사이에 있었다. 또한 10HZ의 간격으로 둔 두 자극에 대한 구별 결과에 있어서 180HZ와 190HZ(자극쌍5)에 대한 구별률(47.4%)이 다른 자극쌍에 대한 구별률보다 높은 것으로 나타났다. 따라서 고급 학습자에게도 지각 범주화가 형성되었으며 범주를 구별하는 지점이 180HZ-190HZ 사이에 있다고 할 수 있다.

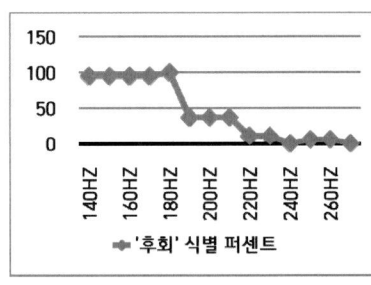
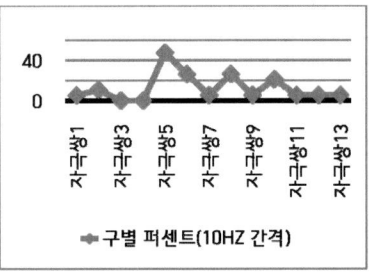
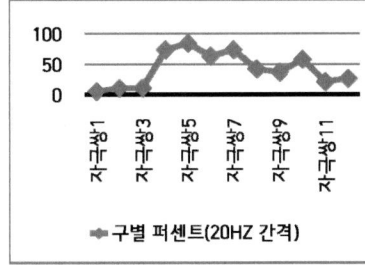
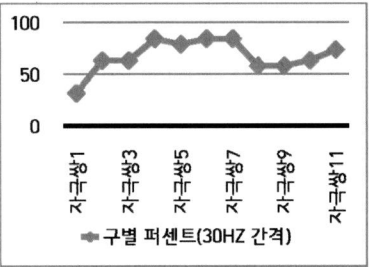

〈그림 3-52〉 '걸'의 음높이에 대한 고급 학습자의 지각 양상

'결'의 음높이에 대한 한국인 모어 화자와 중국인 학습자의 지각 양상을 비교하면 다음 표와 같다. 표를 통해서 알 수 있듯이 첫째, 어미가 전달하는 의미를 지각하는 데 모든 집단이 핵억양 패턴의 영향을 받았다. 둘째, 한국인과 학습자의 지각 범주화 양상이 달랐으나 학습자 집단 간의 지각 범주화 양상이 같았다. 즉 오름조를 지각하는 데 학습자가 필요한 음높이 차이가 한국인보다 작은 것으로 나타났다. 이 때문에 한국인이 내림조로 지각하는 발화를 중국인 학습자가 오름조로 지각할 가능성이 있다. 셋째, 자연스러운 오름조에 대한 한국인과 학습자의 지각 양상 간 큰 차이가 있다. 즉 한국인이 자연스럽지 않다고 지각하는 오름조에 대하여 중국인 학습자가 자연스럽다고 지각할 가능성이 있다.

〈표 3-42〉 '결'의 음높이에 대한 한국인과 중국인의 지각 양상 비교

	한국인	초급	중급	고급
'결'의 음높이(패턴)의 영향을 받는가	O	O	O	O
지각 범주화가 형성됐는가	O	O	O	O
음높이 간격	10HZ	10HZ	10HZ	10HZ
범주를 구별하는 지점의 위치	200-210HZ	180-190HZ	180-190HZ	180-190HZ
자연스러운 오름조를 지각하는 데 필요한 음높이 차이	240-270HZ (최소 음높이 차이: 40HZ)	200-230HZ (최소 음높이 차이: 0HZ)	230-250HZ (최소 음높이 차이: 30HZ)	210-270HZ (최소 음높이 차이: 10HZ)
자연스러운 내림조를 지각하는 데 필요한 음높이 차이	140-180HZ (최소 음높이 차이: 20HZ)	140-180HZ (최소 음높이 차이: 20HZ)	140-180HZ (최소 음높이 차이: 20HZ)	140-180HZ (최소 음높이 차이: 20HZ)

3.2.3.2. 학습자의 지각 능력

본 연구는 '결'의 음높이가 140-200HZ인 자극에 대한 지각 결과를 통하

여 내림조(후회 의미)에 대한 학습자의 지각 능력을 분석하였고 210-270HZ인 자극에 대한 지각 결과를 통하여 오름조(추측 의미)에 대한 학습자의 지각 능력을 분석하였다. 한국인이 범주를 구별하는 음높이의 위치가 200-210HZ 사이에 있는 것으로 나타났기 때문이다. 내림조와 오름조에 대한 참여자 지각 능력은 다음 표와 같다. 내림조에 대한 지각에 있어서 모든 학습자 집단의 지각 정확도가 한국인보다 낮은 것으로 나타났고, 오름조에 대한 지각에 있어서 모든 학습자 집단의 지각 정확도가 한국인과 같은 것으로 나타났다. 즉 학습자가 내림조를 지각하는 데 더 많은 오류를 범한다는 것이다. 이는 자연성에 대한 분석 결과가 다르게 나타났다. 즉 오름조 자연성에 대한 학습자의 판단 결과가 한국인과 차이가 있는 것으로 나타났으나 한국인이 오름조로 지각한 패턴을 중국인 학습자가 내림조로 지각하지 않았다. 또한 내림조 자연성에 대한 학습자의 판단 결과가 한국인과 같은 것으로 나타났으나 한국인이 내림조로 지각한 패턴을 중국인 학습자가 오름조로 지각할 가능성이 있는 것으로 나타났다. 이는 패턴에 대한 지각에서 정확성도 중요하지만 자연성도 중요함을 의미한다.

   내림조와 오름조에 대한 지각 능력의 차이는 패턴에 대한 학습자와 한국인의 지각 범주화 양상의 차이에서 기인되었다고 할 수 있다. 즉 오름조를 지각하는 데 학습자가 필요한 음높이 차이가 한국인보다 작은 것으로 나타났기 때문에 한국인의 오름조 발화를 지각하는 데 문제가 없으나 한국인이 발화한 내림조를 오름조로 지각할 가능성이 있다. 이처럼 억양 패턴에 대한 지각 범주화 차이 때문에 억양 패턴이 전달하는 의미를 잘못 지각할 수 있다는 결과를 일으킬 수 있다. 따라서 전달 의미와 억양 패턴에 대한 교육에서 패턴에 대한 지각 범주화 형성이 중요하다고 할 수 있다.

〈표 3-43〉 한국인과 학습자의 내림조 지각 정확도에 대한 다중비교

비교 집단	비교 집단	평균차이	표준오차	유의확률
한국인	초급	.241	.046	.000
	중급	.188	.046	.000
	고급	.105	.046	.024
초급	중급	-.053	.046	.252
	고급	-.135	.046	.004
중급	고급	-.083	.046	.043

〈표 3-44〉 한국인과 학습자의 오름조 지각 정확도에 대한 다중비교

비교 집단	비교 집단	평균차이	표준오차	유의확률
한국인	초급	.068	.039	.083
	중급	.008	.039	.846
	고급	.053	.039	.176
초급	중급	-.060	.039	.123
	고급	-.015	.039	.698
중급	고급	.045	.039	.246

3.3. 감정 및 태도의 전달 기능에 대한 지각 양상

3.3.1. 자극의 작성

감정 및 태도의 전달 기능에 대한 실험에서 사용한 자극들은 발화 자료 작성, 한국인 모어 화자의 원시 발화 수집, 프라트(Praat)를 통한 억양 조작, 자극에 대한 범주 판단의 네 가지의 단계를 거쳐 작성하였다. Ⅱ장에서 논의했듯이 본 연구는 친절한 감정을 그 대표적인 교육 내용을 삼았고 감정 표현과 관련된 억양 단서는 핵억양의 패턴, 음높이 변화 정도, 지속 시간, 기본주파수로 설정하였다.

우선 발화 자료 작성 단계를 살펴보도록 하겠다. Seddoh, Blay,

Ferraro, & Swisher(2018)에서 지적했듯이 억양이 감정 의미를 전달하는 데 문맥이 중요한 역할을 하고 있다. 즉 문맥이 없으면 억양을 통하여 어떤 감정 의미가 전달되는지를 파악하는 데 어려울 수 있다. 따라서 감정 발화를 수집할 때 발화 상황에 대한 설명이 필수적이다. 이어서 문장 작성의 기준을 논의하도록 하겠다. 呂士楠·初敏·許潔萍·賀琳(2012:309)에서 언급했듯이 감정 발화를 수집할 경우 긴 문장보다 단문이 더 적당하다. 그 이유는 첫째, 단문의 의미가 명백하고 구조가 간단하기 때문에 보편적인 발화 양상을 수집할 수 있다. 둘째, 발화자가 문장을 다양하게 해석할 가능성을 줄일 수 있다. 따라서 본 연구는 감정을 전달하는 데 억양의 역할을 정확하게 밝히기 위하여 실험 문장을 단문으로 설정하기로 하였다. 또한 앞에서 논의한 것처럼 발화자가 정확한 억양으로 발화할 수 있도록 발화 상황에 대한 설명을 추가하였다. 이상의 논의를 바탕으로 감정 및 태도 전달 기능의 실험 자료를 다음과 같이 작성하였다. 음성에 대한 조절 범위를 확정하기 위하여 친절한 감정을 표현하는 경우와 그렇지 않은 경우를 모두 설정하였다.

〈표 3-45〉 감정 및 태도의 전달 기능에 대한 실험 자료

상황 설명1: 아주 친한 선배하고 길에서 만났는데 이따가 같이 수업을 들을 것이다. 나는 친절한 억양으로 다음과 같이 말했다.
실험 문장1: 수업에서 뵐게요~
상황 설명2: 뉴스 아나운서의 말투를 모방하여 다음 문장을 읽으세요. 즉 아무 감정도 들어가지 않는 매우 냉정한 억양으로 발화해 주세요.
실험 문장2: 수업에서 뵐게요.

앞서와 마찬가지로 청력과 발화, 인지력에 지장이 없는 서울 출신인 20대 여성 두 명의 발화를 수집하였고 질이 더 나은 발화를 원시 발화로

삼았다. 친절한 발화와 무감정 발화의 억양 곡선은 다음과 같다.

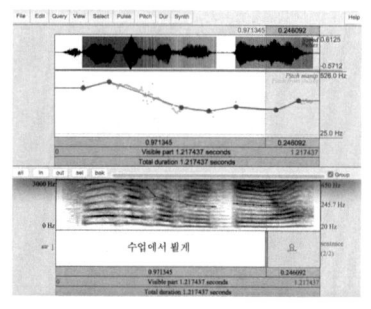 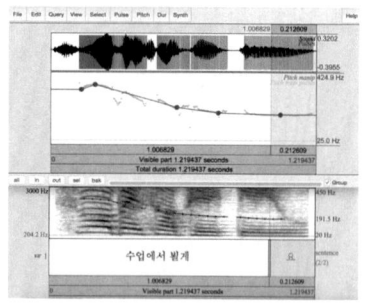

〈그림 3-53〉 친절한 발화　　　　〈그림 3-54〉 무감정 발화

그림을 통해서 알 수 있듯이 무감정 발화와 친절한 발화의 핵억양 패턴, 핵억양 기본주파수, 핵억양 지속 시간에 뚜렷한 차이가 나타났다. 본 연구는 무감정을 표현한 발화를 원시 발화로 활용하였다. 그 이유는 기존의 연구들에서 밝혔듯이 말토막 억양은 감정을 전달하는 데 핵심적인 역할을 수행하지 않으나 전달 감정에 따라 말토막 억양의 실현이 달라질 수 있기 때문이다. 본 연구에서 수집된 친절한 발화의 말토막 억양 기본주파수가 무감정 발화의 말토막 억양 기본주파수보다 높게 나타난 것이 그 예이다. 즉 친절한 감정을 전달하는 데 핵억양의 역할을 정확하게 밝히기 위하여 말토막 억양의 영향을 최소화시킬 필요가 있기 때문에 친절한 발화를 원시 발화로 활용하기보다는 무감정 발화를 원시 발화로 활용하는 것이 더 적당하다고 할 수 있다.

이어서 억양에 대한 조절 과정을 살펴보도록 하겠다. 우선 핵억양의 지속 시간에 대해서 살펴보도록 하겠다. 핵억양 지속 시간에 대한 학습자의 지각 양상과 산출 양상을 분석한 연구가 적지 않다. 그럼에도 불구하고 본 연구에서 이를 분석한 이유는 첫째, 학습자의 숙달도에 따른 습득 양상을 밝히기 위한 것이다. 둘째, 지속 시간에 대한 학습자와 모어 화자의 지각 범주 양상, 그리고 지각과 산출의 관계를 밝히기 위한 것이다. 한국인 발화에 대한 실험음성학 분석을 통하여 알 수 있듯이 무감정 발화의 핵억양 지속 시간은 0.21s이고 친절한 발화의 핵억양 지속 시간은 0.26s이다. 즉 일차적으로 핵억양 지속 시간에 대한 조절 범위를 0.20s-0.25s[64]로 설정할 필요가 있었다. 자극의 개수를 고려하여 이차적으로 양단의 자극을 각 3 단계씩 확대하여 '요'의 지속 시간에 대한 조절 범위를 0.05s-0.40s로 설정하였다. 그러나 0.05s는 매우 짧은 시간이기 때문에 '요'를 제대로 듣지 못했다는 의견이 많았다. 따라서 최종적으로 '요'의 지속 시간에 대한 조절 범위를 0.10s-0.40s로 설정하였다. 앞처럼 0.05s의 간격으로 총 7개의 자극을 작성하였다. 양극의 자극이 전달한 감정에 대한 한국인의 범주 판단을 진행한 결과 핵억양의 지속 시간이 0.10s인 경우 친절한 감정을 전달하지 못하였고, 0.40s인 경우 친절한 감정을 전달하였다.

이어서 핵억양의 패턴, 음높이 변화 정도, 기본주파수에 대해 살펴보도록 하겠다. 이 세 가지의 단서는 모두 음높이와 관련된다. 즉 음높이에 대한 조절을 통하여 이 세 가지의 단서에 대한 조절을 함께 진행할 수 있다. 다시 말해서 '요'의 기본주파수의 변화에 따라 핵억양의 음높이 변화 정도가 달라지고, 핵억양의 변화 정도의 변화에 따라 핵억양의 패턴도 내림조에서 수평조로, 수평조에서 오름조로 변한다. 따라서 본 연구는 '요'의 끝부분 음높이를 조절하여 핵억양의 패턴, 음높이 변화 정도, 기본주파수가 친절한 감정 전달에 미치는 영향을 밝히고자 하였다.

이어서 '요'의 음높이에 대한 조절 범위를 살펴보도록 하겠다. 무감정

---

64 계산의 편리 상 0.21-0.26s 아니라 0.20-0.25s로 설정하였다. Hirsch(1959:278)에서 두 개의 자극이 20ms(0.02s) 이상의 간격을 두어야 그들의 선후관계를 지각할 수 있다고 지적한 바에 미루어 보아, 0.01s(10ms)의 차이는 실험 결과에 영향을 미치지 않을 것이라고 판단하였다.

발화의 경우 수평조로 핵억양을 실현하였기 때문에 친절한 발화의 핵억양 음높이 변화를 조절 기준으로 삼았다. 친절한 발화의 경우 '요'의 음높이가 60HZ 정도로 증가하였기 때문에 '요'의 음높이 조절 범위를 ±60HZ로 조절하기로 하였다. 즉 원시 발화로 삼은 무감정을 표현한 발화에서 '요'의 음높이가 202.5HZ(계산의 편리 상 200HZ로 삼았음)이므로 무감정 발화의 '요'의 음높이에 대한 조절 범위는 140HZ-260HZ로 설정하였다. 10HZ의 간격으로 음높이를 조절한 13개의 자극을 작성하였다. 자극 연속체에서의 양단 자극에 대한 한국인 모어 화자의 범주 판단을 진행한 결과 서로 다른 감정을 전달하였다. 이상의 논의를 바탕으로 감정 및 태도의 전달 기능에 대한 자극을 다음과 같이 작성하였다.

〈표 3-46〉 감정 및 태도의 전달 기능에 대한 분석에서 활용한 자극 유형

목적	자극
친절한 감정을 표현하는 데 핵억양 지속 시간에 대한 지각 양상을 밝힘.	무감정을 표현한 발화의 핵억양 지속 시간을 0.05s의 간격으로 0.10s부터 0.40s까지 조절하여 7개의 자극을 작성하였음.
친절한 감정을 표현하는 데 핵억양 패턴과 음높이 변화 정도, 기본주파수에 대한 지각 양상을 밝힘.	무감정을 표현한 발화의 '요'의 음높이를 10HZ의 간격으로 140HZ부터 260HZ까지 조절하여 13개의 자극을 작성하였음.

3.3.2. 실험 절차

자극 연속체에서 인접하는 두 자극, 하나의 자극을 간격으로 두는 두 자극, 두 개의 자극을 간격으로 두는 두 자극을 활용하여 구별 실험의 자극쌍을 작성하였다. 앞처럼 음높이가 낮은 자극과 지속 시간이 짧은 자극을 먼저 제시하였고 하나의 자극쌍에 속한 두 자극을 500ms의 시간 간격으로 배정하였다.

지각 식별 실험에서 작성한 20개의 자극을 모두 활용하였다. 지각 결과

에 대한 선택 항목은 '친절한 감정을 전달했는지'만 설정하였고 자극의 자연성 판단을 제외하였다. 그 이유는 앞에서 제시된 핵억양의 다른 기능과 다르게 감정을 전달하는 데 핵억양뿐만 아니라 말토막 억양도 영향을 미칠 수 있기 때문이다. 즉 본 연구는 감정을 전달하는 데 핵심적이고 중요한 영향을 미치는 핵억양의 역할을 정확하게 분석하기 위하여 자극을 작성할 때 말토막 억양에 대한 조절을 진행하지 않았기 때문에 작성한 자극들은 전달하는 감정의 범주가 달라질 수 있으나 자연성이 떨어질 가능성이 높다. 이에 자극의 자연성에 대한 판단을 진행하지 않았다. 또한 앞서와 같이 모든 자극을 Excel의 랜덤 배열 기능을 활용하여 참여자에게 무작위 제시하였다. 이상의 논의를 바탕으로 감정 및 태도의 전달 기능에 대한 지각 실험 내용을 다음과 같이 정리하였다.

〈표 3-47〉 감정 및 태도의 전달 기능에 대한 지각 실험 내용

실험 유형	자극(쌍) 수	지각 결과
지각 구별 실험 (총 48개)	자극쌍 15개	끝음절인 '요'의 지속 시간이 같음 / 다름
	자극쌍 33개	끝음절인 '요'의 음높이가 같음 / 다름
지각 식별 실험 (총 20개)	자극 7개 (지속 시간에 대한 조절)	발화가 친절한 태도를 전달했는가.
	자극 13개 (음높이에 대한 조절)	발화가 친절한 태도를 전달했는가.

3.3.3. 지각 결과 분석

3.3.3.1. 핵억양의 지속 시간에 대한 지각 양상

핵억양의 지속 시간과 그에 따른 한국인이 친절한 발화로 식별한 결과에 대한 상관분석을 진행한 결과 상관계수가 .923(P=.003)으로 나타났다. 이는 핵억양의 지속 시간이 길어짐에 따라 한국인이 느끼는 친절성이

높아진다는 사실을 알려 준다.

아래 그림은 핵억양의 지속 시간을 조절한 자극에 대한 한국인의 지각 양상이다. 그림을 통해서 알 수 있듯이 식별 실험에서 지속 시간에 따른 식별 결과가 대체로 높아진 것으로 나타났으며 범주를 구별하는 지점의 위치가 0.15s(31.6%)와 0.20s(57.9%) 사이에 위치하였다. 구별 실험에 있어서 0.05s의 간격으로 둔 구별 실험에서의 0.15s와 0.20s(자극쌍2)에 대한 구별 결과, 0.10s의 간격으로 둔 구별 실험에서의 0.10s와 0.20s(자극쌍1), 그리고 0.15s와 0.25s(자극쌍2)에 대한 구별 결과, 0.15s의 간격으로 둔 구별 실험에서의 0.10s와 0.25s(자극쌍1), 0.15s와 0.30s(자극쌍2)에 대한 구별 결과를 확인한 결과 다른 자극쌍에 대한 구별 결과보다 낮은 경우도 있었다. 즉 한국인 모어 화자는 핵억양의 지속 시간에 대한 지각 범주화가 형성되지 않았다.

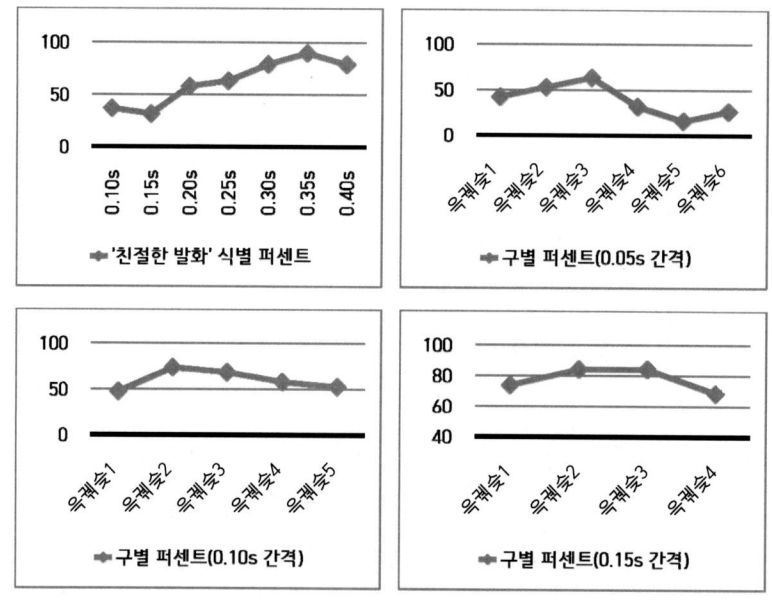

〈그림 3-55〉 핵억양 지속 시간에 대한 한국인의 지각 양상

이어서 학습자의 지각 양상을 살펴보도록 하겠다. 핵억양의 지속 시간과 그에 따른 초급 학습자가 친절한 발화로 식별한 결과에 대한 상관분석을 진행하자 상관계수가 .957(P=.001)로 나타났다. 즉 핵억양의 지속 시간이 길어짐에 따라 초급 학습자가 느끼는 친절성도 높아졌다.

아래 그림은 핵억양의 지속 시간을 조절한 자극에 대한 초급 학습자의 지각 양상이다. 그림을 통해서 알 수 있듯이 식별 결과가 대체로 S형으로 나타났고 범주를 구별하는 지점의 위치가 0.15s(42.1%)와 0.20s(57.9%) 사이에 위치하였다. 이에 따라 0.05s의 간격으로 둔 구별 실험에서 0.15s와 0.20s(자극쌍2)에 대한 구별 결과를 확인해 봐야 하고, 0.10s의 간격으로 둔 구별 실험에서 0.10s와 0.20s(자극쌍1), 그리고 0.15s와 0.25s(자극쌍2)에 대한 구별 결과를 확인해 봐야 하고, 0.15s의 간격으로 둔 구별 실험에서 0.10s와 0.25s(자극쌍1), 그리고 0.15s와 0.30s(자극쌍2)에 대

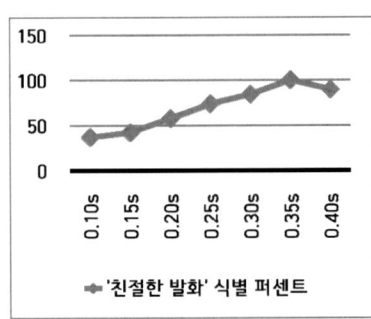
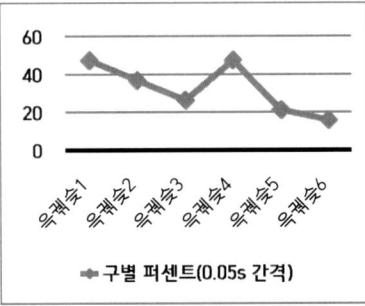
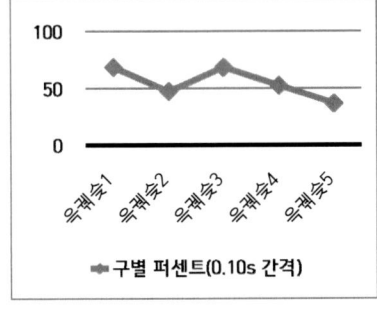
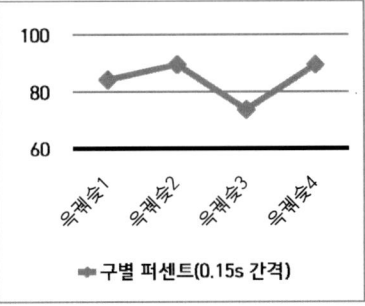

〈그림 3-56〉 핵억양 지속 시간에 대한 초급 학습자의 지각 양상

한 구별 결과를 확인해 봐야 한다. 그 결과에 따르면 초급 학습자는 핵억양의 지속 시간에 대한 지각 범주화가 형성되지 않았다.

이어서 중급 학습자의 지각 양상을 살펴보도록 하겠다. 핵억양의 지속 시간과 그에 따른 중급 학습자가 친절한 발화로 식별한 결과에 대한 상관 분석을 진행한 결과 상관계수가 .839(P=.018)이었다. 즉 둘 사이에 긴밀한 상관관계를 맺고 있었다. 아래 그림처럼 식별 결과가 대체로 S형으로 나타났고 범주를 구별하는 지점의 위치가 0.10s(36.8%)와 0.15s(57.9%) 사이에 위치하였다. 따라서 0.05s의 간격으로 둔 구별 실험에서 0.10s와 0.15s(자극쌍2)에 대한 구별 결과를, 0.10s를 간격으로 둔 구별 실험에서 0.10s와 0.20s(자극쌍1)에 대한 구별 결과를, 0.15s의 간격으로 둔 구별 실험에서 0.10s와 0.25s(자극쌍1)에 대한 구별 결과를 살펴봐야 한다. 그 결과 이상의 자극쌍에 대한 구별 결과가 같은 연속체에 속한 다른 자극쌍에 대한 구별 결과보다 낮은 경우가 있었다. 즉 중급 학습자도 핵억양의 지속 시간에 대한 지각 범주화가 형성되지 않았다.

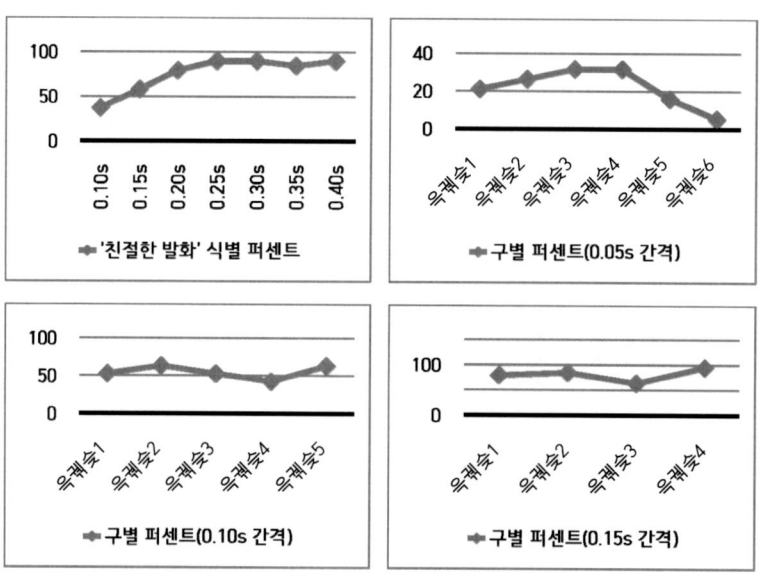

〈그림 3-57〉 핵억양 지속 시간에 대한 중급 학습자의 지각 양상

마지막으로 고급 학습자의 지각 양상을 분석하도록 하겠다. 핵억양의 지속 시간과 그에 따른 학습자가 친절한 발화로 식별한 비율에 대한 상관계수가 .885(P=.008)로 나타났다. 아래 그림은 지속 시간을 조절한 자극에 대한 학습자의 지각 양상이다. 그림처럼 식별 결과가 대체로 S형으로 나타났고 범주를 구별하는 지점의 위치가 0.15s(31.6%)와 0.20s(73.7%) 사이에 위치하였다. 이에 따라 0.05s의 간격으로 둔 구별 실험에서 0.15s와 0.20s(자극쌍2)에 대한 구별 결과를, 0.10s의 간격으로 둔 구별 실험에서 0.10s와 0.20s(자극쌍1), 그리고 0.15s와 0.25s(자극쌍2)에 대한 구별 결과를, 0.15s의 간격으로 둔 구별 실험에서 0.10s와 0.25s(자극쌍1), 그리고 0.15s와 0.30s(자극쌍2)에 대한 구별 결과를 확인해 봐야 한다. 그 결과에 따르면 고급 학습자는 핵억양의 지속 시간에 대한 지각 범주화가 형성되지 않았다.

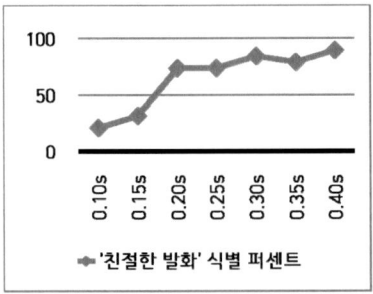
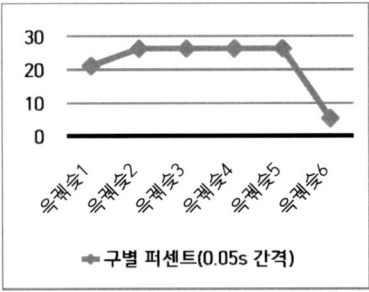
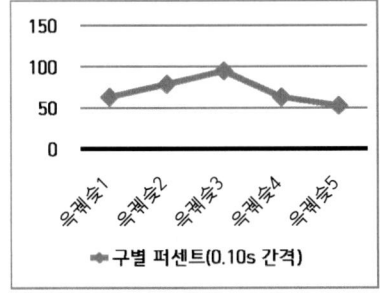
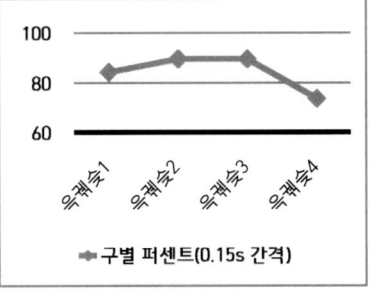

〈그림 3-58〉 핵억양 지속 시간에 대한 고급 학습자의 지각 양상

한국인 모어 화자와 중국인 학습자의 지각 양상을 비교한 결과는 다음 표와 같다. 표에서 제시한 것처럼 핵억양의 지속 시간이 길어짐에 따라 모든 집단이 친절한 발화로 지각한 비율이 높아졌다. 그러나 핵억양 지속 시간에 대하여 네 집단에게 모두 지각 범주화가 형성되지 않았다. 그 이유는 감정 판단에 있어서 주관적 영향이 크기 때문이라고 할 수 있다. 이 때문에 한국인이더라도 핵억양 지속 시간에 대한 지각 범주화가 형성되지 않았다. 또한 지각 범주화가 형성되지 않았으나 네 집단이 범주를 구별할 수 있는 지점의 위치는 비슷한 것으로 나타났다. 따라서 핵억양 지속 시간으로 친절한 발화를 식별하는 데 학습자가 큰 어려움을 겪지 않는다고 할 수 있다.

〈표 3-48〉 핵억양 지속 시간에 대한 한국인과 중국인의 지각 양상

	한국인	초급 학습자	중급 학습자	고급 학습자
핵억양 지속 시간의 영향을 받는가	O	O	O	O
지각 범주화가 형성됐는가	X	X	X	X
범주를 구별할 수 있는 지점의 위치	0.15-0.20s	0.15-0.20s	0.10-0.15s	0.15-0.20s

3.3.3.2. 핵억양 기본주파수에 대한 지각 양상

핵억양의 음높이, 즉 기본주파수의 변화와 그에 따른 한국인 모어 화자가 친절한 발화로 식별한 비율에 대한 상관분석을 진행한 결과 상관계수가 .891(P=.000)로 나타났다. 이는 핵억양의 기본주파수가 높아짐에 따라 한국인 모어 화자가 느끼는 친절성이 높아진다는 사실을 알려 준다.

아래 그림은 핵억양의 기본주파수를 조절한 자극에 대한 한국인의 지각 양상이다. 그림을 통해서 알 수 있듯이 식별 실험에서 음높이 변화에 따른 식별 결과가 대체로 S형으로 나타났고 식별 결과가 50%인 지점이

160HZ(36.8%)와 170HZ(57.9%) 사이에 있었다. 또한 10HZ의 간격일 때의 160HZ와 170HZ(자극쌍3)에 대한 구별 결과, 20HZ 간격일 때의 150HZ와 170HZ(자극쌍2), 그리고 160HZ와 180HZ(자극쌍3)에 대한 구별 결과, 30HZ의 간격일 때의 140HZ와 170HZ(자극쌍1)에 대한 구별 결과, 150HZ와 180HZ(자극쌍2)에 대한 구별 결과, 160HZ와 190HZ(자극쌍3)에 대한 구별 결과를 확인한 결과 이상의 자극쌍에 대한 구별 결과가 같은 자극 연속체에 속한 다른 자극쌍에 대한 구별 결과보다 낮은 경우가 있었다. 즉 한국인 모어 화자는 핵억양의 기본주파수에 대한 지각 범주화가 형성되지 않았다.

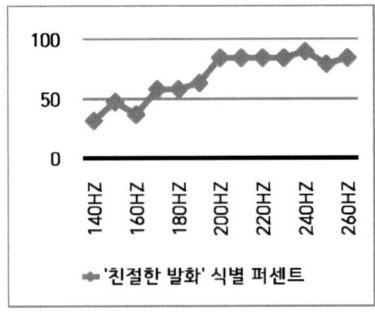
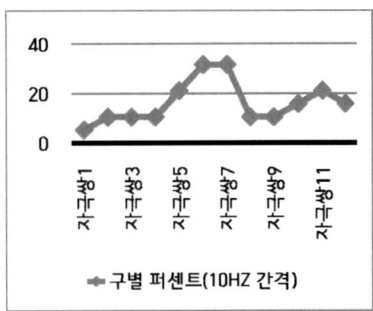
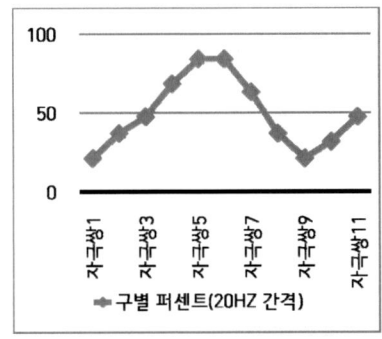
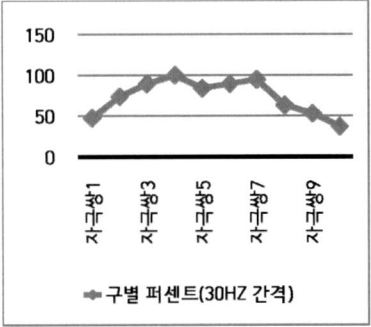

〈그림 3-59〉 핵억양 기본주파수에 대한 한국인의 지각 양상

이어서 학습자의 지각 양상을 살펴보도록 하겠다. 핵억양의 기본주파수와 그에 따른 초급 학습자가 친절한 발화로 식별한 비율에 대한 상관분석을 진행한 결과 상관계수가 .849(P=.000)이었다. 즉 핵억양의 기본주파수가 높아짐에 따라 초급 학습자가 느끼는 친절성도 높아졌다. 아래 그림은 핵억양의 기본주파수를 조절한 자극에 대한 초급 학습자의 지각 식별 양상이다. 그림을 통해서 알 수 있듯이 모든 자극에 대한 식별 비율이 50% 이상이었다.[65] 즉 초급 학습자가 기본주파수에 대한 지각 범주화가 형성되지 않았다. 또한 범주를 구별할 수 있는 지점이 존재한다면 그 지점의 위치가 140HZ 이하라는 것도 알 수 있다.

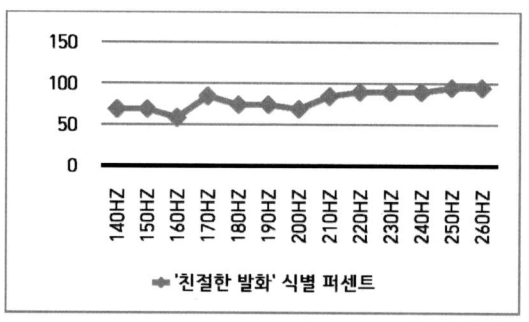

〈그림 3-60〉 핵억양 기본주파수에 따른 초급 학습자의 친절한 발화의 식별률

이어서 중급 학습자의 지각 양상을 확인하도록 하겠다. 핵억양의 기본주파수와 그에 따른 중급 학습자가 친절한 발화로 식별한 비율에 대한 상관분석을 진행하자 상관계수가 .838(P=000)로 나타났다. 즉 둘 사이에 긴밀한 상관관계가 존재하였다. 이어서 핵억양의 기본주파수에 대해 중급 학습자의 지각 식별 양상을 살펴보도록 하겠다. 아래 그림처럼 모든

---

65 모든 식별 결과가 50% 이상이므로 지각 구별 결과를 확인하지 않아도 지각 범주화가 형성되지 않는다고 할 수 있기 때문에 지각 구별 결과를 제시하지 않았다.

자극에 대한 중급 학습자의 친절한 발화의 식별 비율이 50% 이상이었기 때문에 중급 학습자에게도 음높이에 대한 지각 범주화가 형성되지 않는다. 또한 초급 학습자와 마찬가지로 중급 학습자에게 범주를 구별할 수 있는 지점이 존재한다면 그 지점의 위치는 140HZ 이하이다.

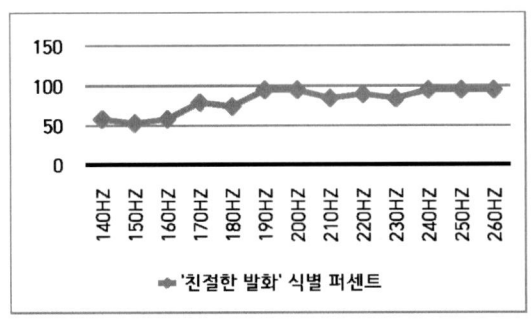

〈그림 3-61〉 핵억양 기본주파수에 따른 중급 학습자의 친절한 발화의 식별률

마지막으로 고급 학습자의 지각 양상에 대해 살펴보도록 하겠다. 핵억양의 기본주파수와 그에 따른 고급 학습자가 친절한 발화로 식별한 비율에 대한 상관분석을 진행한 결과 상관계수가 .855(P=.000)이었다. 이는 핵억양의 기본주파수가 높아짐에 따라 고급 학습자가 느끼는 친절성도 높아진다는 사실을 알려 준다.

아래 그림은 핵억양의 기본주파수를 조절한 자극에 대한 고급 학습자의 지각 양상이다. 그림을 통해서 알 수 있듯이 식별 결과가 대체로 S형으로 나타났고 범주를 구별하는 지점의 위치가 150HZ(42.1%)와 160HZ(52.6%) 사이에 있었다. 따라서 10HZ의 간격으로 둔 구별 실험에서 150HZ와 160HZ(자극쌍2)에 대한 구별률을 확인하여야 하고, 20HZ의 간격으로 둔 구별 실험에서 140HZ와 160HZ(자극쌍1), 그리고 150HZ와 170HZ(자극쌍2)에 대한 구별률을 확인해 봐야 하고, 30HZ의 간격으로 둔 구별 실험에서 140HZ와 170HZ(자극쌍1)에 대한 구별률, 그리고

150HZ와 180HZ(자극쌍2)에 대한 구별률을 확인해 봐야 한다. 그 결과 이상의 자극쌍에 대한 구별률이 다른 자극쌍에 대한 구별률보다 낮은 경우도 있었다. 즉 고급 학습자에게도 핵억양의 기본주파수에 대한 지각 범주화가 형성되지 않았다.

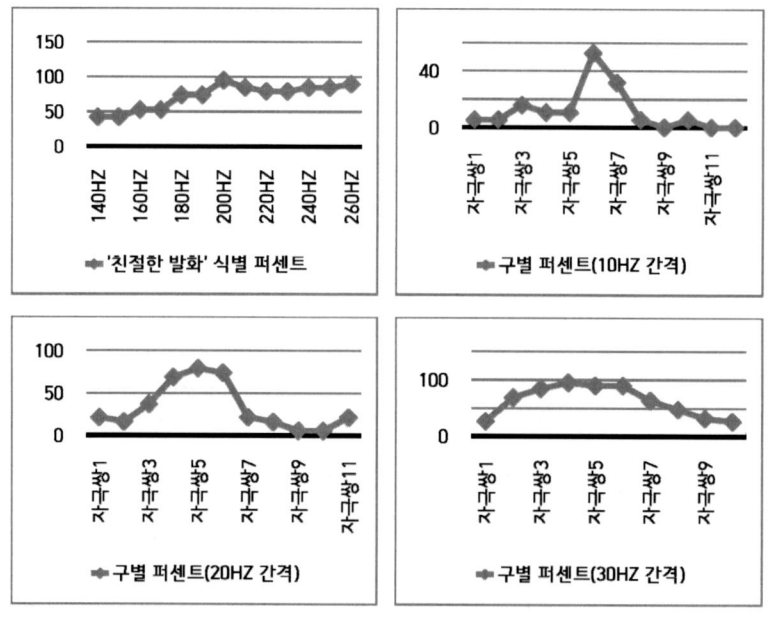

〈그림 3-62〉 핵억양 기본주파수에 대한 고급 학습자의 지각 양상

이어서 한국인 모어 화자와 중국인 학습자의 지각 양상을 비교해 보도록 하겠다. 아래 표에서 제시한 것처럼 핵억양의 기본주파수가 높아짐에 따라 모든 집단이 친절한 발화로 지각할 가능성이 높아졌다. 그러나 네 집단이 모두 핵억양 기본주파수에 대한 지각 범주화가 형성되지 않았다. 그 이유는 핵억양의 지속 시간에 대한 분석에서 논의한 것처럼 감정 판단에 있어서 청자의 주관적 영향이 크기 때문이라고 할 수 있다. 즉 감정을 식별하는 데 일정한 기준이 없다. 그러나 모든 집단에게 지각 범주화가

형성되지 않음에도 불구하고 범주를 구별할 수 있는 지점이 존재한다면 그 지점의 위치에 있어서 집단 간 큰 차이가 나타났다. 즉 학습자 집단이 친절한 발화로 지각하는 데 필요한 핵억양의 기본주파수가 한국인보다 낮은 것으로 나타났으며 학습자의 수준이 낮을수록 그러한 경향이 강해진다. 다시 말해서 한국인이 친절한 발화로 들리지 않는 발화를 학습자가 친절한 발화로 들릴 가능성이 있다.

〈표 3-49〉 핵억양 기본주파수에 대한 한국인과 중국인의 지각 양상

	한국인	초급 학습자	중급 학습자	고급 학습자
핵억양 기본주파수의 영향을 받는가	O	O	O	O
지각 범주화가 형성됐는가	X	X	X	X
범주를 구별할 수 있는 지점이 존재한다면 그 지점의 위치	160-170HZ	〈140HZ	〈140HZ	150-160HZ

3.3.3.3. 핵억양 패턴에 대한 지각 양상

기본주파수에 분석에서 네 집단이 모두 기본주파수의 상승에 따른 친절한 발화로 판단한 비율이 높아진 것으로 나타났다. 이는 내림조보다 오름조가 친절한 태도를 전달하는 데 더 중요한 역할을 하고 있음을 의미한다. 기본주파수가 상승하면서 핵억양의 패턴이 내림조로부터 오름조로 변하기 때문이다. 이 결론의 정확성을 확보하기 위하여 아래와 같이 통계 분석을 진행하였다.

'요'의 시작 기본주파수가 194.0HZ이므로 기본주파수가 140-190HZ인 자극의 패턴을 내림조로 분류하고 200-260HZ인 자극의 패턴을 오름조로 분류하였다. 두 가지의 통계분석을 진행했는데 하나는 집단 내 내림조와 오름조에 대한 친절 발화 식별 비율에 대한 독립표본 T검정이며 하나는

내림조와 오름조에 대한 네 집단의 친절 발화 식별 비율에 대한 ANOVA 분석이다. 결과는 다음 표와 같다. 표를 통해서 알 수 있는 점은 첫째, 모든 학습자가 친절한 발화를 지각하는 데 오름조의 역할을 충분히 인식할 수 있다. 오름조에 대한 친절 발화 식별률이 내림조에 대한 친절 발화 식별률보다 유의미하게 높게 나타났고, 오름조에 대한 한국인과 학습자의 친절 발화 식별률 사이에 유의미한 차이가 없었기 때문이다. 둘째, 초급 학습자와 중급 학습자가 내림조에 대한 친절 발화 식별률이 유의미하게 높은 것으로 나타났다. 이는 앞에서 밝혀진 초급 학습자와 중급 학습자에게 범주를 구별하는 음높이 지점이 존재한다면 그 지점의 가능한 위치가 한국인보다 훨씬 낮은 것으로 나타났기 때문이라고 할 수 있다. 이는 패턴의 측면에서 초급 학습자와 중급 학습자가 한국인이 친절한 발화로 지각하지 않을 발화를 친절한 발화로 지각할 가능성이 있으며 초급 학습자와 중급 학습자가 내림조와 친절 발화의 관계를 제대로 습득하지 못한다는 사실을 알려 준다.

〈표 3-50〉 내림조와 오름조에 대한 친절 발화 식별 퍼센트에 대한 독립표본 T검정 결과

집단	t	유의확률(양측)
한국인	-6.584	.001
초급 학습자	-3.277	.007
중급 학습자	-3.170	.020
고급 학습자	-4.609	.003

〈표 3-51〉 오름조에 대한 친절 발화 식별 퍼센트에 대한 ANOVA 분석 결과

비교 집단	비교 집단	평균차이	표준오차	유의확률
한국인	초급	-.030	.032	.364
	중급	-.068	.032	.052
	고급	-.008	.032	.819

〈표 3-52〉 내림조에 대한 친절 발화 식별 퍼센트에 대한 ANOVA 분석 결과

비교 집단	비교 집단	평균차이	표준오차	유의확률
한국인	초급	-.219	.077	.010
	중급	-.202	.077	.016
	고급	-.070	.077	.370

3.3.3.4. 핵억양의 음높이 변화 정도에 대한 지각 양상

핵억양 변화 정도에 대한 분석은 내림조와 오름조를 나눠서 진행할 필요가 있다. 앞 절에서 제시했듯이 내림조와 오름조가 전달하는 친절성이 서로 다른 것으로 나타났기 때문이다. 우선 내림조에 대해 살펴보도록 하겠다. 아래 표는 앞 절에서 분류된 내림조에 대한 음높이 변화 정도와 그에 따른 친절 발화 식별률에 대한 상관분석 결과이다. 표를 통해서 알수 있듯이 한국인 모어 화자의 경우 내림조일 때 음높이 변화 정도가 적을수록 친절한 발화로 지각할 가능성이 높아졌다. 학습자의 경우, 중급 학습자와 고급 학습자의 지각 양상이 한국인과 같은 것으로 나타났으나 초급 학습자에게 유의미한 상관관계가 나타나지 않았다. 즉 내림조일 때 핵억양의 음높이 변화 정도가 적을수록 전달된 발화의 친절성이 높아진다는 점에 대해서 초급 학습자가 느끼지 못하였다.

〈표 3-53〉 내림조의 음높이 변화 정도와 그에 따른 친절 발화 식별률에 대한 상관분석

	한국인	
		친절 발화 식별률
변화 정도	Person상관	-.883
	유의확률(양측)	.020
	N	6

초급 학습자		
		친절 발화 식별률
변화 정도	Person상관	-.425
	유의확률(양측)	.401
	N	6

중급 학습자		
		친절 발화 식별률
변화 정도	Person상관	-.891
	유의확률(양측)	.017
	N	6

고급 학습자		
		친절 발화 식별률
변화 정도	Person상관	-.939
	유의확률(양측)	.006
	N	6

이어서 오름조에 대하여 살펴보도록 하겠다. 아래 표는 오름조의 음높이 변화 정도와 그에 따른 친절 발화 식별률에 대한 상관분석 결과이다. 한국인 모어 화자의 경우 오름조일 때 음높이 변화 정도와 친절한 발화로 지각한 비율 간 유의미한 상관관계가 존재하지 않는 것으로 나타났다.[66] 학습자의 경우, 중급 학습자와 고급 학습자의 지각 양상이 한국인과 같은 것으로 나타났으나 초급 학습자에게 유의미한 상관관계가 나타났다. 즉

---

66 이는 앞에서 밝혀진 핵억양의 기본주파수가 높아짐에 따라 한국인이 느끼는 친절성도 높아진다는 결과에 어긋난 측면이 있다. 오름조로 실현된 경우에도 기본주파수가 높아짐에 따라 핵억양의 변화 정도가 높아지기 때문이다. 이러한 양상이 나타난 원인은 친절성을 전달하는 데 오름조의 역할이 음높이의 변화 정도나 기본주파수의 역할보다 중요하기 때문이라고 할 수 있다. 즉 핵억양이 오름조로 실현되기만 하면 친절한 태도를 충분히 전달할 수 있기 때문에 핵억양 패턴이 오름조일 때 핵억양의 변화 정도와 기본주파수가 친절한 감정을 지각하는 데 미치는 영향이 약화된다.

내림조와 다르게 오름조 같은 경우 핵억양의 음높이 변화 정도가 발화의 친절성에 큰 영향을 미치지 않았으나 핵억양 음높이가 올라가는 정도가 높아짐에 따라 초급 학습자가 느끼는 친절성이 높아졌다.

〈표 3-54〉 오름조의 음높이 변화 정도와 그에 따른 친절 발화 식별률에 대한 상관분석

	한국인	
		친절 발화 식별률
변화 정도	Person상관	-.134
	유의확률(양측)	.775
	N	7

	초급 학습자	
		친절 발화 식별률
변화 정도	Person상관	.852
	유의확률(양측)	.015
	N	7

	중급 학습자	
		친절 발화 식별률
변화 정도	Person상관	.405
	유의확률(양측)	.367
	N	7

	고급 학습자	
		친절 발화 식별률
변화 정도	Person상관	-.141
	유의확률(양측)	.763
	N	7

이상의 논의를 정리하자면 첫째, 핵억양이 내림조일 때 음높이 변화 정도가 적어짐에 따라 친절한 발화로 지각할 가능성이 높아지며 오름조일 때 음높이 변화 정도가 발화 친절성에 영향을 미치지 않는다. 둘째, 학습

자의 경우, 중급 학습자와 고급 학습자가 핵억양의 음높이 변화 정도가 친절한 발화로 지각하는 데 미치는 영향을 제대로 습득된 것으로 나타났으나 초급 학습자가 둘의 관계를 한국인처럼 파악하지 못하는 것으로 나타났다.

3.3.3.5. 감정 및 태도 전달에 관한 억양 단서들의 관계

이 절에서는 감정을 전달하는 데 단서들의 중요성에 대해 분석하도록 하겠다. 분석 대상은 식별 실험에서 사용한 7개의 자극(지속 시간: 0.10-0.40s, 기본주파수: 202.5HZ)에 대한 지각 결과, 그리고 기본주파수에 대한 식별 실험에서 사용한 13개 자극(지속 시간: 0.21s, 기본주파수: 140-260HZ)에 대한 참여자의 지각 결과이다. 아래 그림은 이 20개의 자극에 대한 지각 결과이다. 진한 색깔은 친절한 발화로 들리는 구역이고 연한 색깔은 불친절한 발화로 들리는 구역이다. 그림을 통하여 알 수 있듯이 학습자가 한국인의 친절한 발화를 지각하는 데 어려움이 없다. 학습자가 친절한 발화로 지각하는 범위가 한국인보다 넓게 나타났기 때문이다. 그러나 학습자가 한국인의 불친절한 발화를 친절한 발화로 지각할 가능성이 있다.

(한국인)   (초급 학습자)

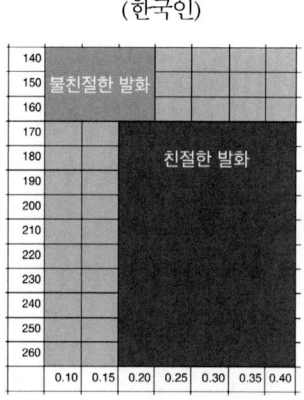
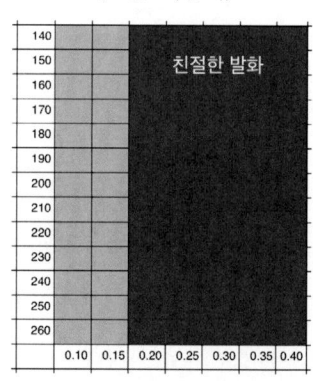

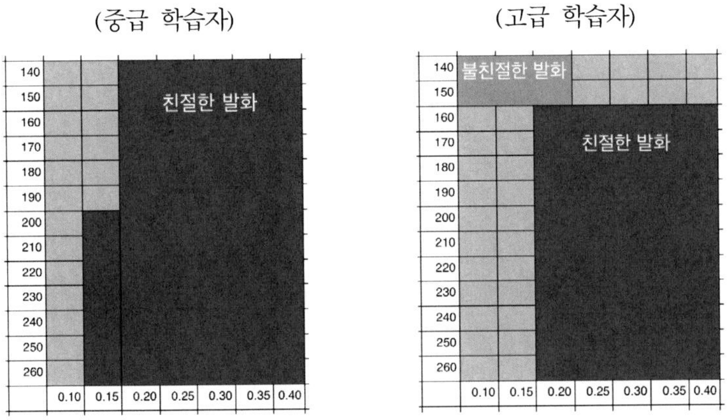

〈그림 3-63〉 지속 시간과 음높이에 따른 네 집단의 지각 양상

    이어서 식별 실험에서 사용한 7개의 자극(지속 시간: 0.10-0.40s, 기본 주파수: 202.5HZ)에 대한 지각 결과, 그리고 기본주파수에 대한 식별 실험에서 사용한 13개 자극(지속 시간: 0.21s, 기본주파수: 140-260HZ)에 대한 참여자의 지각 결과에 대한 선형회귀분석을 진행하였다. 독립 변인은 지속 시간과 기본주파수이며 종속 변인은 친절 발화의 식별률이다. 아래 표는 한국인의 지각 양상에 대한 선형회귀분석 결과이다. 표를 통해서 알 수 있듯이 한국인이 친절성을 지각하는 데 핵억양의 기본주파수가 핵억양의 지속 시간보다 더 큰 영향을 미쳤다(.686>.483). 그렇다면 기본주파수와 기본주파수에 관련된 패턴, 그리고 음높이 변화 정도의 관계가 어떠한가? 각주 71번에서 논의했듯이 핵억양이 오름조로 실현된 경우 억양 패턴의 역할이 가장 중요하다. 즉 친절한 태도를 전달하는 데 핵억양 패턴, 기본주파수, 음높이 변화 정도 중 오름조인 핵억양 패턴이 가장 핵심적인 역할을 수행한다고 할 수 있다.

    또한 핵억양 지속 시간과 결합하여 친절한 감정 전달에 관한 억양 단서들의 관계를 정리하자면 첫째, 핵억양 패턴이 오름조인 경우, 다른 단서가 어떻게 변하는지와 상관없이 한국인이 친절한 발화로 들릴 가능성이 높다. 둘째, 핵억양 패턴이 내림조인 경우 발화의 친절성을 높이는 데 핵억양의 기본주파수와 음높이 변화 정도가 핵억양의 지속 시간보다 중요한 역할을 수행한다. 셋째, 핵억양 패턴이 수평조인 경우, 친절한 태도를 전달하는 데 기본주파수의 역할이 지속 시간보다 중요하다. 기본의 연구에서 친절성과 핵억양의 지속 시간의 관계에 대해 많이 논의하였으나 본 연구의 결과에 따르면 발화 친절성에 있어서 핵억양의 패턴과 기본주파수가 더 중요한 역할을 한다.

〈표 3-55〉 지속 시간, 기본주파수, 친절한 발화의 식별률에 대한 선형회귀분석(한국인)

모형		표준화 계수 베타	t	유의확률
1	상수		-3.022	.008
	지속 시간	.483	3.715	.002
	기본주파수	.686	5.280	.000

학습자의 지각 양상에 대한 분석 결과는 다음 표와 같다. 표를 통해서 알 수 있듯이 모든 학습자 집단이 친절한 감정을 지각하는 데 핵억양의 지속 시간과 기본주파수가 영향을 미쳤다. 그러나 한국인과 중급 학습자, 그리고 고급 학습자와 달리 초급 학습자에게는 핵억양 지속 시간의 영향이 더 큰 것으로 나타났다(.616〉.444).

〈표 3-56〉 지속 시간, 기본주파수, 친절한 발화의 식별률에 대한 선형회귀분석(초급)

모형		표준화 계수 베타	t	유의확률
1	상수		-.575	.573
	지속 시간	.616	3.934	.001
	기본주파수	.444	2.836	.011

〈표 3-57〉 지속 시간, 기본주파수, 친절한 발화의 식별률에 대한 선형회귀분석(중급)

모형		표준화 계수 베타	t	유의확률
1	상수		-.816	.426
	지속 시간	.474	3.049	.007
	기본주파수	.597	3.838	.001

〈표 3-58〉 지속 시간, 기본주파수, 친절한 발화의 식별률에 대한 선형회귀분석(고급)

모형		표준화 계수 베타	t	유의확률
1	상수		-1.532	.144
	지속 시간	.415	2.459	.025
	기본주파수	.581	3.440	.003

3.3.3.6. 학습자의 지각 능력

이 절에서는 친절한 발화와 불친절한 발화에 대한 학습자의 지각 능력을 분석하도록 하겠다. 한국인 모어 화자가 핵억양의 음높이와 지속 시간에 대한 지각 범주화가 형성되지 않았으나 50%인 지각 식별 결과가 하나밖에 없어서 학습자의 지각 능력을 분석하는 데 한국인의 범주를 구별할 수 있는 지점의 위치를 활용하는 것이 큰 문제가 없다고 판단하였다. 따라서 핵억양의 지속 시간이 0.10-0.15s인 자극, 그리고 기본주파수가 140-160HZ인 자극에 대한 자극 결과를 통하여 불친절한 발화에 대한 지각 능력을 확인하였고, 핵억양의 지속 시간이 0.20-0.40s인 자극, 그리고 기본주파수가 170-260HZ인 자극에 대한 지각 결과를 통하여 친절한 발화에 대한 지각 능력을 확인하였다.

아래 표는 친절한 발화와 불친절한 발화에 대한 네 집단의 지각 결과에 대한 ANOVA 분석 결과이다. 표를 통해서 알 수 있듯이 친절한 발화에 대한 네 집단의 지각 결과 간 유의미한 차이가 나타나지 않았으나 불친절한 발화에 대한 초급 학습자의 지각 결과가 다른 집단보다 유의미하게 낮은 것으로 나타났다. 즉 불친절한 발화에 대해서 초급 학습자가 친절한 발화로 지각할 가능성이 있다. 초급 학습자에게 이러한 양상이 나타난 원인은 앞에서 밝혀진 핵억양 패턴, 기본주파수, 음높이 변화 정도에 대한 초급 학습자의 지각 양상, 그리고 초급 학습자에게 친절성을 전달하는 데 핵심적 영향을 미치는 억양 단서가 다른 집단과 다르게 나타났다는 점에서 찾을 수 있다.

〈표 3-59〉 친절한 발화에 대한 네 집단의 지각 결과에 대한 ANOVA 분석 결과

비교 집단	비교 집단	평균차이	표준오차	유의확률
한국인	초급	-.046	.073	.533
	중급	-.091	.073	.214
	고급	.004	.073	.961

〈표 3-60〉 불친절한 발화에 대한 네 집단의 지각 결과에 대한 ANOVA 분석 결과

비교 집단	비교 집단	평균차이	표준오차	유의확률
한국인	초급	.242	.112	.034
	중급	.126	.112	.264
	고급	-.011	.112	.925

4. 말토막 억양과 핵억양의 산출 양상

이 절에서는 한국인과 학습자의 발화를 분석하여 각 기능에 대한 억양 산출 양상을 분석하는 데 목적을 두었다. 참여자의 발화를 수집하기 위하여 앞에서 제시된 각 기능에 대한 한국인 원시 발화를 수집하는 데 사용한 녹음 자료를 다시 사용하였고, 총 1140개 발화(76참여자 * 15문장)를 수집하였다. 수집된 발화에 대한 실험음성학적 분석과 한국인 모어 화자의

청취평가를 진행하였다. 실험음성학적 분석을 진행한 이유는 각 억양 단서의 실현 양상을 객관적으로 밝히기 위한 것이다. 한국인 모어 화자의 청취평가를 진행한 이유는 첫째, 학습자가 상황에 맞게 억양을 실현할 수 있는지를 평가하기 위한 것이고, 둘째, 한국인과 학습자의 발화 양상의 차이가 과연 학습자의 발화 정확도에 영향을 미칠 수 있는지를 분석하기 위한 것이다. 이를 위해서 서울 출신인 20대 한국인 모어 화자 5명이 학습자의 발화의 정확성에 대한 청취평가를 진행하였다. 평가 내용은 학습자가 제시한 상황에 맞게 제대로 발화했는가이다. 5명 중 학습자가 제대로 발화했다고 판단한 비율로 학습자의 산출 능력을 표시하였다.

4.1. 말토막 억양의 산출 양상

4.1.1. 문장 초점의 전달 기능의 산출 양상

문장 초점의 전달 기능에 대하여 참여자가 '엄마'를 초점으로, 그리고 초점이 아닌 것으로 '엄마랑 영화 보러 가요'란 문장을 발화하였다. 이어서 '엄마'가 초점인 경우와 그렇지 않은 경우 네 집단의 발화에서 나타난 '엄마'의 최고점 음높이와 지속 시간, 그리고 말토막 억양 경계 해지 현상이 어떻게 실현되었는지를 분석하도록 하겠다. 우선 최고점 음높이의 변화를 살펴보도록 하겠다.

아래 표는 초점일 경우 네 집단이 실현된 '엄마'의 최고점 음높이와 초점이 아닐 경우 네 집단이 실현된 '엄마'의 최고점 음높이에 대한 대응표본 T검정 분석 결과이다. 보다시피 한국인 집단과 세 가지의 중국인 학습자 집단에 있어서 초점이 실현될 때의 최고점 음높이가 그렇지 않을 때의 최고점 음높이보다 모두 유의미하게 높은 것으로 나타났다. 이는 한국인과 중국인 학습자가 모두 최고점 음높이의 조절을 통하여 초점을 실현했다는 것을 알려 준다.

<표 3-61> 초점일 경우와 초점이 아닐 경우의 '엄마' 최고점 음높이에 대한 대응표본 T검정 분석 결과

집단	대응	평균	평균의 표준오차	유의확률(양측)
한국인	초점이 아님-초점임	-20.116	4.568	.000
초급	초점이 아님-초점임	-18.074	4.724	.001
중급	초점이 아님-초점임	-39.258	6.610	.000
고급	초점이 아님-초점임	-26.158	4.988	.000

그렇다면 집단 간 차이가 있는가? 다시 말해서 초점일 경우의 최고점 음높이와 초점이 아닐 경우의 최고점 음높이의 변화 차이에 있어 네 집단 간 차이가 나타났는가? 이를 밝히기 위하여 네 집단이 실현된 두 개의 최고점 음높이의 차이에 대한 ANOVA 분석을 진행하였다. 결과는 다음 표와 같다. 표를 통해서 알 수 있듯이 한국인과 초급 학습자, 그리고 고급 학습자 간 유의미한 차이가 없었으나 중급 학습자가 실현된 음높이 차이가 다른 세 집단보다 유의미하게 높았다. 중급 학습자가 실현된 음높이 차이가 다른 집단과 차이가 있었으나 낮은 것이 아니라 높은 것으로 나타났기 때문에 초점 실현에 부정적 영향을 미치지 않을 것이라고 할 수 있다. 중급 학습자에게 이러한 양상이 나타난 원인은 학습자의 U자형 발전 과정으로 설명할 수 있다. U자형 발전 과정이란 중급 학습자가 초급 단계에서 습득된 내용을 과잉하게 활용하기 때문에 중급 학습자가 범한 오류가 초급 학습자보다 많으며 습득 정도가 낮은 것으로 나타난다. 그러나 학습 시간이 길어짐에 따라 이러한 과잉 활용이 감소되면서 습득 정도가 다시 높아진다. 즉 중급 학습자가 의미가 제대로 전달된 것을 확보하기 위하여 최고점 음높이를 과도하게 높게 실현되었기 때문에 초급 학습자와 고급 학습자가 실현된 음높이 차이보다 유의미하게 높은 것으로 나타났다고 할 수 있다.

〈표 3-62〉 초점일 경우의 최고점 음높이와 초점이 아닐 경우의 최고점 음높이의 차이에 대한 ANOVA 분석

집단		평균차이	평균오차	유의확률
한국인	초급	2.042	7.475	.785
	중급	-19.142	7.475	.013
	고급	-6.042	7.475	.422
초급	중급	-21.184	7.475	.006
	고급	-8.084	7.475	.283
중급	고급	13.100	7.475	.042

이어서 초점 부분의 지속 시간의 변화를 살펴보도록 하겠다. 아래 표는 초점일 경우 네 집단이 실현된 '엄마'의 지속 시간과 초점이 아닐 경우 네 집단이 실현된 '엄마'의 지속 시간에 대한 대응표본 T검정 분석 결과이다. 한국인 집단과 세 가지의 중국인 학습자 집단에 있어서 초점이 실현될 때의 지속 시간이 그렇지 않을 때의 지속 시간보다 모두 유의미하게 긴 것으로 나타났다. 즉 한국인과 중국인 학습자가 모두 지속 시간의 조절을 통하여 초점을 실현하였다.

〈표 3-63〉 초점일 경우와 초점이 아닐 경우의 '엄마' 지속 시간에 대한 대응표본 T검정 분석 결과

집단	대응	평균	평균의 표준오차	유의확률(양측)
한국인	초점이 아님-초점임	-.094	.016	.000
초급	초점이 아님-초점임	-.055	.012	.000
중급	초점이 아님-초점임	-.034	.010	.003
고급	초점이 아님-초점임	-.074	.012	.000

집단 간 차이가 존재했는지를 밝히기 위하여 다음 표와 같이 ANOVA 분석을 진행하였다. 표를 통해서 알 수 있듯이 초급 학습자와 중급 학습자

가 지속 시간을 조절하여 초점을 실현하였으나 초급 학습자와 중급 학습자가 실현된 두 개의 지속 시간의 차이가 한국인이 실현된 지속 시간의 차이보다 짧았다.

〈표 3-64〉 초점일 경우의 지속 시간과 초점이 아닐 경우의 지속 시간의 차이에 대한 ANOVA분석

집단		평균차이	평균오차	유의확률
한국인	초급	.039	.018	.034
	중급	.059	.018	.001
	고급	.019	.018	.282

이어서 지속 시간과 최고점 음높이 중 학습자의 산출 정확도에 보다 큰 영향을 미친 요소가 무엇인지를 분석하도록 하겠다. 이를 밝히기 위하여 지속 시간의 변화와 최고점 음높이의 변화, 그리고 산출 정확도에 대한 선형회귀분석을 진행하였다. 독립 변인은 지속 시간과 최고점 음높이이고 종속 변인은 산출 정확도이다. 결과는 다음 표와 같다. 결과를 통해서 알 수 있듯이 최고점 음높이의 변화가 훨씬 더 중요한 역할을 하였다 (.452〉-.096).

〈표 3-65〉 지속 시간, 최고점 음높이, 산출 정확도에 대한 선형회귀분석

모형	표준화 계수 베타	t	유의확률
상수		11.510	.000
최고점 음높이	.452	3.573	.001
시간	-.096	-.761	.450

이어서 말토막 억양 경계 해지 현상을 살펴보도록 하겠다. 초점이 실현되지 않은 경우, 2명의 초급 학습자 외 나머지 참여자의 발화에서 모두

말토막 억양 경계 해지 현상이 실현되지 않았다. 초점이 실현된 경우, 36.8%의 한국인 모어 화자, 31.6%의 초급 학습자, 63.2%의 중급 학습자, 52.6%의 고급 학습자의 발화에서 말토막 억양 경계 해지 현상이 실현되지 않았다. 즉 지각에 대한 분석과 마찬가지로 말토막 억양 경계 해지 현상은 초점을 실현하는 필수적 조건이 아니다.

그러나 여기서 유의할 점은 말토막 억양 경계 해지가 나타나지 않을 때의 미해지의 정도(전후 말토막의 최고점 음높이 차이)이다. 지각에 대한 분석을 통하여 알 수 있듯이 그 정도에 따라 문장 초점의 개수가 달라질 수 있기 때문이다. 이를 분석하기 위하여 초점을 실현한 참여자의 발화 중 말토막 억양 경계 해지 현상이 나타나지 않은 발화에서의 전후 말토막의 최고점 음높이 차이에 대한 ANOVA 분석을 진행하였다. 아래 표를 통하여 알 수 있듯이 네 집단 간 유의미한 차이가 나타나지 않았다. 즉 산출에서는 학습자가 말토막 억양 경계 해지와 초점의 관계를 제대로 표현할 수 있었다고 할 수 있다.

〈표 3-66〉 전후 말토막의 최고점 음높이 차이에 대한 ANOVA 분석(다중비교)

집단		평균차이	평균오차	유의확률
한국인	초급	15.325	13.405	.262
	중급	9.000	15.681	.570
	고급	1.850	13.890	.895
초급	중급	-6.325	14.093	.657
	고급	-13.475	12.069	.273
중급	고급	-7.150	14.555	.627

마지막으로 학습자의 초점 발화 정확도과 초점이 없는 발화 정확도에 대한 ANOVA 분석을 진행하였다. 결과는 다음 표와 같다. 표에서 제시했듯이 집단 간에 있어서 초·중·고급 학습자의 초점 발화 정확도과 초점

이 없는 발화 정확도 간 유의미한 차이가 없었으나 집단 내에 있어서 세 집단의 초점이 없는 발화의 정확도(평균 49.4%)가 모두 초점 발화의 정확도(평균 86.1%)보다 유의미하게 낮았다. 이는 초점이 없는 발화의 정확한 산출은 학습자에게 더 어렵다는 점을 알려 준다.

〈표 3-67〉 초점 발화의 산출 정확도에 대한 ANOVA분석(다중비교)

집단		평균차이	평균오차	유의확률
초급	중급	-.089	.083	.284
	고급	-.079	.083	.344
중급	고급	.011	.083	.899

〈표 3-68〉 초점이 없는 발화의 산출 정확도에 대한 ANOVA분석(다중비교)

집단		평균차이	평균오차	유의확률
초급	중급	-.011	.069	.880
	고급	0.42	.069	.546
중급	고급	.053	.069	.450

〈표 3-69〉 초점이 없는 발화의 정확도과 초점 발화의 정확도에 대한 독립표본 T검정 결과

	t	유의확률(양측)
초급	-1.992	.035
중급	-3.298	.002
고급	-4.796	.000

이러한 초점이 없는 발화의 산출 정확도가 낮은 원인을 밝히기 위하여 초점이 실현되지 않을 경우 한국인과 중국인이 실현된 '엄마' 부분의 최고점 음높이와 지속 시간에 대한 ANOVA 분석을 진행하였다. 아래 표처럼 학습자 집단과 한국인이 실현된 지속 시간에 차이가 없었으나 세 가지의

학습자 집단이 실현된 최고점 음높이가 한국인보다 유의미하게 높았다. 즉 최고점 음높이의 부적절한 실현이 초점이 없는 발화에 대한 학습자의 산출 정확도가 낮게 나타난 주된 원인이라 할 수 있다.

〈표 3-70〉 초점이 아닐 경우 최고점 음높이에 대한 ANOVA 분석

집단		평균차이	평균오차	유의확률
한국인	초급	-57.905	14.878	.000
	중급	-51.890	14.878	.001
	고급	-47.595	14.878	.002
초급	중급	6.016	14.878	.687
	고급	10.311	14.878	.491
중급	고급	4.295	14.878	.774

〈표 3-71〉 초점이 아닐 경우 지속 시간에 대한 ANOVA 분석

집단		평균차이	평균오차	유의확률
한국인	초급	-.007	.019	.714
	중급	-.022	.019	.239
	고급	-.017	.019	.354

이상의 논의를 정리하자면 첫째, 한국인 모어 화자와 중국인 학습자가 초점을 실현하는 데 최고점 음높이와 지속 시간이 모두 영향을 끼쳤으나 최고점 음높이의 변화가 학습자의 발화 산출 정확률에 더 중요한 영향을 끼쳤다. 둘째, 말토막 억양 경계 해지는 초점 실현의 필수적 조건이 아니며 학습자가 말토막 억양 경계 해지와 초점의 관계를 제대로 표현할 수 있었다. 셋째, 최고점 음높이를 한국인보다 높게 실현했다는 것은 초점이 없는 발화에 대한 학습자의 산출 정확도가 초점 발화에 대한 학습자의 산출 정확도보다 낮게 나타난 주된 원인이고 교육에서 초점이 없는 발화

에 대한 산출 정확도를 향상시켜야 한다.

4.1.2. 말토막 억양 경계의 의미 전달 기능의 산출 양상

이 절에서는 네 집단이 발화된 '키가 큰 아버지가 회사에 다닌다.', '큰아버지는 아버지보다 나이가 많은 형제이다.', '키가 큰 할아버지가 회사에 다닌다.', '큰할아버지는 할아버지보다 나이가 많은 형제이다.'란 네 개의 문장에 대한 실험음성학적 분석을 진행하였고 학습자의 산출 능력을 밝혔다. 우선 '큰'과 '아'의 음높이 차이에 초점을 둔 '큰 아버지'와 '큰아버지'에 대해서 분석하도록 하겠다. 아래 표는 네 집단이 발화된 '키가 큰 아버지가 회사에 다닌다.'에서의 '큰'과 '아'의 음높이 차이와 '큰아버지는 아버지보다 나이가 많은 형제이다.'에서의 '큰'과 '아'의 음높이 차이에 대한 대응표본 T 검정 결과이다. 표를 통해서 한국인과 중급 학습자, 그리고 고급 학습자가 실현된 두 개의 음높이 차이에 유의미한 차이가 존재한다는 점을 알 수 있다.

〈표 3-72〉 '큰 아버지'와 '큰아버지'의 '큰'과 '아'의 음높이 차이에 대한 대응표본 T검정

집단	대응	평균	평균의 표준오차	유의확률 (양측)
한국인	큰아버지-큰 아버지	-82.300	7.813	.000
초급	큰아버지-큰 아버지	-11.068	6.670	.116
중급	큰아버지-큰 아버지	-42.026	10.832	.001
고급	큰아버지-큰 아버지	-55.295	12.887	.000

이어서 한국인과 중급 학습자, 그리고 고급 학습자가 실현된 음높이 차이 간 차이가 존재했는지를 밝히기 위하여 아래 표처럼 ANOVA 분석을 진행하였다. 표를 통해서 알 수 있듯이 한국인과 중급 학습자, 그리고 고급 학습자가 모두 전후 말토막의 음높이 차이를 조절하여 합성명사와

관계절을 구분하여 발화했으나 '큰아버지'를 발화할 때 한국인의 음높이 차이가 중급과 고급 학습자보다 유의미하게 낮은 것으로 나타났고 중급 학습자와 고급 학습자 사이에 유의미한 차이가 없었다. 이와 달리 관계절인 '큰 아버지'의 '큰'과 '아'의 음높이 차이에 있어서 세 집단 간 유의미한 차이가 나타나지 않았다. 이상의 결과를 통하여 아래와 같은 결론을 내릴 수 있다. 첫째, 관계절의 전후 말토막의 음높이 차이를 실현하는 데 학습자가 어려움을 겪지 않았다. 둘째, 중급 학습자와 고급 학습자가 합성어와 관계절의 음높이 차이를 인식할 수 있었으나 합성어인 '큰아버지'의 '큰'과 '아'의 음높이 차이를 한국인처럼 발화하지 못하였다. 또한 초급 학습자가 전후 말토막의 음높이 차이를 조절하여 합성어를 발화하지 못했다는 점을 고려하면 학습자가 합성어 발화에 큰 어려움을 겪는다고 할 수 있다.

〈표 3-73〉 '큰아버지'의 '큰'과 '아'의 음높이 차이에 대한 ANOVA 분석

집단		평균차이	표준오차	유의확률
한국인	중급	-47.995	12.746	.000
	고급	-38.084	12.746	.004
중급	고급	9.911	12.746	.439

〈표 3-74〉 '큰 아버지'의 '큰'과 '아'의 음높이 차이에 대한 ANOVA 분석

집단		평균차이	포준오차	유의확률
한국인	초급	3.505	10.110	.730
	중급	-7.721	10.110	.448
	고급	-11.079	10.110	.277
초급	중급	-11.226	10.110	.271
	고급	-14.584	10.110	.153
중급	고급	-3.358	10.110	.741

이어서 '큰 아버지'와 '큰아버지'에 대한 학습자의 산출 정확도를 살펴보도록 하겠다. 아래 표를 통해서 알 수 있듯이 학습자의 수준에 따른 합성어 산출 정확도 간 유의미한 차이가 나타나지 않았다. 또한 학습자의 평균 산출 정확도는 초급 학습자에게 44.2%로, 중급 학습자에게 52.6%로, 고급 학습자 62.1%로 나타났듯이 합성어에 대한 산출 정확도가 낮았다. 따라서 앞에서 밝혀진 학습자가 산출된 '큰아버지'의 '큰'과 '아'의 음높이 차이가 한국인보다 높다는 것은 학습자의 산출 정확도에 부정적 영향을 끼쳤다고 할 수 있다.

〈표 3-75〉 학습자 집단의 '큰아버지' 산출 정확도에 대한 AVOVA 분석

집단		평균차이	표준오차	유의확률
초급	중급	-.084	.103	.419
	고급	-.179	.103	.090
중급	고급	-.095	.103	.364

또한 아래 표에서 제시했듯이 '큰 아버지'에 대한 세 집단의 산출 정확도 간 유의미한 차이가 없었다. 그리고 '큰 아버지'에 대한 초급 학습자의 산출 정확도가 93.7%, 중급 학습자의 산출 정확도가 88.4%, 고급 학습자의 산출 정확도가 90.5%로 나타났듯이 관계절 산출에 대한 학습자의 습득 정도가 높았다.

〈표 3-76〉 학습자 집단의 '큰 아버지' 산출 정확도에 대한 AVOVA 분석

집단		평균차이	표준오차	유의확률
초급	중급	.053	.054	.335
	고급	.032	.054	.562
중급	고급	-.021	.054	.698

이어서 선행 말토막의 음절말 장음화에 초점을 둔 '큰할아버지'와 '큰 할아버지'에 대한 분석 결과를 살펴보도록 하겠다. 아래 표는 네 집단이 실현된 '큰할아버지'와 '큰 할아버지'의 '큰'의 지속 시간에 대한 대응표본 T검정 결과이다. 표를 통해서 알 수 있듯이 한국인에게 선행 말토막의 끝음절 장음화는 합성어와 관계절을 구분하는 기준이 아니다. 두 개의 지속 시간 간 유의미한 차이가 존재하지 않았기 때문이다. 학습자의 경우, 초급 학습자와 고급 학습자의 산출 양상이 한국인과 같았으나 중급 학습자에게 유의미한 차이가 나타났다. 그러나 이를 학습자 오류로 간주하지 않았다. 합성어와 관계절의 선행 말토막의 지속 시간 간 차이가 존재한다는 기존의 연구 결과(김태경·이필영, 2012)가 있었기 때문이다. 중급 학습자에게 이러한 양상이 나타난 원인은 앞에서 언급한 U자형 발전 과정으로 설명할 수 있다. 즉 중급 학습자가 한국인의 합성어와 관계절 발화에서 이러한 지속 시간의 차이가 존재할 수도 있다는 점을 인식하여 자기의 발화에 과도하게 적용시켰다고 할 수 있다. 그러나 학습 기간이 길어짐에 따라 이러한 지속 시간의 차이가 필수적이지 않다는 점을 인식하여 고급 학습자가 되고 나서 오히려 두 개의 지속 시간 간 유의미한 차이가 없어진 것으로 나타났다.

〈표 3-77〉 '큰할아버지'와 '큰 할아버지'의 '큰'의 지속 시간에 대한 대응표본 T검정

집단	대응	평균	평균의 표준오차	유의확률 (양측)
한국인	큰할아버지-큰 할아버지	-.033	.023	.157
초급	큰할아버지-큰 할아버지	.003	.012	.789
중급	큰할아버지-큰 할아버지	-.044	.015	.009
고급	큰할아버지-큰 할아버지	.006	.017	.739

이어서 '큰할아버지'와 '큰 할아버지'에 대한 학습자의 산출 정확도를

살펴보도록 하겠다. 아래 표에서 제시했듯이 '큰할아버지'에 대한 학습자 집단의 산출 정확도 간 유의미한 차이가 나타나지 않았다. 그러나 초급 학습자의 평균 산출 정확도가 51.5%, 중급 학습자의 평균 산출 정확도가 51.6%, 고급 학습자의 평균 산출 정확도가 61.1%이므로 '큰할아버지'를 정확히 산출하는 데 학습자가 어려움을 겪었다. '큰할아버지'와 다르게 '큰 할아버지'에 대한 초급 학습자의 산출 정확도가 84.2%로, 중급 학습자의 산출 정확도가 91.6%로, 고급 학습자의 산출 정확도가 93.7%로 나타났으며 아래 표처럼 학습자 집단 간 유의미한 차이가 없었기 때문에 관계절인 '큰 할아버지'를 산출하는 것이 학습자에게 어려운 일이 아니라고 할 수 있다.

〈표 3-78〉 학습자 집단의 '큰할아버지' 산출 정확도에 대한 AVOVA 분석

집단		평균차이	표준오차	유의확률
초급	중급	.000	.892	1.000
	고급	-.095	.892	.293
중급	고급	-.095	.892	.293

〈표 3-79〉 학습자 집단의 '큰 할아버지' 산출 정확도에 대한 AVOVA 분석

집단		평균차이	표준오차	유의확률
초급	중급	-.074	.048	.133
	고급	-.095	.048	.055
중급	고급	-.021	.048	.665

앞에서 제시했듯이 '큰할아버지'에 대한 학습자의 산출 정확도가 낮게 나타난 원인은 한국인이 산출된 음높이 차이보다 학습자가 산출된 음높이 차이가 유의미하게 큰 것으로 나타났다. 다시 말해서 합성어에서 선행 말토막의 끝음절과 후행 말토막의 첫음절의 음높이 차이가 작다는 점에

대해서 학습자가 제대로 습득하지 못하였기 때문에 '큰할아버지'에 대한 산출 정확도가 낮게 나타났다.

이상의 논의를 정리하자면 첫째, 산출에 있어서 합성어와 관계절을 구분하는 핵심인 단서는 선행 말토막의 끝음절과 후행 말토막의 첫음절의 음높이 차이이며 선행 말토막의 끝음절의 장음화는 합성어와 관계절을 구분하는 기준이 아니다. 둘째, 학습자 집단은 관계절을 산출하는 데 문제가 없었으나 합성어를 산출하는 데 전후 말토막의 음높이 차이를 제대로 조절하지 못하였기 때문에 큰 어려움을 겪었다. 셋째, 학습자의 수준에 따른 합성어 산출 정확도 간 유의미한 차이가 없었다.

4.1.3. 자연스러운 억양의 형성 기능의 산출 양상

지각 분석과 달리 자연스러운 억양의 형성 기능에 대한 산출 분석에서는 첫음절과 두 번째 음절 간의 음높이 차이를 중심으로 살펴보도록 하겠다. 발화자의 차이로 인하여 첫음절의 절대적 음높이에 대한 분석이 큰 의미가 없다고 판단하였기 때문이다.

첫음절의 음높이와 두 번째 음절의 음높이에 대한 상대적 관계에 있어서 '이쑤시개'의 경우 초급 학습자 한 명(1.8HZ) 외 다른 참여자가 산출한 발화에서 첫음절의 음높이가 두 번째 음절의 음높이보다 모두 낮게 실현되었다. '시시비비'의 경우 한국인 한 명(18.1HZ), 초급 학습자 세 명(1.6HZ, 3.4HZ, 3.5HZ), 고급 학습자 한 명(18.8HZ)의 발화에서 첫 번째 음절의 음높이가 두 번째 음절의 음높이보다 높게 실현되었다. 즉 대부분의 참여자의 발화에서 첫 번째 음절의 음높이가 두 번째 음절의 음높이보다 낮은 것으로 나타났다.

이어서 네 집단이 실현된 첫음절과 두 번째 음절의 음높이 차이에 있어서 차이가 있는지를 다루도록 하겠다. 아래 표는 네 집단이 실현된 '이쑤시개'와 '시시비비'의 첫음절과 두 번째 음절의 음높이 차이에 대한

ANOVA 분석 결과이다. 보다시피 '이쑤시개'의 경우 초급 학습자와 중급 학습자가 실현된 음높이 차이가 한국인보다 유의미하게 큰 것으로 나타났고 고급 학습자의 발화 양상이 한국인과 비슷한 것으로 나타났다. '시시비비'의 경우 학습자 집단이 실현된 음높이 차이와 한국인 모어 화자가 실현된 음높이 차이 간 유의미한 차이가 없는 것으로 나타났다.

〈표 3-80〉 네 집단이 실현된 '이쑤시개'의 첫음절과 두 번째 음절의 음높이 차이에 대한 ANOVA 분석

집단		평균차이	표준오차	유의확률
한국인	초급	-23.105	11.029	.040
	중급	-24.847	11.029	.027
	고급	-7.889	11.029	.476

〈표 3-81〉 네 집단이 실현된 '시시비비'의 첫음절과 두 번째 음절의 음높이 차이에 대한 ANOVA 분석

집단		평균차이	표준오차	유의확률
한국인	초급	7.321	4.114	.079
	중급	3.221	4.114	.436
	고급	3.300	4.114	.425

다른 기능과 다르게 말토막 패턴에 따른 산출 양상에 대한 분석에서 한국인 모어 화자의 청취평가를 진행하지 않았다. 그 이유는 본 연구에서 말토막 억양의 기본 패턴에 대한 두 가지의 연구 초점을 중심으로 분석하였으나 말토막 억양 실현에 영향을 미칠 수 있는 다른 요소도 존재하기 때문이다. 즉 첫음절과 두 번째 음절의 음높이 차이만으로 학습자 집단의 산출 정확도를 설명할 수 없다. 따라서 자연스러운 억양의 형성 기능의 산출 양상에 대한 분석에서 실험음성학적으로 한국인과 중국인의 발화 차이만 밝혔다.

이상의 분석 결과를 정리하자면 강자음으로 시작한 말토막 억양에 비하여 약자음으로 시작한 말토막 억양에 대한 학습자의 실현 양상이 한국인과 큰 차이가 나타났다. 즉 약자음으로 시작한 말토막 억양의 경우, 초급과 중급 학습자가 산출된 첫음절과 두 번째 음절의 음높이 차이가 한국인보다 유의미하게 컸다.

4.2. 핵억양의 산출 양상

4.2.1. 문법적 기능의 산출 양상

4.2.1.1. 내림조로 실현된 의문문의 산출 양상

'지'의문문에 대한 산출 양상에 있어서 한국인 한 명(5.3%)이, 초급 학습자 14명(73.7%)이, 중급 학습자 3명(15.8%)이, 고급 학습자 0명이 오름조로 발화를 실현하였다. 즉 한국인 발화에서 내림조로 '지'의문문을 실현한 경우가 일반적이고 학습자의 수준이 높을수록 내림조로 실현할 경향이 강해졌다. 아래 표는 네 집단이 실현된 내림조의 음높이 변화 정도에 대한 분석 결과이다. 표를 통해서 알 수 있듯이 네 집단이 실현된 내림조의 음높이 변화 정도 간 유의미한 차이가 존재하지 않았다.

〈표 3-82〉 네 집단이 실현된 내림조의 음높이 변화 정도에 대한 ANOVA 분석

집단		평균차이	표준오차	유의확률
한국인	초급	2.511	18.076	.890
	중급	-22.301	11.848	.066
	고급	-7.435	11.230	.511
초급	중급	-24.812	17.942	.173
	고급	-9.946	17.540	.573
중급	고급	14.866	11.012	.183

아래 표는 '지'의문문을 오름조로 실현한 한국인과 초급 학습자, 그리고 중급 학습자의 발화에서의 핵억양 음높이 변화 정도에 대한 일표본 검정 결과이다(일표본 검정을 진행한 이유는 한 명의 한국인만 오름조로 발화를 실현했기 때문). 표를 통하여 알 수 있듯이 초급 학습자가 실현된 변화 정도가 한국인보다 유의미하게 큰 것으로 나타났다.

〈표 3-83〉 초급 학습자와 중급 학습자가 실현된 오름조 음높이에 대한 일표본 검정 결과

집단	검정값	평균차이	t	유의확률
초급 학습자	21.9	59.7	6.183	.000
중급 학습자	21.9	24.3	1.630	.245

마지막으로 '지'의문문에 대한 학습자 집단의 산출 정확도를 살펴보도록 하겠다. 아래 표에서 제시한 것처럼 초급 학습자의 산출 정확도가 중급 학습자와 고급 학습자에 비해 유의미하게 낮았다. 즉 초급 학습자가 오름조로 '지'의문문을 실현한 경우가 대부분일 뿐만 아니라 실현된 음높이 변화가 한국인보다 컸다는 것은 초급 학습자의 산출 정확도에 부정적 영향을 미쳤다고 할 수 있다. 중급 학습자의 산출 정확도가 71.6%이며 고급 학습자의 산출 정확도가 80.0%이므로 중급 학습자와 고급 학습자가 내림조로 실현된 의문문을 산출하는 데 큰 어려움이 없었다고 할 수 있다.

〈표 3-84〉 '지'의문문에 대한 학습자 집단의 산출 정확도에 대한 ANOVA 분석

집단		평균차이	표준오차	유의확률
초급	중급	-.179	.081	.030
	고급	-.274	.081	.001
중급	고급	-.095	.081	.245

이상의 논의를 정리하자면 중급 학습자와 고급 학습자가 내림조로 실

현된 의문문을 산출하는 데 문제가 없었으나 초급 학습자가 오름조로 발화를 실현할 경향이 강하였기 때문에 산출 정확도가 다른 집단보다 유의미하게 낮았다.

4.2.1.2. 설명의문문과 판정의문문의 산출 양상

설명의문문과 판정의문문에 대한 산출 분석을 두 가지의 측면에서 진행하도록 하겠다. 첫째는 핵억양의 패턴이 무엇인가이고 둘째는 의문사가 문장의 초점으로 실현됐는가이다. 문법적 기능은 핵억양의 기능으로 분류함에도 불구하고 의문사의 초점 실현에 대한 분석을 진행한 이유는 첫째, 지각 실험에서 LH% 패턴과 H% 패턴의 실현이 설명의문문과 판정의문문을 구별하는 기준이 아니라고 밝혔듯이 설명의문문과 판정의문문의 구별에 있어 핵억양 패턴뿐만 아니라 다른 단서도 있을 수 있기 때문이다. 둘째, 기존의 연구에서 의문사의 초점 실현 여부가 설명의문문과 판정의문문의 실현에 영향을 미칠 수 있다는 언급을 찾을 수 있기 때문이다.

우선 핵억양의 패턴에 대해 살펴보도록 하겠다. 네 집단이 실현된 설명의문문과 판정의문문의 핵억양 패턴은 다음 표와 같다. 표를 통해서 알 수 있듯이 한국인과 학습자가 실현된 핵억양 패턴 간 큰 차이가 있었다. 설명의문문에 있어서 대부분의 한국인이 HL% 패턴, 즉 내림조로 실현한 반면 거의 모든 학습자가 LH% 패턴, 즉 오름조로 설명의문문을 실현하였다.[67] 판정의문문에 있어서 모든 한국인 모어 화자가 LH%, 즉 오름조로 실현하였으나 11명의 학습자가 내림조에 속한 패턴으로 발화를 실현하였다.

---

[67] 여기서 유의할 만한 점은 학습자 발화와 달리 LH% 패턴으로 설명의문문을 실현한 한국인의 발화에서 의문사인 '뭐'가 문장의 초점이었다.

〈표 3-85〉 네 집단이 실현된 설명의문문과 판정의문문의 핵억양 패턴

	설명의문문			판정의문문			
한국인	HL% 68.4% (13/19)	LH% 31.6% (6/19)		LH% 100% (19/19)			
초급		LH% 94.7% (18/19)	L% 5.3% (1/19)	LH% 63.2% (12/19)	HL% 15.9% (3/19)	L% 21.1% (4/19)	
중급		LH% 94.7% (18/19)	L% 5.3% (1/19)	LH% 84.2% (16/19)	HL% 10.5% (2/19)	L% 5.3% (1/19)	
고급		LH% 100% (19/19)		LH% 94.7% (18/19)	HL% 5.3% (1/19)		

이어서 설명의문문과 판정의문문 발화에서 '뭐'가 문장의 초점으로 실현됐는지를 살펴보도록 하겠다. 여기서 '뭐'가 문장으로 실현됐는지를 판단한 기준은 '뭐'와 '마실래요' 간 말토막 억양 경계 해지 현상이 나타났는가이다. '뭐'가 문장의 초점으로 실현된 한국인 참여자의 발화에서 모두 말토막 억양 경계 해지를 통하여 '뭐'를 초점으로 실현하였기 때문이다. 참여자의 발화를 분석한 결과는 다음 표와 같다. 표를 통해서 알 수 있듯이 한국인이 설명의문문을 발화할 때 의문사가 일반적으로 문장의 초점으로 실현된 반면 세 가지의 학습자 집단의 발화에서 그러한 경향이 관찰되지 않았다. 한편, 판정의문문의 의문사에 대한 네 집단의 발화 양상은 비슷한 것으로 나타났다.

〈표 3-86〉 참여자의 발화에서 의문사인 '뭐'가 문장의 초점으로 실현되었는가

	설명의문문	판정의문문
한국인	94.7% 실현	100% 미실현
초급	0% 실현	94.7% 미실현
중급	10.5% 실현	94.7% 미실현
고급	21.1% 실현	89.5% 미실현

    마지막으로 세 가지의 학습자 집단의 설명의문문과 판정의문문에 대한 산출 정확도를 살펴보도록 하겠다. 설명의문문에 대한 학습자 집단의 산출 정확도 사이에 차이가 없는 것으로 나타났으나 앞에서 밝혔듯이 핵억양 패턴과 초점 실현에 있어서 학습자와 한국인의 발화 양상이 크게 달랐기 때문에 설명의문문에 대한 학습자의 평균 산출 정확도가 54.7%로 낮은 것으로 나타났다. 판정의문문에 있어서 초급 학습자가 내림조로 실현된 경우가 많았기 때문에 초급 학습자의 산출 정확도가 중급 학습자와 고급 학습자에 비해 유의미하게 낮은 것으로 나타났다. 또한 중급 학습자와 고급 학습자의 산출 정확도가 73.7%와 84.7%로 나타난 것처럼 중급 학습자와 고급 학습자가 판정의문문을 습득하는 데 큰 어려움이 없다고 할 수 있다.

〈표 3-87〉 학습자 집단의 설명의문문 산출 정확도에 대한 ANOVA 분석

집단		평균차이	표준오차	유의확률
초급	중급	-.063	.082	.445
	고급	.032	.082	.702
중급	고급	.095	.082	.253

〈표 3-88〉 학습자 집단의 판정의문문 산출 정확도에 대한 ANOVA 분석

집단		평균차이	표준오차	유의확률
초급	중급	-.247	.098	.015
	고급	-.358	.098	.001
중급	고급	-.111	.098	.266

이상의 논의를 통해서 다음과 같은 결론을 내릴 수 있다. 첫째, 한국인이 일반적으로 HL%(내림조)로 설명의문문을 실현한 반면 학습자이 일반적으로 LH%(오름조)로 실현하였다. 둘째, 한국인의 설명의문문 발화에서 일반적으로 말토막 억양 경계 해지를 통해서 의문사를 문장의 초점으로 실현한 반면 학습자의 발화에서 이러한 양상이 관찰되지 않았다. 셋째, 핵억양 패턴의 선택과 의문사의 초점 실현 여부로 인하여 모든 학습자가 설명의문문을 습득하는 데 어려움이 겪었으며 핵억양 패턴의 선택으로 인하여 초급 학습자가 판정의문문을 습득하는 데 어려움을 겪었다.

4.2.2. 화용론적 기능의 산출 양상

이 절에서는 참여자가 발화한 추측의 의미를 전달하는 '-을걸'과 후회의 의미를 전달하는 '-을걸'에 대한 실험음성학적 분석을 진행하도록 하겠다. 아래 그림은 네 집단이 실현된 내림조와 오름조의 음높이 변화 정도에 대한 ANOVA 분석 결과이다. 보다시피 내림조의 변화 정도에 있어서 네 집단 간 유의미한 차이가 나타나지 않았으나 오름조의 변화 정도에 있어서 초급 학습자의 변화 정도가 다른 세 집단보다 유의미하게 낮은 것으로 나타났다.

〈표 3-89〉 네 집단이 실현된 내림조의 음높이 변화 정도에 대한 ANOVA 분석

집단		평균차이	표준오차	유의확률
한국인	초급	-3.274	8.714	.708
	중급	-15.026	8.714	.089
	고급	-10.753	8.714	.221
초급	중급	-11.752	8.714	.182
	고급	-.479	8.714	.394
중급	고급	4.274	8.714	.625

〈표 3-90〉 네 집단이 실현된 오름조의 음높이 변화 정도에 대한 ANOVA 분석

집단		평균차이	표준오차	유의확률
한국인	초급	63.237	16.796	.000
	중급	10.805	16.796	.522
	고급	2.174	16.796	.897
초급	중급	-52.432	16.796	.003
	고급	-61.063	16.796	.001
중급	고급	-8.632	16.796	.609

이러한 차이가 학습자의 산출 정확도에 영향을 미쳤는지를 분석하기 위해서 학습자 집단의 산출 정확도에 대한 ANOVA 분석을 진행하였다. 아래 표를 통해서 알 수 있듯이 학습자 세 집단이 실현된 내림조의 변화 정도가 한국이과 같았으며 집단 간 유의미한 차이가 나타나지 않았기 때문에 내림조가 전달하는 의미에 대한 학습자의 산출 정확도 간에도 유의미한 차이가 나타나지 않았다. 또한 학습자의 평균 정확도가 82.5% 이므로 학습자가 내림조가 전달하는 의미를 습득하는 데 어려움이 없다고 할 수 있다.

오름조에 대한 산출 정확도에 있어서 초급 학습자의 산출 정확도가 중급 학습자와 고급 학습자에 비하여 유의미하게 낮은 것으로 나타났다.

이는 초급 학습자가 실현된 음높이 변화 정도가 다른 두 집단보다 유의미하게 낮았기 때문이라고 할 수 있다. 또한 중급 학습자의 오름조 산출 정확도가 70.5%이고 고급 학습자의 오름조 산출 정확도가 84.2%이므로 학습자의 수준이 높아질수록 오름조가 전달하는 의미를 실현하는 능력이 한국인과 비슷해진다고 할 수 있다.

⟨표 3-91⟩ 학습자가 실현된 내림조 정확도에 대한 ANOVA 분석

집단		평균차이	표준오차	유의확률
초급	중급	-.011	.060	.862
	고급	-.074	.060	.228
중급	고급	-.063	.060	.300

⟨표 3-92⟩ 학습자가 실현된 오름조 정확도에 대한 ANOVA 분석

집단		평균차이	표준오차	유의확률
초급	중급	-.295	.112	.011
	고급	-.432	.112	.000
중급	고급	-.137	.112	.227

이상의 논의를 정리하자면 다음과 같은 결론을 내릴 수 있다. 첫째, 학습자 집단이 실현된 내림조의 음높이 변화가 한국인과 같았으며 산출 정확도가 높았기 때문에 학습자가 내림조를 실현하는 데 어려움이 없다고 할 수 있다. 둘째, 초급 학습자가 실현된 오름조의 변화 정도가 다른 집단보다 유의미하게 낮았으며 산출 정확도도 낮은 것으로 나타났으나 한국어 수준이 높아짐에 따라 오름조의 산출 양상이 한국인과 비슷해졌다. 여기서 유의할 만한 점은 본 연구에서 학습자의 습득 과정을 밝히기 위하여 '-을걸'에 대한 초급 학습자의 습득 양상도 분석하였으나 '-을걸'에 대한 교육 내용이 초급 단계에 포함되어 있지 않다는 것이다. 이 점을 고려하

면 억양의 화용론적 기능을 습득하여야 하는 학습자(중급 학습자와 고급 학습자)의 산출 능력이 높다고 할 수 있다.

4.2.3. 감정 및 태도의 전달 기능의 산출 양상

우선 핵억양의 지속 시간에 대한 분석을 진행하도록 하겠다. 아래 표는 네 집단이 실현된 친절한 발화와 불친절한 발화의 핵억양 지속 시간에 대한 대응표본 T검정 결과이다. 결과를 통해서 알 수 있듯이 네 집단이 실현된 친절한 발화의 핵억양 지속 시간이 모두 불친절한 발화의 핵억양 지속 시간보다 유의미하게 길었다.

〈표 3-93〉 친절한 발화와 불친절한 발화의 핵억양 지속 시간에 대한 대응표본 T검정 결과

집단	대응	평균	평균의 표준오차	유의확률(양측)
한국인	친절-불친절	.142	.060	.000
초급	친절-불친절	.131	.097	.000
중급	친절-불친절	.128	.068	.000
고급	친절-불친절	.152	.090	.000

또한 네 집단이 실현된 두 발화의 핵억양 지속 시간의 차이에 차이가 있는지를 밝히기 위해서 아래 표와 같이 ANOVA 분석을 진행하였다. 표에서 제시한 것처럼 네 집단이 실현된 핵억양 지속 시간의 차이에 유의미한 차이가 없었다. 이는 학습자가 핵억양 지속 시간의 조절을 통하여 발화의 친절성 정도를 조절하는 데 어려움이 없음을 의미한다.

〈표 3-94〉 친절한 발화와 불친절한 발화의 핵억양 지속 시간 차이에 대한 ANOVA 분석

집단		평균차이	표준오차	유의확률
한국인	초급	.012	.026	.658
	중급	.014	.026	.601
	고급	-.009	.026	.717
초급	중급	.002	.026	.936
	고급	-.021	.026	.422
중급	고급	-.023	.026	.377

이어서 핵억양의 기본주파수에 대한 분석을 진행하도록 하겠다. 아래 표처럼 네 집단이 산출된 친절한 발화와 불친절한 발화의 핵억양의 기본주파수에 대한 대응표본 T검정을 진행한 결과 네 집단이 실현된 친절한 발화의 핵억양 기본주파수가 모두 불친절한 발화의 핵억양 기본주파수보다 높았다.

〈표 3-95〉 친절한 발화와 불친절한 발화의 핵억양 기본주파수에 대한 대응표본 T검정 결과

집단	대응	평균	평균의 표준오차	유의확률(양측)
한국인	친절-불친절	44.453	6.267	.000
초급	친절-불친절	44.421	11.034	.001
중급	친절-불친절	69.790	12.303	.000
고급	친절-불친절	70.347	12.150	.000

또한 네 집단이 실현된 기본주파수의 차이에 차이가 있는지를 밝히기 위하여 ANOVA 분석을 진행하였다. 아래 표에서 제시한 것처럼 네 집단이 실현된 핵억양 기본주파수의 차이에 유의미한 차이가 없었다. 이는 학습자가 핵억양 기본주파수의 조절을 통하여 발화의 친절성 정도를 조절하는 것을 습득하는 데도 어려움을 겪지 않음을 알려 준다.

⟨표 3-96⟩ 친절한 발화와 불친절한 발화의 핵억양 기본주파수 차이에 대한 ANOVA 분석

집단		평균차이	표준오차	유의확률
한국인	초급	.032	15.166	.998
	중급	-25.337	15.166	.099
	고급	-25.895	15.166	.092
초급	중급	-25.368	15.166	.099
	고급	-25.926	15.166	.092
중급	고급	-.558	15.166	.971

이어서 핵억양 패턴에 대해서 논의하도록 하겠다. 네 집단이 실현된 친절한 발화와 불친절한 발화의 핵억양 패턴은 다음 표와 같다. 표를 통해서 알 수 있는 것은 첫째, 중급 학습자와 고급 학습자가 감정을 전달하는 억양 패턴을 습득하는 데 어려움이 없었으나 초급 학습자가 한국인과 다르게 실현된 경우가 있었다. 즉 한국인이 친절한 발화를 실현할 때 사용하지 않은 HL% 패턴으로 친절한 발화를 실현한 5명의 초급 학습자가 있었다. 또한 표를 통하여 친절한 발화와 불친절한 발화를 구분하는 데 억양 패턴이 매우 큰 역할을 수행하지 않았다는 점도 알 수 있다. 모든 참여자가 L% 패턴 위주로 친절한 발화와 불친절한 발화를 실현하였기 때문이다. 그럼에도 불구하고 한국인이 친절한 발화를 표현할 때 HL% 패턴(내림조)을 사용하지 않은 것은 각 감정을 표현하는 데 사용하면 안 되는 패턴이 있다는 점을 알려 준다.

⟨표 3-97⟩ 네 집단이 실현된 친절한 발화와 불친절한 발화의 핵억양 패턴

	친절한 발화			불친절한 발화		
	L%	LH%	HL%	L%	LH%	HL%
한국인	73.7%	26.3%		78.9%	10.5%	10.5%
초급	57.9%	15.8%	26.3%	84.2%		15.8%

| 중급 | 57.9% | 42.1% | | 52.6% | | 47.4% |
| 고급 | 52.6% | 47.4% | | 78.9% | | 21.1% |

마지막으로 핵억양의 음높이 변화 정도에 대해서 살펴보도록 하겠다. 앞에서 핵억양 패턴에 대한 분석에서 친절한 발화와 불친절한 발화를 실현하는 데 모든 집단이 주로 L%를 사용했다고 밝혔듯이 참여자가 일반적으로 핵억양 변화 정도를 통해서 감정을 조절하지 않는다고 할 수 있다. L% 패턴의 음높이 변화 정도가 영이기 때문이다. 그럼에도 불구하고 산출에서 핵억양의 음높이 변화 정도의 역할을 밝히기 위하여 음높이 변화가 일어나는 LH% 패턴으로 친절한 감정을 전달한 발화와 HL% 패턴으로 불친절한 감정을 전달한 발화에 대한 분석을 진행하였다. 그 결과 네 집단이 실현된 음높이의 변화 정도에 유의미한 차이가 나타나지 않았다.

〈표 3-98〉 네 집단이 실현된 LH% 패턴의 음높이 변화 정도에 대한 ANOVA 분석

집단		평균차이	표준오차	유의확률
한국인	초급	-22.640	33.632	.508
	중급	-18.278	26.254	.494
	고급	-23.918	25.687	.362
초급	중급	4.363	31.178	.890
	고급	-1.278	30.702	.967
중급	고급	-5.640	22.378	.803

〈표 3-99〉 네 집단이 실현된 HL% 패턴의 음높이 변화 정도에 대한 ANOVA 분석

집단		평균차이	표준오차	유의확률
한국인	초급	6.567	10.076	.525
	중급	-4.711	8.628	.594
	고급	-16.600	9.559	.104
초급	중급	-11.278	7.358	.148

	고급	-23.167	8.430	.056
중급	고급	-11.889	6.633	.095

이어서 학습자의 산출 정확도를 살펴보도록 하겠다. 아래 표는 친절한 발화와 불친절한 발화에 대한 학습자의 산출 정확도에 대한 ANOVA 분석 결과이다. 표를 통해서 알 수 있듯이 불친절한 발화에 대한 학습자 집단들의 산출 정확도 사이에 유의미한 차이가 없었으며 친절한 발화에 대한 초급 학습자의 산출 정확도가 다른 집단보다 유의미하게 낮았다. 또한 불친절한 발화에 대한 초급 학습자의 평균 산출 정확도가 80.0%로, 중급 학습자의 평균 산출 정확도가 82.1%로, 고급 학습자의 평균 산출 정확도가 87.3%로 나타났듯이 불친절한 발화를 산출하는 데 모든 학습자가 어려움을 겪지 않았다. 한편, 친절한 발화에 대한 초급 학습자의 평균 산출 정확도가 46.3%로, 중급 학습자의 평균 산출 정확도가 83.1%로, 고급 학습자의 평균 산출 정확도가 90.5%로 나타난 것처럼 친절한 발화를 산출하는 데 초급 학습자가 어려움을 겪었다.

〈표 3-100〉 친절한 발화의 실현 정확도에 대한 ANOVA분석

집단		평균차이	평균오차	유의확률
초급	중급	-.274	.048	.000
	고급	-.211	.048	.000
중급	고급	.063	.048	.193

〈표 3-101〉 불친절한 발화의 실현 정확도에 대한 ANOVA분석

집단		평균차이	평균오차	유의확률
초급	중급	-.058	.066	.384
	고급	-.111	.066	.100
중급	고급	-.053	.066	.428

그렇다면 친절한 발화에 대한 초급 학습자의 산출 정확도가 낮게 나타난 원인이 무엇인가? 앞에서 밝혔듯이 초급 학습자가 핵억양의 지속 시간, 기본주파수, 음높이 변화 정도를 통하여 친절한 발화를 산출하는 데 문제가 없었다. 따라서 친절한 발화에 대한 초급 학습자의 산출 정확도가 낮게 나타난 원인은 초급 학습자가 사용한 핵억양 패턴 때문이라 할 수 있다. 즉 초급 학습자가 친절한 감정을 전달할 때 다른 집단과 다르게 HL% 패턴을 사용한 경우가 있었기 때문에 발화의 친절성을 제대로 전달하지 못하였다.

이상의 논의를 통해서 알 수 있는 점은 첫째, 발화의 친절성을 표현하는 데 핵억양의 지속 시간과 기본주파수보다 핵억양 패턴과 핵억양의 음높이 변화 정도는 중요한 수단이 아니다. 친절한 발화와 불친절한 발화에서 모두 L% 패턴으로 핵억양을 실현한 경우가 대부분이었기 때문이다. 둘째, 중급 학습자와 고급 학습자가 발화의 친절성을 전달하는 데 문제가 없었으나 초급 학습자가 핵억양 패턴을 제대로 활용하지 못하였기 때문에 친절한 발화를 전달하는 데 어려움을 겪었다.

5. 참여자 및 억양 단서 측면에서 본 지각과 산출의 관계성

이 절에서는 참여자 및 억양 단서 측면에서 지각과 산출의 관계성을 분석하도록 하겠다. 참여자 측면에서 분석한 이유는 각 기능에 대한 참여자의 지각 능력과 산출 능력 간 상관관계가 존재하는지 밝히기 위한 것이다. 이를 통하여 교육 방법에 대한 시사점을 제공하고자 한다. 억양 단서 측면에서 분석한 이유는 각 기능을 수행하는 데 핵심적인 단서가 무엇인지를 밝히기 위한 것이다. 이를 통하여 교육 내용에 대한 시사점을 제공하고자 한다.

5.1. 문장 초점의 전달 기능에 대한 분석

우선 초점과 관련된 단서에 대한 지각 양상 및 산출 양상을 다루도록 하겠다. 앞에서 밝혔듯이 초점 지각 및 산출에 있어서 지속 시간에 비하여 최고점 음높이가 더 중요한 역할을 수행한다. 또한 말토막 억양 경계 해지가 없을 경우 문장 초점의 개수도 전후 말토막의 최고점 음높이 차이와 관련이 있다. 따라서 초점 전달 기능의 핵심적 억양 단서가 최고점 음높이라 할 수 있다.

또한 앞에서 밝혔듯이 초점이 있는 발화에 대한 세 가지의 학습자 집단의 지각 능력이 한국인과 같았으며 초점에 대한 세 집단의 산출 능력도 높았다. 그리고 학습자 집단의 지각 능력과 산출 능력 간 유의미한 차이가 없었다. 한편, 초점이 없는 발화에 대한 세 가지의 학습자 집단의 지각 능력과 산출 능력이 모두 한국인보다 낮은 것으로 나타났으며 학습자 집단 간 유의미한 차이가 나타나지 않았다. 이는 중국인 학습자가 억양을 통하여 초점을 지각하거나 산출하는 데 문제가 없으나 초점이 없는 발화를 지각하거나 산출하는 데 어려움을 겪는다는 것을 알려 준다. 즉 억양의 초점 전달 기능과 관련하여 초점이 없는 발화에 대한 학습자의 지각 능력과 산출 능력을 향상시켜야 한다.

이어서 참여자 측면에서 초점 전달 기능에 대한 지각과 산출의 상관관계를 살펴보도록 하겠다. 초점이 없는 발화에 대한 학습자의 지각 정확도과 산출 정확도에 대한 상관분석을 진행한 결과가 다음 표와 같다. 표를 통하여 알 수 있듯이 초점이 없는 발화에 대한 세 집단의 지각 능력과 산출 능력 간 비례적인 상관관계가 존재하지 않았다. 이러한 양상이 나타난 원인은 두 가지로 추리할 수 있다. 첫째, 억양 발화의 다양성 때문이다. 즉 학습자가 제대로 발화한다고 해서 억양 양상이 다양하게 실현된 한국인의 모든 발화를 정확하게 지각할 수 있는 것이 아니다. 둘째, 최고점 음높이에 대한 학습자의 지각 경계가 한국인보다 낮았기 때문에 초점이 없는 발화에 대한 학습자의 지각 능력이 낮게 나타났고, 학습자가 실현된 최고점 음높이가 한국인보다 높았기 때문에 초점이 없는 발화에 대한 학습자의 산출 능력이 낮게 나타났다. 이와 같은 최고점 음높이에 대한 다른 습득 양상으로 인하여 지각 능력과 산출 능력 간 상관관계가 존재하지 않는다는 결과를 일으킬 수도 있다.

〈표 3-102〉 초점이 없는 발화에 대한 학습자의 지각 능력과 산출 능력의 상관관계 분석 결과

	초급 학습자	
		산출
지각	Person 상관	.121
	유의확률(양측)	.620
	N	19
	중급 학습자	
		산출
지각	Person 상관	.215
	유의확률(양측)	.377
	N	19
	고급 학습자	
		산출
지각	Person 상관	-.101
	유의확률(양측)	.681
	N	19

이상의 통계분석 결과는 초점이 없는 발화에 대한 지각(산출) 능력이 높다고 해서 산출(지각) 능력도 높은 것이 아니라는 사실을 알려 준다. 즉 초점이 없는 발화에 대한 학습자의 지각 능력과 산출 능력을 두 가지의

독립된 범주로 간주하여야 하고 지각 능력을 향상시키기 위한 지각 훈련과 산출 능력을 향상시키기 위한 산출 훈련을 모두 진행하여야 한다. 또한 한국인의 자연 발화를 활용하는 일반적 지각 훈련으로 초점이 없는 발화에 대한 학습자의 지각 능력과 발화 능력을 촉진하는 데 한계가 있다고 할 수 있다. 한국인의 자연 발화에 충분히 노출된다고 할 수 있는 고급 학습자라도 초점이 없는 발화에 대한 지각 능력과 산출 능력이 초급 학습자나 중급 학습자보다 높은 것으로 나타나지 않았기 때문이다.

이상의 논의를 정리하자면 첫째, 초점이 없는 발화에 대한 지각 능력과 산출 능력의 향상이 억양의 초점 전달 기능에 대한 주된 교육 내용이며 최고점 음높이 위주로 교육내용을 마련하여야 한다. 둘째, 초점이 없는 발화에 대한 지각 능력과 산출 능력 간 비례적인 상관관계가 존재하지 않았다는 점은 지각 능력과 산출 능력 중 하나의 향상에 따라 다른 하나도 향상하는 것이 아니라는 점을 알려 준다. 즉 교육에서 지각 훈련과 산출 훈련을 모두 진행하여야 한다. 셋째, 단순히 자연 발화만 활용하는 훈련 방법은 초점이 없는 발화에 대한 학습자의 지각 능력과 산출 능력을 향상시키는 데 한계점을 지닌다.

5.2. 말토막 억양 경계의 의미 전달 기능에 대한 분석

앞에서 밝혔듯이 관계절에 대한 지각 능력이 학습자의 숙달도가 높아짐에 따라 높아진 것으로 나타났으며 고급 학습자의 지각 능력이 한국인과 같았다. 또한 관계절에 대한 모든 학습자의 산출 능력이 높은 것으로 나타났다. 한편, 합성어에 대한 지각 능력이 학습자의 숙달도가 높아짐에 따라 높아진 것으로 나타났으며 고급 학습자의 지각 능력이 한국인과 같았으나 합성어에 대한 모든 학습자의 산출 능력이 한국인보다 낮은 것으로 나타났다. 이에 따라 말토막 억양 경계의 의미 전달 기능에 대한 분석에서 합성어에 초점을 두기로 하였다. 그 이유는 첫째, 합성어에 대한 산출 능력과 달리 관계절에 대한 모든 학습자의 산출 능력이 한국인과 같은 것으로 나타났기 때문이다. 둘째, 관계절에 대한 초급 학습자와 중급 학습자의 지각 능력이 상대적으로 낮게 나타났음에도 불구하고 관계절에 대한 지각에 관한 논의를 제외한 이유는 관계절에 대한 지각 능력과 합성어에 대한 지각 능력이 모두 음높이 차이에 대한 지각 범주화와 관련된 내용이므로 둘을 같은 것으로 간주할 수 있기 때문이다.

이어서 참여자 측면에서 합성어에 지각 능력과 산출 능력의 관계를 논의하도록 하겠다. 합성어에 대한 지각에서 고급 학습자의 지각 능력이 한국인의 지각 능력과 비슷하고 초급 학습자와 중급 학습자의 지각 능력보다 유의미하게 높았다는 사실은 한국인의 자연 발화에 노출될 빈도가 높아질수록 말토막 억양 경계에 대한 지각 능력도 높아짐을 알려 준다. 그러나 지각 양상과 달리 산출 양상에 있어서 세 개의 학습자 집단의 합성어 산출 능력 간 유의미한 차이가 없었으며 한국인의 발화 양상과 큰 차이가 있는 것으로 나타났다는 것은 지각 능력의 향상에 따라 산출 능력의 향상이 일어나지 않을 수도 있음을 의미한다. 즉 합성어에 대한 지각 능력과 산출 능력 간 비례적 관계가 존재하지 않을 가능성이 높다.

이를 더 정확하게 분석하기 위하여 합성어에 대한 학습자의 지각 능력과 산출 능력에 대한 상관분석을 진행하였다.[68] 아래 표처럼 합성어에 대한 학습자의 지각 능력과 산출 능력 간 비례적인 상관관계가 존재하지 않았다. 즉 말토막 억양 경계에 대한 지각 능력과 산출 능력은 두 가지의 독립된 범주이다. 이러한 양상이 나타난 원인은 학습자가 지각으로 습득된 내용을 내재화시켜 산출에 전이시키지 못하였기 때문이라고 추리할

---

68 앞에서 지각 능력에 대한 분석에서는 '큰아버지'에 대한 지각 결과를 통해서 학습자의 지각 능력을 확인하였다. 따라서 지각과 산출의 상관성 분석에서도 '큰아버지'에 대한 분석만 진행하였다.

수 있다.

〈표 3-103〉 합성어에 대한 학습자의 지각 능력과 산출 능력의 상관관계 분석 결과

초급 학습자		
		산출
지각	Person 상관	.037
	유의확률(양측)	.880
	N	19
중급 학습자		
		산출
지각	Person 상관	.182
	유의확률(양측)	.455
	N	19
고급 학습자		
		산출
지각	Person 상관	.226
	유의확률(양측)	.352
	N	19

이어서 억양 단서 측면에서 지각과 산출의 관계를 살펴보도록 하겠다. 한국인의 지각과 산출에서 말토막 억양 경계 식별에 중요한 영향을 미친 단서는 선행 말토막의 끝음절과 후행 말토막의 첫음절의 음높이 차이이었다. 즉 말토막 억양 경계에 대한 지각이나 산출에서는 선행 말토막의 끝음절과 후행 말토막의 첫음절의 음높이 차이가 중요한 단서이며 이를 중심으로 교육 내용을 마련하여야 한다고 할 수 있다.

이상의 논의를 통해서 아래와 같은 결론을 내릴 수 있다. 첫째, 말토막 억양 경계의 의미 전달 기능에 대한 교육에 있어서 합성어에 초점을 두어야 하고 선행 말토막의 끝음절과 후행 말토막의 첫음절의 음높이 차이

위주로 교육 내용을 마련하여야 한다. 둘째, 합성어에 대한 학습자의 지각 능력과 산출 능력을 두 가지의 독립된 범주로 간주해야 하고 지각 훈련과 산출 훈련을 따로 진행하여야 한다. 셋째, 한국인의 자연 발화만 활용하는 훈련은 학습자의 지각 능력을 높이는 데 충분하나 산출 능력을 향상시키는 데 한계점을 지닌다.

5.3. 자연스러운 억양의 형성 기능에 대한 분석

자연스러운 억양의 형성 기능에 있어서 유의할 점은 학습자 듣기에 한국인의 발화가 자연스러운지는 학습자가 한국인의 발화가 전달하는 의미를 해석하는 데 영향을 미치지 않는다는 것이다. 본 연구에서 분석한 말토막 억양 패턴은 의미 전달의 역할을 수행하지 않기 때문이다. 그러나 학습자의 산출 능력이 낮으면 자연스러운 한국어 발화를 실현하지 못하여 한국어 말하기 수준이 낮다는 평가를 받을 수 있다. 따라서 이 기능에 대해서 학습자의 산출 능력이 더 중요하다고 판단하였다.[69]

산출 양상을 분석한 결과를 정리하면 '시시비비'의 경우 모든 학습자의 산출 양상이 한국인과 같았으나 '이쑤시개'의 경우 초급 학습자와 중급 학습자의 산출 양상이 한국인과 다른 것으로 나타났다. 다시 말해서 교육에서 약자음으로 시작하는 말토막 억양 패턴의 정확한 산출에 초점을 두는 것이 적당하다. 또한 '이쑤시개', 즉 약자음으로 시작하는 말토막 억양 패턴에 대한 고급 학습자의 산출 양상은 한국인과 같았다. 이는 자연 발화를 활용하는 연습 방법이 산출 정확도를 높이는 데 효과가 있음을

---

69 말토막 패턴의 산출 양상을 통하여 화자의 출신 지역(방언)을 인지할 수 있음에도 불구하고 여기서 지각 능력을 제외한 이유는 첫째, 방언 구별은 일반 학습자에게 필수적으로 알아야 하는 내용이 아니라고 할 수 있기 때문이다. 둘째, 본 연구에서 방언에 따른 말토막 억양의 실현 차이를 밝히기 못하였기 때문이다.

알려 준다. 또한 억양 단서에 있어서 앞에서 밝혔듯이 자연스러운 말토막 억양을 실현하는 데 첫음절과 두 번째 음절의 음높이 차이가 큰 영향을 미친다.

이상의 논의를 정리하면 첫째, 말토막 억양 패턴에 대한 교육에서 산출 능력의 향상에 초점을 두어야 하고 약자음으로 시작하는 패턴에서의 첫음절과 두 번째 음절의 음높이 차이를 중심으로 교육 내용을 마련하여야 한다. 둘째, 자연 발화만 활용하는 훈련은 학습자의 산출 정확도를 촉진하는 데 충분하다.

5.4. 문법적 기능에 대한 분석

5.4.1. 내림조로 실현된 의문문에 대한 분석

'지'의문문에 대한 실험 결과를 정리하자면 첫째, 중급 학습자와 고급 학습자가 내림조로 실현된 '지'의문문의 자연성에 대한 판단 능력이 한국인과 같았고 산출에서 내림조로 '지'의문문을 실현하였으며 산출 정확도가 높았다. 둘째, 초급 학습자는 '지'의문문의 자연성에 대한 지각 능력이 한국인과 같았으나 산출에서 오름조로 '지'의문문을 실현할 경향이 있었기 때문에 산출 정확도가 낮은 것으로 나타났다.

이러한 결과를 통해서 알 수 있는 점은 첫째, 내림조로 실현된 의문문에 대하여 초급 학습자의 산출 능력 향상에 초점을 두어야 한다. 둘째, 초급 학습자가 내림조로 실현된 의문문도 자연스럽게 들리므로 내림조를 지각하지 못하기 때문에 내림조로 실현된 의문문에 대한 산출 능력이 떨어진 것이 아니다. 초급 학습자의 산출 능력이 낮은 이유는 어떤 경우에 내림조로 의문문을 실현하여야 한다는 것을 내재화시키지 못하였기 때문이라고 할 수 있다. 셋째, 한국인 모어 화자의 자연 발화에 노출된 빈도가 높아짐에 따라 내림조로 실현된 의문문에 대한 지각 능력과 산출 능력이 높아졌으며 고급 학습자의 능력이 한국인과 같은 것으로 나타났다는 것은 자연 발화만 활용하는 연습 방법이 내림조로 실현된 의문문에 대한 지각 능력과 산출 능력을 향상시키는 데 효과적임을 알려 준다.

5.4.2. 설명의문문과 판정의문문에 대한 분석

우선 설명의문문과 판정의문문에 대한 억양 단서를 살펴보도록 하겠다. 지각 실험과 산출 실험에서 밝힌 내용을 통해서 알 수 있는 것은 핵억양이 H%인지 아니면 LH%인지가 설명의문문과 판정의문문의 구분에 큰 영향을 미치지 않는다는 것이다. 핵억양이 H%인지 아니면 LH%인지는 한국인이 지각적으로 판정의문문과 설명의문문을 구분하는 데 중요한 영향을 미치지 않았으며 산출의 측면에서도 한국인이 H%나 LH% 패턴으로 설명의문문과 판정의문문을 구분하지 않은 것으로 나타났기 때문이다.

한국인의 지각 양상과 산출 양상을 함께 본다면 설명의문문과 판정의문문의 구분에서 말토막 억양 경계 해지 현상을 통해서 의문사를 초점으로 실현하는가가 더 큰 영향을 미친다. 그렇다고 하더라도 핵억양을 소홀히 하면 안 된다. 한국인의 발화에서 판정의문문을 LH% 패턴으로, 설명의문문을 HL% 패턴으로 실현한 경향이 뚜렷하게 나타났기 때문이다. 다시 말해서 핵억양 패턴이 LH%인지 아니면 HL%인지, 그리고 말토막 억양 경계 해지를 통한 의문사의 초점 실현 여부가 설명의문문과 판정의문문의 구별에 대한 중요한 억양 단서이다.

이어서 학습자의 지각 능력 및 산출 능력을 살펴보도록 하겠다. 숙달도에 따른 습득 양상을 보면 설명의문문에 대하여 모든 학습자의 산출 능력이 낮은 것으로 나타났고, 판정의문문에 대하여 초급 학습자의 산출 능력이 낮은 것으로 나타났다. 이는 자연 발화를 활용하는 연습 방법이 판정의문문에 대한 정확한 산출에 효과가 있겠으나 설명의문문의 정확한 산출을 촉진하는 데 한계점을 지닌다는 점을 알려 준다.

실험 설계 때문에 학습자의 지각 능력 분석을 진행하지 않았으나 의문사의 초점 실현 여부(음높이 차이로 실현된 말토막 억양 경계 해지를 통함)와 핵억양 패턴이 중요한 역할을 수행하는 설명의문문과 판정의문문의 구분은 앞에서 논의했던 말토막 억양 경계의 의미 전달 기능, 그리고 내림조로 실현된 의문문과 관련이 있다. 우선 말토막 억양 경계의 의미 전달 기능에 대한 분석에서 관계절에 대한 습득에 문제가 없었으나 합성어에 대한 학습자의 지각 능력과 산출 능력을 두 가지의 독립된 범주로 간주해야 하고, 한국인의 자연 발화를 활용하는 훈련이 합성어에 대한 학습자의 지각 능력을 높이는 데 충분하나 산출 능력을 향상시키는 데 한계점을 지닌다는 결론을 얻었다. 이는 설명의문문과 판정의문문에 적용하면 판정의문문에 대한 습득에 큰 문제가 없을 가능성이 높고 설명의문문에 대한 습득에서 한국인의 자연 발화를 활용하는 훈련이 학습자의 산출 능력을 향상시키는 데 한계점을 지닌다는 것이다. 이것은 앞에서 설명의문문에 대한 학습자의 산출 양상을 바탕으로 밝혀진 결과와 같다. 즉 합성어에 대한 지각과 산출을 분석한 결과를 설명의문문에 대한 지각과 산출에 적용할 수 있다. 따라서 설명의문문과 판정의문문에 대한 교육에서는 설명의문문에 대한 지각 능력과 산출 능력 향상에 초점을 두어야 하고, 설명의문문의 의문사 실현 특징에 대한 학습자의 지각 능력과 산출 능력을 두 가지의 독립된 범주로 간주하여야 한다.

또한 내림조로 핵억양을 실현한다는 설명의문문의 특징에 대해서 앞에서 제시된 내림조로 실현된 의문문에 대한 분석을 참고할 수 있다. 즉 학습자의 산출 능력을 향상시키기 위하여 내림조로 실현하는 의문문도 있다는 사실을 자연 발화를 활용하여 내재화시켜야 한다.

이상의 결과를 정리하자면 첫째, 설명의문문과 판정의문문에 대한 교육은 설명의문문에 초점을 두어야 하며 핵억양의 패턴과 의문사의 초점 실현 위주로 교육 내용을 마련하여야 한다. 둘째, 의문사의 초점 실현에 있어 학습자의 지각 능력과 산출 능력을 두 가지의 독립된 범주로 간주하여야 하고, 한국인의 자연 발화를 활용하는 훈련이 학습자의 지각 능력을 높이는 데 충분하겠으나 산출 능력을 향상시키는 데 한계점을 지닌다. 셋째, 내림조로 실현되는 핵억양 패턴에 있어서 자연 발화를 활용하여 학습자의 산출 능력을 향상시키는 데 초점을 두어야 한다.

5.5. 화용론적 기능에 대한 분석

'-을걸'은 억양 패턴이 달라지면 전달하는 의미도 달라지는 어미이다. 따라서 '-을걸' 의미에 대한 분석은 억양 패턴에 대한 식별 결과에 대한 분석이다. 이에 이 절에서는 패턴을 중심으로 다루도록 하겠다. 앞에서 밝힌 내용에 따르면 오름조를 지각하는 데 세 집단에게 문제가 없었으나 내림조에 대한 학습자의 지각 정확도가 한국인보다 낮은 것으로 나타났다. 또한 내림조를 산출하는 데 세 집단에게 문제가 없었고, 오름조를 산출하는 데 초급 학습자가 어려움을 겪었으나 숙달도가 높을수록 학습자가 한국인의 산출 능력에 도달하였다. 숙달도에 따른 학습자의 습득 양상을 통하여 자연 발화를 활용하는 연습 방법이 산출 능력을 향상시키는 데 충분하나 지각 능력을 향상시키는 데 한계점을 갖는다는 결론을 지을 수 있다.

또한 숙달도에 따른 습득 양상은 억양 패턴에 대한 지각 능력과 산출 능력 간 유의미한 상관관계가 존재하지 않을 수도 있음을 의미한다. 이 사실은 내림조와 오름조에 대한 지각 능력과 산출 능력의 상관관계를 제시한 다음 표를 통해서도 확인할 수 있다. 지각과 산출 간 유의미한 상관관계가 존재하지 않았다는 점은 지각 훈련과 산출 훈련을 모두 진행할 필요가 있음을 알려 준다.

〈표 3-104〉 내림조에 대한 학습자의 지각 능력과 산출 능력의 상관관계 분석 결과

	초급 학습자	
		산출
지각	Person 상관	.291
	유의확률(양측)	.226
	N	19

	중급 학습자	
		산출
지각	Person 상관	-.076
	유의확률(양측)	.756
	N	19

	고급 학습자	
		산출
지각	Person 상관	-.339
	유의확률(양측)	.156
	N	19

〈표 3-105〉 오름조에 대한 학습자의 지각 능력과 산출 능력의 상관관계 분석 결과

	초급 학습자	
		산출
지각	Person 상관	.407
	유의확률(양측)	.084
	N	19

	중급 학습자	
		산출
지각	Person 상관	.027
	유의확률(양측)	.912
	N	19

	고급 학습자	
		산출
지각	Person 상관	-.111
	유의확률(양측)	.652
	N	19

이상의 논의를 통해서 알 수 있는 점은 첫째, 억양에 따라 전달하는 의미가 달라지는 어미의 패턴에 대한 지각 능력과 산출 능력이 두 개의 독립된 범주이며 교육에서 지각 훈련과 산출 훈련을 모두 진행할 필요가 있다. 둘째, 자연 발화를 활용하는 연습 방법은 패턴에 대한 산출 능력을 향상시키는 데 충분하나 지각 능력을 향상시키는 데 한계점을 갖는다.

5.6. 감정 및 태도의 전달 기능에 대한 분석

우선 감정 전달과 관련되는 억양 단서에 대해서 살펴보도록 하겠다. 지각에 대한 분석을 통하여 핵억양의 기본주파수, 지속 시간, 패턴이 모두 발화의 친절성에 영향을 미치며 핵억양의 변화 정도는 다른 단서에 비하여 중요한 역할을 하지 않았다는 것을 알 수 있다. 핵억양이 오름조일 때 음높이 변화 정도가 발화의 친절성에 영향을 미치지 않는 것으로 나타났기 때문이다. 산출에서도 핵억양의 음높이 변화 정도가 중요한 역할을 하지 않았다. 친절한 발화와 불친절한 발화에서 주로 음높이 변화 정도가 없는 L% 패턴으로 핵억양을 실현하였기 때문이다. 따라서 지각과 산출에 대한 분석 결과를 함께 본다면 핵억양의 지속 시간과 기본주파수, 패턴이 친절한 감정을 전달하는 데 중요한 역할을 수행한다는 결론을 내릴 수 있다. 즉 핵억양의 지속 시간이 길수록, 기본주파수가 높을수록 발화의 친절성이 강해진다. 또한 핵억양 패턴의 친절성에 있어서 내림조, 수평조,

오름조의 순서로 전달하는 친절성이 강해지고 친절한 발화를 전달하려면 일반적으로 내림조를 사용하지 않는다.

이어서 감정 전달에 대한 참여자의 지각 능력과 산출 능력을 살펴보도록 하겠다. 앞에서 밝혔듯이 한국인의 친절한 발화에 대한 모든 학습자의 지각 능력이 한국인과 같았으며 불친절한 발화에 대한 초급 학습자의 지각 능력이 유의미하게 낮았고 중급 학습자와 고급 학습자의 지각 능력이 한국인과 같았다. 산출에서는 불친절한 발화를 실현하는 데 모든 학습자가 어려움을 겪지 않았으며 친절한 발화를 실현하는 데 초급 학습자에게만 친절한 태도를 전달하기가 어려운 경우가 있었다. 이상의 결론을 한 마디로 정리하자면 친절한 감정과 불친절한 감정에 대한 중급 학습자와 고급 학습자의 지각 능력과 산출 능력이 모두 한국인과 같은 반면 불친절한 발화에 대한 초급 학습자의 지각 능력과 친절한 발화에 대한 초급 학습자의 산출 능력이 낮았다.

이처럼 감정 억양에 대한 교육은 초급 학습자 위주로 진행하여야 하며 감정에 대한 초급 학습자의 지각 능력과 산출 능력의 불일치는 둘 사이에 상관관계가 존재하지 않을 가능성이 있음을 의미한다. 이를 확인하기 위하여 다음과 같이 통계분석을 진행하였다. 결과에 따르면 감정 발화에 대한 초급 학습자의 지각 능력과 산출 능력 간 유의미한 차이가 없었다. 즉 초급 학습자를 위한 감정 지각 훈련과 감정 산출 훈련을 나눠서 진행할 필요가 있다. 또한 중급 학습자와 고급 학습자의 지각 능력과 산출 능력이 한국인과 같다는 사실은 자연 발화만 활용하는 연습 방법이 발화의 감정에 대한 지각 능력과 산출 능력을 향상시키는 데 충분하다는 것을 의미한다.

〈표 3-106〉 감정 발화에 대한 초급 학습자의 지각 능력과 산출 능력의 상관관계 분석 결과

		친절한 발화
		산출
지각	Person 상관	-.200
	유의확률(양측)	.411
	N	19

		불친절한 발화
		산출
지각	Person 상관	-.147
	유의확률(양측)	.548
	N	19

이상의 논의를 통하여 다음과 같은 결론을 지을 수 있다. 첫째, 감정 억양에 대한 교육은 초급 학습자 위주로 진행하여야 하며 핵억양의 기본 주파수과 패턴, 지속 시간 위주로 교육 내용을 마련하여야 한다. 둘째, 감정 억양에 대한 지각 훈련과 산출 훈련을 나눠서 진행할 필요가 있다. 셋째, 발화의 감정에 대한 지각 능력과 산출 능력을 향상시키는 데 자연 발화를 활용하는 연습 방법이 효과적이다.

IV. 지각과 산출로 본 중국인 학습자를 위한 한국어 억양 교육 방안

 이장에서는 한국어 억양 교육의 원리를 살펴본 후, 이론적 근거와 실험 결과를 통하여 얻은 시사점을 바탕으로 각 억양 기능에 대한 교육 내용과 교육 방법을 마련하였다. 이어서 교육 원리, 교육 내용, 교육 방법을 결합하여 각 기능에 대한 교수·학습 사례를 제시하였다.

1. 한국어 억양 교육의 원리

 II장 교재 분석에서 논의하였듯이 억양은 의사소통에 영향을 미칠 수 있으나 현실적으로 교육에서 큰 비중을 차지하지 못한다. 따라서 유한한 시간 안에 억양 교육의 효과를 최대하게 일으키는 것이 중요하다. 그러나 억양 교육이 포함된 교재가 있다고 하더라도 그 교육 내용이 체계적이지 않고 듣고 따라하는 방법 외 다른 교육 방법을 찾기가 어렵다. 이는 억양 교육의 효과를 최대화하는 데 부정적 영향을 미칠 수 있다. 효과적인 억양 교육 방안을 마련하기 위하여 체계적이고 핵심적인 억양 교육 내용의 선정과 효과적인 억양 교육 방법의 제시가 요구된다.

우선 억양 교육 내용에 대한 원리를 살펴보도록 하겠다. Taylor(1993:2)에서는 다음과 같이 지적하였다. "지금까지 억양 연구에서 밝혀진 대부분 결과는 억양 교육에 직접적으로 활용할 수 없다. 디테일을 너무 상세하게 분석했으므로 일반인이 쉽게 이해하기가 어렵기 때문이다. 따라서 제2언어 교육이나 외국어 교육에서 반드시 습득할 수 있고 활용할 수 있는 내용을 교육하여야 한다." 이는 억양 연구의 모든 결과를 그대로 교육에 활용할 수 없음을 알려준다. Taylor(1993:2)의 주장에 따르면 학습자가 습득할 수 없는 내용, 교육이 불가능한 내용, 그리고 활용할 가능성이 낮은 내용을 억양 교육 내용으로 선정하는 것이 적당하지 않다.

그렇다면 학습자에게 필요한 억양 교육 내용이 무엇인가? 이에 대하여 김은애·박기영·박혜진·진문이(2008)는 '억양의 의미는 일반화가 가능한 것이어야 한다'는 원리와 '억양 교육은 의사소통 목적에 부합하는 것이어야 한다'는 원리를 제시하였고, Grant & Brinton(2014)은 억양의 기능은 억양에 대한 가장 중요한 내용이며 교육 가능성이 가장 높은 것이기 때문에 억양 기능에 교육 초점을 두어야 한다고 주장하였다. 따라서 억양 교육은 의사소통에 큰 영향을 미치며 학습자가 이해하기가 쉬운 억양의 기능 위주로 진행하는 것이 적당하다고 할 수 있다. 이것을 억양 교육의 첫 번째 원리이다. 억양의 기능 위주로 교육 내용을 마련하는 또 하나의 장점은 체계적인 억양 교육을 진행할 수 있는 것이다. 즉 학습자가 억양에 대한 어떤 내용을 배우고 있는지를 확실하게 알 수 있다. Christine(1994:90)에서 억양 교육을 받은 적이 없는 학습자가 대부분이며 효과적인 억양 교육을 진행하기 위하여 체계적인 교육 내용의 마련이 우선이라고 주장하였다. 교육과정에서 중요한 부분이 되기가 어려운 억양 교육은 수업에서 큰 비중을 차지하기가 어려운데 이러한 배경에서 억양 교육 내용을 기능에 따라 체계적으로 제시하면 학습자가 억양의 역할을 인지하거나 습득하는 데 보다 효과적이라고 할 수 있다.

이상에서 억양 교육 내용에 대한 원리를 논의하였는데 이어서 나온 질문은 억양을 어떻게 가르치는가이다. Weltens & Bot(1984:77)에서 억양 교육은 주로 한국인의 발화를 듣고 따라하는 방법으로 진행하고 있다고 지적하였다. II장의 교재 분석을 통해서 지금까지도 듣고 따라하는 연습 방법이 억양 교육에서 중요한 위치를 차지하고 있음을 알 수 있다. 그러나 Weltens & Bot(1984:77)에서 지적했듯이 이 방법은 학습자의 자발적 발화에 영향을 미치기가 어려우며 장기적인 교육 효과를 일으키는 데 한계점이 있을 수 있다. Mitrofanova(2012) 등의 연구에서도 이와 비슷한 주장을 하였고 억양 교육에서 다양한 교육 방법이 필요하다는 점을 강조하였다. 따라서 억양 교육 방법의 첫 번째 원리는 듣고 따라하는 방법뿐만 아니라 다양한 교육 방법을 활용하여야 한다는 것이다. 또한 억양 교육 방법에 대하여 Grant & Brinton(2014)과 Chapman(2007) 등의 연구에서 강조한 것처럼 반복적인 연습이 꼭 필요한 내용이다. 이것이 바로 억양 교육 방법의 두 번째 원리이다.

여기까지는 억양 교육 내용 및 교육 방법에 대한 원리를 정리하였다. 마지막으로 교육에서 활용하는 자료에 대한 일반적 원리를 살펴보도록 하겠다. 분절음과 달리 억양은 문장에서 기능을 수행하기 때문에 Grant & Brinton(2014:119) 등의 연구에서 문맥과 함께 억양을 가르친다는 교육 원리를 제시하였다. 즉 억양은 문장을 통하여 가르쳐야 한다. 그럼 어떤 문장일까? 이에 대해서 두 가지를 논의하도록 하겠다. 첫째, 무의미한 문장인가 아니면 의미가 있는 문장인가?[70] 김은애·박기영·박혜진·진문이(2008)에서 '억양은 실제 언어와 함께 교육되어야 한다'는 원리를 제시하였고 Bot & Mailfert(1982:75)에서 유의미한 예문이 결여되어 있는

---

70 무의미한 문장이란 '아아아야'처럼 의미가 없는 문장에 목표 억양 패턴이 실려 억양 패턴에 집중하도록 하는 문장이다.

점이 학습자의 억양 습득에 부정적 영향을 미친다는 결론을 내렸다. Chun(1988:83)에서도 연습 내용을 실제 대화를 반영할 수 있게 작성하여야 한다고 주장하였다. 이처럼 대부분의 연구에서는 억양을 교육할 때 유의미한 문장을 활용하야 한다고 주장한다. 그 이유는 억양 교육의 목표는 실제적 의사소통 능력의 향상에 두기 때문이라고 할 수 있다. 물론 억양 패턴의 변화 특징에 익숙하게 하기 위하여 무의미한 문장을 활용한다는 교육 방법을 제시한 연구들도 있었다. 그러나 이와 같은 교육 방법이 효과가 있겠으나 결국은 다시 유의미한 문장과 결합하여 연습하여야 하고, 또한 프라트(Praat) 등의 프로그램을 통해서 유의미한 문장의 억양 패턴을 시각적으로 전환시킬 수도 있기 때문에 본 연구는 무의미한 문장보다 의미가 있는 문장을 활용하는 억양 교육 방법이 더 적당하다고 주장하고자 한다.

교육 문장에 대해서 고려할 두 번째 문제는 문장의 복잡도이다. 억양의 기능을 교육할 때 복잡한 문장보다 짧고 간단한 문장이 더 적당하다. 학습자가 억양에 집중할 수 있기 때문이다. Grant & Brinton(2014)과 Allen(1971) 등의 연구에서도 이 점을 강조하였다. 따라서 억양 기능에 대한 교육에서 활용하는 교육 문장은 의미가 있는 간단한 문장이 적당하다고 할 수 있다.

억양 교육 내용, 교육 자료, 연습 방법에 대한 이상의 논의를 통해서 억양 교육에 대한 일반적인 원리를 다음과 같이 제시하였다. 여기서 유의할 만한 점은 억양 교육에 대한 기본적인 원리를 제시하였으나 기능에 따라 구체적으로 어떤 교육 내용 및 교육 방법을 활용하여야 하는지에 대한 논의가 필요하다. 다음 절들에서 억양 기능에 따른 교육 내용 및 방법을 살펴보도록 하겠다.

⟨표 4-1⟩ 억양 교육에 대한 일반적인 원리

1. 억양 교육 내용에 대하여: 체계적인 억양 기능 교육을 중심으로 진행하여야 한다.
2. 억양 교육 방법에 대하여: 듣고 따라하는 방법뿐만 아니라 다양한 방법을 활용하여야 하며 반복적인 연습을 진행하여야 한다.
3. 억양 교육 자료에 대하여: 의미가 있는 간단한 문장(문맥)을 통하여 억양을 교육하여야 한다.

2. 억양 기능 및 학습자 숙달도에 따른 교육 내용

이 장에서는 앞에서 밝혀진 실험 결과를 바탕으로 억양 기능에 따른 교육 내용이 무엇인지, 그리고 학습자 숙달도에 따른 교육 내용이 무엇인지를 살펴보도록 하겠다. 우선 기능에 따른 교육 내용을 논의하도록 하겠다.

앞에서 밝힌 실험 결과를 바탕으로 문장 초점의 전달 기능의 교육 내용에 대한 시사점을 정리하자면 첫째, 초점이 없는 발화에 대한 지각 능력과 산출 능력의 향상에 초점을 두어야 한다. 초점 발화에 대한 모든 학습자의 지각 능력과 산출 능력이 높은 것으로 나타난 반면 초점이 없는 발화에 대한 모든 학습자의 지각 능력과 산출 능력이 한국인보다 낮았기 때문이다. 둘째, 초점 전달 기능의 핵심적인 단서는 최고점의 음높이기 때문에 최고점 음높이 위주로 교육 내용을 마련하여야 한다. 또한 초점 부분의 최고점 음높이뿐만 아니라 전후 말토막의 최고점 음높이 차이와 문장 초점 개수의 관계도 교육 내용에 포함되어야 한다.

말토막 억양 경계의 의미 전달 기능의 교육 내용에 대한 시사점에 있어서 첫째, 합성어에 대한 지각 능력과 산출 능력의 향상에 초점을 두어야 한다. 관계절에 대한 모든 학습자의 지각 능력과 산출 능력이 큰 문제가 없었기 때문이다. 둘째, 합성어와 관계절의 구분은 선행 말토막의 끝음절과 후행 말토막의 첫음절의 음높이 차이이기 때문에 전후 음절의 음높이 차이를 중심으로 교육 내용을 마련하여야 한다.

자연스러운 억양의 형성 기능에 대해서 앞에서도 논의했듯이 말토막 억양 패턴이 의미 전달에 영향을 미치지 않기 때문에 한국인의 발화에 대한 학습자의 지각 능력 향상이 교육에 포함될 필요가 없다. 그러나 학습자가 말토막 억양 패턴을 제대로 산출하지 못하면 한국어다운 억양을 실현하지 못하기 때문에 한국어 말하기 능력이 부족하다는 평가를 받을 수 있다. 따라서 이 기능에 대한 교육은 산출 능력 향상을 중심으로 진행하는 것이 적당하다고 판단하였다. 실험 결과를 바탕으로 자연스러운 억양의 형성 기능의 교육 내용에 대한 시사점은 약자음으로 시작하는 말토막 억양 패턴의 자연스러운 산출이 주된 교육 내용이어야 하며 말토막 억양 패턴의 첫음절과 두 번째 음절의 음높이 차이가 자연스러운 산출에 중요한 영향을 미친다는 것이다.

문법적 기능에 있어서 내림조로 실현된 의문문의 교육 내용에 대한 시사점으로 첫째, 초급 학습자의 산출 능력의 향상을 중심으로 교육 내용을 마련하여야 한다. 내림조로 실현된 의문문에 대한 모든 학습자의 지각 능력이 한국인과 같았고 중·고급 학습자의 산출 능력도 한국인과 같았기 때문이다. 둘째, 초급 학습자가 내림조로 실현된 의문문에 대한 산출 능력이 낮은 원인은 어떤 경우에 의문문을 내림조로 실현되어야 한다는 것을 내재화시키지 못하였기 때문이다. 따라서 이 규칙에 대한 명시적인 교육은 주된 교육 내용이어야 한다. 또한 설명의문문과 판정의문문의 교육 내용에 관한 시사점을 정리하자면 첫째, 설명의문문에 대한 지각 능력과 산출 능력의 향상에 초점을 두어야 한다. 둘째, 말토막 억양 경계 해지를 통한 의문자의 초점 실현과 HL%로 설명의문문의 핵억양을 실현한다는 것이 주된 교육 내용이다.

화용론적 기능에 있어서 억양 패턴에 대한 모든 학습자의 지각 범주화 양상이 한국인과 다르게 나타났기 때문에 패턴에 대한 범주 식별은 교육의 중점이라 할 수 있다. 산출에서는 초급 학습자의 산출 능력이 낮은 것으로 나타났으나 억양에 따라 전달하는 의미가 달라지는 어미에 대한 학습은 초급 단계에 포함되어 있지 않는다. 즉 화용론적 기능에 대한 산출 능력의 향상은 교육 내용에 포함될 필요가 없다.

감정 및 태도의 전달 기능의 교육 내용에 대한 시사점은 감정 억양에 대한 초급 학습자의 지각 능력과 산출 능력을 향상시키는 것이 주된 교육 내용이 되어야 한다는 점이다. 또한 핵억양의 기본주파수, 패턴, 지속 시간이 모두 감정 전달에 중요한 영향을 미칠 수 있으나 초급 학습자의 능력이 낮게 나타난 원인은 기본주파수와 핵억양 패턴의 역할을 제대로 파악하지 못하였기 때문이다. 즉 초급 학습자를 위한 교육에서 감정 억양에 대한 핵억양 패턴과 기본주파수 위주로 교육 내용을 마련할 필요가 있다. 이상의 논의를 바탕으로 각 기능에 따른 교육 내용을 다음 표와 같이 정리하였다.

〈표 4-2〉 억양 기능에 따른 교육 내용

억양 단위	기능	주된 교육 대상	능력	핵심적 억양 단서
말토막 억양	문장 초점의 전달 기능	초점이 없는 발화	지각 능력 및 산출 능력	최고점 음높이
	말토막 억양 경계의 의미 전달 기능	합성어	지각 능력 및 산출 능력	선행 말토막 끝음절과 후행 말토막의 첫음절의 음높이 차이
	자연스러운 억양의 형성 기능	약자음으로 시작하는 말토막 억양 패턴	산출 능력	첫음절과 두 번째 음절의 음높이 차이
핵억양	내림조로 실현된 의문문	내림조로 실현된 의문문도 존재한다는 것	산출 능력	억양 패턴

설명의문문 및 판정의문문	설명의문문	지각 능력 및 산출 능력	1. 의문자의 초점 실현 2. HL%인 핵억양 패턴
화용론적 기능	패턴 범주의 식별	지각 능력	억양 패턴
감정 및 태도의 전달 기능	친절한 태도	지각 능력 및 산출 능력	1. 핵억양의 기본주파수 2. 핵억양 패턴

이어서 숙달도에 따른 교육 내용을 살펴보도록 하겠다. 문장 초점의 전달 기능에 대한 지각 교육 및 산출 교육은 초급부터 고급까지 반복적으로 진행하여야 한다. 숙달도에 따른 습득 양상 간 차이가 없었기 때문이다. 말토막 억양 경계 해지에 의한 의미 전달 기능에 있어서 지각 교육은 초급과 중급에서 진행하고 산출 교육은 초급부터 고급까지 모두 진행하여야 한다. 고급 학습자의 지각 능력이 한국인과 같았으나 모든 학습자의 산출 능력이 낮게 나타났기 때문이다. 또한 자연스러운 억양의 형성 기능에 대한 산출 교육은 초급과 중급에 도입하는 것이 적당하다. 초급 학습자와 중급 학습자의 산출 양상이 한국인과 차이가 나타났기 때문이다.

이어서 핵억양의 기능을 살펴보도록 하겠다. 문법적 기능에 있어서 첫째, 내림조로 실현된 의문문에 대한 산출 교육은 초급 단계에서 진행하는 것이 적당하다. 중급 학습자 및 고급 학습자와 달리 초급 학습자의 산출 능력이 낮은 것으로 나타났기 때문이다. 둘째, 설명의문문에 대한 지각 교육은 초급과 중급에서 진행하고 산출 교육은 초급부터 고급까지 모두 진행하여야 한다. 고급 학습자의 지각 능력은 한국인과 같았으나 산출 능력은 초급 학습자 및 중급 학습자와 마찬가지로 한국인보다 낮은 것으로 나타났기 때문이다.

화용론적 기능에 있어서 앞에서도 언급했듯이 초급 학습자는 억양의 화용론적 기능에 대한 교육 대상이 아니다. 또한 화용론적 기능에 대한 중급 학습자와 고급 학습자의 지각 범주화가 한국인과 다르게 나타났고 산출 능력이 한국인과 같았기 때문에 화용론적 기능에 대한 교육은 중급과 고급에서 진행하여야 하고 지각 훈련에 초점을 두어야 한다.

마지막으로 감정 및 태도의 전달 기능의 교육 시기에 대한 시사점은 초급 학습자의 지각 능력과 산출 능력이 중급 학습자와 고급 학습자보다 유의미하게 낮은 것으로 나타났기 때문에 감정 및 태도의 전달 기능은 초급 학습자를 중심으로 교육하여야 한다. 이상의 논의를 바탕으로 숙달도에 따른 교육 내용을 다음 표와 같이 정리하였다.

〈표 4-3〉 숙달도에 따른 억양 교육 내용

억양 단위	교육 내용	초급	중급	고급
말토막 억양	1-1 문장 초점의 전달 기능에 대한 지각 교육	O	O	O
	1-2 문장 초점의 전달 기능에 대한 산출 교육	O	O	O
	2-1 말토막 억양 경계 해지에 의한 의미 전달 기능에 대한 지각 교육	O	O	
	2-2 말토막 억양 경계 해지에 의한 의미 전달 기능에 대한 산출 교육	O	O	O
	3-1 자연스러운 억양의 형성 기능에 대한 지각 교육			
	3-2 자연스러운 억양의 형성 기능에 대한 산출 교육	O		
핵억양	4-1 내림조로 실현된 의문문에 대한 지각 교육			
	4-2 내림조로 실현된 의문문에 대한 산출 교육			
	5-1 설명의문문에 대한 지각 교육	O	O	
	5-2 설명의문문에 대한 산출 교육	O	O	
	6-1 화용론적 기능에 대한 지각 교육		O	O
	6-2 화용론적 기능에 대한 산출 교육			
	7-1 감정 및 태도의 전달 기능에 대한 지각 교육	O		
	7-2 감정 및 태도의 전달 기능에 대한 산출 교육	O		

기존의 연구과 비교하면 본 연구에서 제시한 억양 교육 내용은 다음과

같은 몇 가지 점에서 차이가 나타난다. 첫째, 말토막 억양의 의미 전달 기능을 추가하였다. 둘째, 학습자의 숙달도에 따른 습득 양상을 분석한 결과를 바탕으로 숙달도에 따른 교육 내용을 구체적으로 제시하였다. 셋째, 지각 능력과 산출 능력을 두 가지의 독립된 분야로 삼아 어떤 능력을 중심으로 교육 내용을 마련하여야 하는지를 제시하였다. 또한 각 기능을 수행하는 데 핵심적 역할을 담당하는 억양 단서를 밝혔으므로 억양 교육 내용의 구체화에 도움이 된다고 할 수 있다.

3. 억양 기능에 따른 교육 방법

3.1. 억양 지각 능력을 향상시키는 방법

이 절에서는 억양에 대한 지각 능력을 향상시키는 방법을 살펴본 후 각 기능에 대한 지각 능력을 향상시키기 위하여 어떤 방법을 마련하여야 하는지를 논의하도록 하겠다. Bot & Mailfert(1982:71)에서 훈련을 받은 음성학자나 언어 교사라도 제2언어/외국어의 억양을 정확하게 지각하지 못하는 경우가 있다고 지적하였고, Mitrofanova(2012:282)에서 특별한 훈련이 없이 L2 억양을 지각적으로 자연스럽게 습득하는 것이 불가능하다고 지적했듯이 억양 교육에서 억양 지각에 대한 훈련이 필수적이다. 그렇다면 억양 지각 훈련의 목표가 무엇인가? 이 절에서 논의하고자 하는 지각 훈련은 산출 능력의 향상을 위한 지각 훈련이 아니라 지각을 위한 지각 훈련이다. 이에 대해서 Wang, Spence, Jongman, & Sereno(1999:3649)에서 논의한 것처럼 지각 훈련에 대한 연구는 성인 학습자의 지각 시스템을 조절할 수 있다는 전제 하에서 진행해 왔는데 이러한 연구들의 목표는 지각 훈련을 통해서 새로운 음운 범주를 형성하게 하는 것이다. 즉 지각을 위한 지각 훈련의 주된 목표는 음운 범주의 형성에 있다고 할 수 있다.

이 목표의 중요성은 억양 발화의 다양성에서 더욱 드러낸다. 즉 화자에 따른 억양 실현 양상이 크게 달라지기 때문에 몇 명의 화자의 발화를 제대로 이해한다고 해서 모든 화자의 발화를 이해할 수 있는 것이 아니다. 중요한 것은 발화의 의미 범주를 억양을 통하여 정확하게 구별하는 것이다. 이래야 발화자와 상관없이 억양이 전달하는 의미를 제대로 이해할 수 있다.

지각 훈련의 목표와 억양 발화의 다양성을 통하여 알 수 있듯이 자연 발화를 활용하는 훈련만으로 억양 지각 교육의 효과를 높이는 데 제한적일 수 있다. 자연 발화를 활용하는 지각 훈련은 음운 범주 구별에 목표를 둔다고 하기보다는 구체적인 억양 형태의 의미 식별에 목표를 둔다고 하기가 더 적당하다기 때문이다. 그러나 여기서 유의할 점은 만약 자연 발화에 대한 접근을 통하여 지각 범주화가 형성될 수 있다는 증거가 있다면, 혹은 음운 범주 형성이 지각 훈련의 목표가 아니라면 지각 훈련에서 자연 발화를 활용할 수도 있다.

그렇다면 음운 범주 형성을 위한 억양 지각 훈련을 어떻게 진행하여야 하는가? 이에 대하여 세 가지의 기준으로 논의하도록 하겠다. 첫째, 범주 경계에 대하여 지속적으로 자극하여야 한다. 범주 형성에 목표를 두는 만큼 범주 경계에 대한 지각 능력의 향상이 우선이다. Logan, Lively, & Pisoni(1991), 王士元・彭剛(2006), Reetz & Jongman(2009) 등의 연구에서 밝힌 것처럼 범주 경계에 대한 지속적 자극은 학습자의 경계 형성이나 경계 이동에 큰 효과가 있다. 따라서 지각 범주 경계를 밝히고 그 경계에 대한 자극을 학습자에게 지속적으로 들려주는 것이 지각 범주화 형성을 위한 중요한 수단이다.

둘째, 지각 식별 과제 위주로 진행하여야 한다. 앞에서 참여자의 지각 범주화 양상을 분석한 경우 지각 구별 실험과 지각 식별 실험을 모두 진행하였으나 지각 훈련에서 지각 식별 실험 위주로 진행하는 것이 적당하다. 김지은(2010)에서 제시한 것처럼 새로운 음운 범주를 형성하는 데는 구별 과제보다 식별 과제가 효과적이기 때문이다. 따라서 음운 범주 형성을 위한 지각 훈련에서 서로 다른 범주에 속하는 자극들의 음성학적 차이를 인지시키는 것보다 이러한 차이가 의미 전달에 미치는 영향을 인지시키는 것이 더 중요하다.

셋째, 고변이 음성 훈련과 관련시켜야 한다. 고변이 음성 훈련이란 단일 화자의 발화가 아니라 다양한 화자의 발화를 활용하는 지각 훈련 방법이다. 교과서의 경우 본문이나 연습 문제를 낭독하는 화자가 단일 화자인 경우가 많다. 즉 학습자가 다양한 화자의 발화에 노출되지 못한다. 이에 대하여 많은 연구자가 부정적 태도를 가지며 고변이 음성훈련 방법을 교육에 도입하여야 한다고 주장한다. Bradlow, Yamada, Pisoni, & Tohkura(1999), Wang, Spence, Jongman, & Sereno(1999) 등의 연구에서 밝힌 저변이 음성 훈련(단일 화자의 발화를 활용하는 지각 훈련)보다 고변이 음성 훈련이 분절음에 대한 장기적 훈련 효과를 유지하는 데 뚜렷한 효과가 있으며 훈련 효과를 일반화시킬 수 있다는 결과가 그 근거가 된다. 가맹맹(2020b)에서 고변이 음성 훈련을 한국어 억양 지각 교육에 적용해 보아 고변이 음성 훈련이 억양에 대한 학습자의 지각 능력 향상에도 긍정적 영향을 미친다는 결과를 얻었다. 화자에 따른 억양 양상이 다양하기 때문에 억양 교육에서 고변이 음성훈련을 적용하는 방법이 합리적이라고 할 수 있다.

이상은 지각을 통한 지각 훈련에 대해서 살펴보았다. 이 외에 산출을 통한 지각 훈련에 대한 언급도 있었다. 예를 들면 홍진혁(2017)에서 영어의 'first of all'에 대한 습득 양상을 설명하면서 산출을 통한 지각 훈련을 제시한 바 있다. 즉 음운 변동 현상으로 인하여 학습자가 'first of all'의 발음을 아무리 반복해서 들어도 그것이 무엇을 말하는지를 인식하기가 어렵다. 그 때는 실제 산출해 봄으로 해당 발음에 대한 지각 능력을 기를 수 있다. 즉 학습자가 지각적으로 식별하지 못하는 발음에 대해서 실제 발음을 산출해 보는 교육 방법을 활용할 수 있다. 억양 교육에서 산출을 통한 지각 훈련에 대한 언급을 찾기가 어려우나 분절음에 대한 교육 방법과 관련시켜 생각해 보면 학습자가 지각적으로 억양 형태와 전달 의미를 연결시키기가 어려울 경우 발음해 보고 억양 형태와 전달 의미의 상관성을 실제적으로 느껴보는 방법을 활용할 수도 있다.

이상의 논의를 정리하자면 첫째, 지각 범주화 형성이 지각 훈련의 목표가 아니라면, 혹은 자연 발화에 노출된 빈도가 높아짐에 따라 학습자가 한국인처럼 지각 범주화를 형성할 수 있다는 근거가 있다면, 지각 교육에서 자연 발화를 활용하는 방법이 충분하다. 둘째, 지각 범주화 형성이 목표이고 자연 발화에 노출된 빈도가 높아도 학습자가 지각 범주화를 형성할 수 없다면 자연 발화를 활용하는 지각 훈련이 적절하지 않다. 대신에 지각 범주 경계를 밝히고 범주 경계에 대한 지속적 자극, 그리고 서로 다른 범주에 속하는 자극들에 대한 범주 식별 훈련을 고변이 음성 훈련과 결합하는 훈련을 진행하여야 한다. 셋째, 학습자가 지각적으로 자극의 음성학적 특징을 인식하기가 어렵거나 자극과 의미를 연결시키는 데 어려움이 있다면 산출을 통한 지각 훈련 방법을 활용해 볼 수 있다.

이어서 이상에서 논의한 지각 훈련을 억양의 각 기능에 어떻게 적용하여야 하는지를 살펴보도록 하겠다. 앞 절에서 제시했듯이 초점이 없는 발화, 합성어, 설명의문문, 화용론적 기능, 감정 및 태도의 전달 기능에 대한 학습자의 지각 능력을 향상시킬 필요가 있다. 초점이 없는 발화의 지각 훈련 방법에 대한 시사점으로 첫째, 초점이 없는 발화에 대한 지각 능력과 산출 능력 간 유의미한 상관관계가 존재하지 않았다는 점은 지각 훈련과 산출 훈련을 나눠서 진행할 필요가 있음을 알려 준다. 둘째, 세 가지의 학습자 집단의 지각 능력 간 유의미한 차이가 없었다는 점은 자연 발화를 활용하는 방법만으로 학습자의 지각 능력을 향상시키는 데 효과적이지 않음을 알려 준다. 셋째, 초점이 없는 발화에 대한 학습자의 지각 문제가 발생한 원인은 단서에 대한 학습자의 지각 범주화 양상이 한국인과 다르기 때문이다. 이는 초점이 없는 발화에 대한 지각 훈련의 초점은 초점이 있는 발화와 초점이 없는 발화에 대한 지각 범주화 형성에 두어야 함을 의미한다. 따라서 앞에서 제시된 교육 방법에 따르면 초점이 없는 발화에 대한 지각 능력을 향상시키기 위하여 초점 발화와 초점이 없는 발화의 범주 경계에 대한 지속적 자극, 그리고 다른 범주에 속하는 자극들에 대한 범주 식별 훈련을 고변이 음성 훈련과 결합하는 지각 훈련을 진행하여야 한다.

합성어의 지각 훈련 방법에 대한 시사점으로 첫째, 합성어에 대한 지각 능력과 산출 능력 간 유의미한 상관관계가 없다고 밝혔듯이 지각 연습과 산출 연습을 나눠서 진행할 필요가 있다. 둘째, 학습자의 숙달도에 따른 합성어에 대한 지각 능력이 늘어나고 고급 학습자의 지각 능력이 한국인과 같았다는 결과는 자연 발화를 활용하는 훈련이 합성어에 대한 지각 능력을 높이는 데 충분하는 점을 알려 준다. 따라서 합성어에 대한 지각 훈련에서 한국인의 자연 발화를 반복적으로 듣는 훈련 방법을 진행할 수 있다.

설명의문문에 대한 지각 훈련에는 음높이 차이 조절을 통한 의문사의 초점 실현에 대한 지각 훈련과 핵억양 패턴에 대한 지각 훈련이 포함된다. 음높이 차이 조절을 통한 의문사의 초점 실현에 대한 지각 훈련은 앞에서 제시된 합성어에 대한 지각 훈련 원리와 같다. 즉 한국인의 자연 발화를 활용하는 훈련 방법을 진행할 수 있다. 내림조로 실현된 설명의문문의 핵억양 패턴에 대한 지각 훈련을 마련하기 위하여 내림조로 실현된 의문문에 대한 실험 결과를 참고할 수 있다. 다시 말해서 학습자가 내림조로 실현된 의문문을 지각하는 데 문제가 없는 것으로 나타났기 때문에 설명의문문의 핵억양 패턴에 대한 지각 훈련은 한국인의 자연 발화를 활용할 수 있다. 이상의 논의를 바탕으로 설명의문문에 대한 지각 훈련에서 한국인의 자연 발화를 활용하는 훈련 방법이 충분하다고 할 수 있다.

화용론적 기능에 대한 지각 훈련 방법의 시사점을 정리하자면 첫째, 패턴에 대한 지각 능력과 산출 능력 간 긴밀한 상관관계가 존재하지 않았기 때문에 지각 훈련과 산출 훈련을 나눠서 진행할 필요가 있다. 둘째, 자연 발화를 활용하는 연습 방법이 지각 범주화 형성에 큰 영향을 미치지 못하였다. 고급 학습자의 지각 능력도 한국인과 차이가 나타났기 때문이다. 셋째, 지각 훈련의 목적은 패턴에 대한 지각 범주화를 형성하게 하는 데에 있다. 따라서 화용론적 기능에 대한 지각 능력을 향상시키기 위하여 패턴 범주 경계에 대한 지속적 자극, 그리고 서로 다른 범주에 속하는 자극들에 대한 범주 식별 훈련을 고변이 음성 훈련과 결합하는 지각 훈련을 진행하여야 한다.

감정 및 태도의 전달 기능의 지각 훈련 방법에 대한 시사점은 첫째, 지각 능력과 산출 능력 간 긴밀한 상관관계가 존재하지 않았기 때문에 지각 훈련과 산출 훈련을 나눠서 진행하여야 한다. 둘째, 한국인의 자연 발화를 활용하는 방법이 발화의 감정에 대한 지각 능력을 촉진하는 데 뚜렷한 효과가 있다. 중급 학습자와 고급 학습자의 감정 지각 능력이 한국인과 같았기 때문이다. 따라서 감정 및 태도의 전달 기능에 대한 지각 훈련에서 한국인의 자연 발화를 활용하는 훈련 방법을 진행할 수 있다.

이상의 논의를 바탕으로 각 기능에 대한 지각 훈련 방법을 정리하자면 다음 표와 같다.

〈표 4-4〉 기능에 따른 지각 훈련 방법

기능	산출 훈련과 구분 여부	훈련 방법
문장 초점의 전달 기능(초점이 없는 발화)	구분	범주 경계에 대한 지속적 자극, 그리고 서로 다른 범주에 속하는 자극들에 대한 범주 식별 훈련을 고변이 음성 훈련과 결합하는 지각 훈련 방법
말토막 경계 형성에 의한 의미 전달 기능(합성어)	구분	한국인의 자연 발화를 활용하는 지각 훈련 방법
문법적 기능(설명의문문)	구분	한국인의 자연 발화를 활용하는 지각 훈련 방법
화용론적 기능	구분	범주 경계에 대한 지속적 자극, 그리고 서로 다른 범주에 속하는 자극들에 대한 범주 식별 훈련을 고변이 음성 훈련과 결합하는 지각 훈련 방법
감정 및 태도의 전달 기능	구분	한국인의 자연 발화를 활용하는 지각 훈련 방법

3.2. 억양 산출 능력을 향상시키는 방법

이 절에서는 억양 산출 능력을 형상시키는 방법을 살펴보고 각 기능에 대한 산출 능력을 향상시키기 위하여 어떤 방법을 마련하여야 하는지를 논의하도록 하겠다. 산출에 대한 연구가 많은 만큼 그 연구 결과를 바탕으로 학습자의 산출 능력을 향상시키기 위한 훈련 방법도 많이 제시되었다. 그 중 프라트(Praat) 등의 프로그램을 통해서 발화를 시각적으로 확인할 수 있는 억양 곡선과 객관적인 수치로 전환하여 학습자에게 제시하는 것처럼 시각적 자료와의 결합에 대한 언급이 가장 많았다. 이에 대하여 일찍이 Weltens & Bot(1984)에서 단순히 청각적 자료를 모방하는 것보다 청각적 자료와 시각적 자료를 함께 제시하는 것이 억양 교육 효과를 향상시키는 데 보다 긍정적 영향을 미친다고 밝혔다. 이지은(2019)에서도 화살표를 활용하는 방법보다 프라트(Praat)를 활용하여 발음을 가르치는 방법이 더 효과적임을 밝혔다. 시각적인 자료의 제공을 통해서 지각 단서를 더 직관적으로 확인할 수 있다는 뚜렷한 장점을 지니기 때문에 억양 교육에서 빼놓을 수 없는 교육 방법이다.

이 외에 억양 산출 교육에 있어서 듣기와의 결합에 대한 언급도 적지 않았다. 예를 들면 허용·김선정(2006)에서 제시된 '말하기보다는 듣기를 먼저 가르친다'는 교육 방법, 김선희(2013)에서 제시된 '드라마 대사 따라 하기'와 같은 교육 방법이 모두 듣기를 통한 산출 능력의 향상 훈련이다. 이러한 방법의 원리는 지각과 산출이 긴밀하게 연결되어 있다는 것이다. 따라서 앞에서도 논의했듯이 이와 같은 방법은 지각이 가능하며 지각과 산출 간 유의미한 상관관계가 존재한다는 전제 하에서 학습자의 산출 능력을 높일 수 있다. 그렇지 않을 경우 단순히 자연 발화를 따라하는 방법을 통해서 산출 능력을 향상시키는 데 한계점을 지닐 수 있다.

또한 학습자의 자발적 발화를 촉진하도록 발화 연습을 진행하여야 한다는 주장도 있었다. 이러한 발화 연습에서 유의할 점은 연습 주제가 현실성이 있어야 한다. 많은 연구에서 학습자가 수업에서 연습하는 내용을 교실 밖에 활용할 수 없다고 지적하였다. 따라서 일상생활에서 활용할 가능성이 높은 주제를 연습 내용으로 삼는 것이 적당하다. 자발적 발화를 촉진하기 위하여 많은 연구들에서 역할극 활용을 제시하였다. 신영선·정흥모(2021)는 역할극을 기계적인 역할극과 상황을 주고 즉흥적 형태로 하는 역할극으로 나누었으며 기계적 역할극은 본문 암기에 집중하는 경우가 많고 명확한 발음뿐만 아니라 감정까지 조화롭게 표현하는 경우는 찾기 어려우나 상황 역할극은 기계적인 역할극에 비해 비언어적인 표현을 익히기에 효과적이라고 지적하였다. 따라서 역할극과 같은 활용은 본문을 암기고 상황을 재연하는 것이 아니라 학습자의 능동적 발화를 촉진할 수 있도록 즉흥적으로 진행하여야 한다.

이상의 논의를 정리하자면 억양 산출 능력의 향상에 있어서 첫째, 지각이 가능하며 지각과 산출 간 유의미한 상관관계가 존재하는 경우에 듣고 따라하는 기법처럼 자연 발화 듣기와 결합하는 연습 방법을 활용할 수 있다. 그렇지 않을 경우, 단순히 모어 화자의 발화를 듣고 따라하는 기법이 효과적이지 않다. 발화와 함께 시각적 자료, 그리고 억양 변화에 대한 명시적인 교육을 제공하여야 한다. 셋째, 연습 활용에서 실제성을 가진 자료를 활용하여야 하며 자발적 산출을 촉진할 수 있는 역할극 하기 등 활동을 진행하여야 한다.

이어서 밝혀진 실험 결과를 바탕으로 각 기능에 대한 산출 훈련 방법을 구체적으로 어떻게 마련하여야 하는지를 살펴보도록 하겠다. 앞에서 제시했듯이 초점이 없는 발화, 합성어, 자연스러운 억양의 형성 기능, 내림조로 실현된 의문문, 설명의문문, 감정 및 태도의 전달 기능에 대한 학습자의 산출 능력을 향상시킬 필요가 있다. 우선 초점이 없는 발화에 대한 산출 능력 향상을 살펴보도록 하겠다. 초점이 없는 발화에 대한 세 가지의 학습자 집단의 산출 능력 간 유의미한 차이가 없었다는 점은 단순히 자연 발화를 듣고 따라하는 방법만으로 학습자의 산출 능력을 향상시키는 데 효과적이지 않음을 알려 준다. 일상생활에서 한국인의 발화에 충분히 접했다고 할 수 있는 고급 학습자의 산출 능력은 초급 학습자와 중급 학습자의 능력과 같았기 때문이다. 따라서 초점이 없는 발화에 대한 산출 능력을 향상시키기 위하여 실제성을 지닌 발화와 함께 그 발화에 대한 시각적 자료, 그리고 억양 변화에 대한 명시적인 교육을 제공하여야 하고, 자발적 산출을 촉진할 수 있는 역할극 하기 등 연습 활동도 진행하여야 한다.

합성어에 있어서 학습자의 숙달도에 따른 합성어에 대한 산출 능력에 차이가 없었다는 결과는 단순히 자연 발화를 듣고 따라하는 훈련이 합성어 산출 능력을 향상시키는 데 한계점을 지닌다는 것을 의미한다. 즉 초점이 없는 발화와 마찬가지로 합성어에 대한 산출 능력을 향상시키기 위하여 실제성을 지닌 발화와 함께 그 발화에 대한 시각적 자료, 그리고 억양 변화에 대한 명시적인 교육을 제공하여야 하고, 자발적 산출을 촉진할 수 있는 문장 만들고 발음하기와 같은 활용을 진행하여야 한다.

자연스러운 억양의 형성 기능의 산출 훈련 방법에 대한 시사점은 자연 발화를 듣고 따라하는 방법이 충분하다는 것이다. 고급 학습자의 산출 양상이 한국인과 같은 것으로 나타났기 때문이다. 또한 이 기능은 의미 전달과 상관없기 때문에 역할극 등 활동을 진행하지 않아도 된다고 할 수 있다.

내림조로 실현된 의문문의 산출 훈련 방법에 대한 시사점을 정리하자면 내림조로 실현된 의문문에 대한 중급 학습자와 고급 학습자의 산출 능력이 높은 것으로 나타났듯이 자연 발화를 듣고 따라하는 연습 방법이 내림조로 실현된 의문문에 대한 학습자의 산출 능력을 향상시키는 데 뚜렷한 효과가 있다. 또한 학습자의 자발적 발화를 촉진하도록 역할극 하기를 진행할 수도 있다.

설명의문문에 대한 산출 훈련에는 음높이 차이 조절을 통한 의문사의 초점 실현에 대한 산출 훈련과 핵억양 패턴에 대한 산출 훈련이 포함된다. 음높이 차이 조절을 통한 의문사의 초점 실현에 대한 산출 훈련은 앞에서 제시된 합성어에 대한 산출 훈련 원리와 같다. 즉 실제성을 지닌 발화와 함께 그 발화에 대한 시각적 자료, 그리고 억양 변화에 대한 명시적인 교육을 제공하여야 하고, 자발적 산출을 촉진할 수 있는 역할극 하기 등 연습 활동도 진행하여야 한다. 내림조로 실현된 설명의문문의 핵억양 패턴에 대한 산출 훈련을 마련하기 위하여 내림조로 실현된 의문문에 대한 실험 결과를 참고할 수 있다. 즉 자연 발화를 듣고 따라하는 연습 방법이 설명의문문의 핵억양 패턴에 대한 산출 능력을 촉진하는 데 뚜렷한 효과가 있다.

마지막으로 감정 및 태도의 전달 기능에 대한 중급 학습자와 고급 학습자의 산출 능력이 높은 것으로 나타났다는 사실은 한국인의 자연 발화를 듣고 따라하는 방법이 학습자의 산출 능력을 촉진하는 데 뚜렷한 효과가 있다는 점을 알려 준다. 또한 학습자의 자발적 발화를 촉진하도록 역할극 하기를 진행할 수도 있다. 이상의 논의를 바탕으로 억양 기능에 따른 산출 훈련 방법을 다음과 같이 정리하였다.

〈표 4-5〉 기능에 따른 산출 훈련 방법

기능	방법
문장 초점의 전달 기능(초점이 없는 발화)	실제성을 지닌 발화와 함께 그 발화에 대한 시각적 자료, 그리고 억양 변화에 대한 명시적인 교육을 제공하여야 하고, 자발적 산출을 촉진할 수 있는 역할극 하기 등 연습 활동도 진행하여야 한다.
말토막 경계 형성에 의한 의미 전달 기능(합성어)	실제성을 지닌 발화와 함께 그 발화에 대한 시각적 자료, 그리고 억양 변화에 대한 명시적인 교육을 제공하여야 하고, 자발적 산출을 촉진할 수 있는 문장 만들고 발음하기를 진행하여야 한다.
자연스러운 억양의 형성 기능	자연 발화를 듣고 따라하는 방법
내림조로 실현된 의문문	자연 발화를 듣고 따라하는 방법, 역할극 하기
설명의문문	(1) 핵억양 패턴에 대하여: 자연 발화를 듣고 따라하는 방법 (2) 의문사의 초점 실현에 대하여: 실제성을 지닌 발화와 함께 그 발화에 대한 시각적 자료, 그리고 억양 변화에 대한 명시적인 교육을 제공하여야 한다. (3) 자발적 산출을 촉진할 수 있는 역할극 하기 등 연습 활동을 진행하여야 한다.
감정 및 태도의 전달 기능	자연 발화를 듣고 따라하는 방법, 역할극 하기

4. 억양 기능에 따른 교수·학습 사례

이 절에서는 억양 교육의 기본 모형을 마련하고 앞에서 논의된 교육 내용 및 교육 방법과 결합하여 억양 기능에 대한 교수·학습 사례를 마련하는 데 목적을 둔다.

4.1. 문장 초점의 전달 기능에 대한 교수·학습 사례

기능에 따른 구체적인 교수·학습 사례를 마련하기 전에 우선 억양 교육의 기본 모형에 대해서 살펴보도록 하겠다. 선행연구 검토에서 논의했듯이 전체적인 억양 교육 모형 틀을 제시한 연구들은 PPP 모형이나 TTT 모형 혹은 그에 의한 변형을 제시한 경우가 많았다. 예를 들면 김은애·박기영·박혜진·진문이(2008)는 '민감화-설명-모방-연습 활동-의사소통적 활동'을, 박기영(2009)은 '설명-모방-연습'을, 제갈명(2010)은 '차이 인식 단계-제시 단계-연습 단계-의사소통을 위한 활용단계'를, 김수현(2010)은 '인지 단계-연습 단계-정리 및 교정 단계'를, 이명진(2015)은 '도입·제시 단계-연습 단계-활용 단계'를 제시하였다. 본 연구도 PPP 모형에 의하여 '도입-제시-연습-마무리'의 교육 모형을 마련하였다.

이어서 문장 초점의 전달 기능에 대한 교수·학습 사례를 살펴보도록 하겠다. 도입 단계는 초점 전달에 영향을 미칠 수 있는 억양 단서가 무엇이 있는지를 인지시키는 데 목적을 두었다. 따라서 억양 특징이 서로 다른 발화들을 학습자에게 들려주고 어떤 문맥에 해당하는지를 판단하는 과제를 마련할 수 있다. 이어서 초점 전달에 영향을 미칠 수 있는 억양 단서를 추측해 보는 활동을 진행할 수 있다. 제시 단계에서는 초점 전달에 영향을 미칠 수 있는 억양 단서가 최고점 음높이, 지속 시간, 말토막 억양 경계 해지라는 것을 명시적으로 학습자에게 설명하고 각 단서에 대한 범주 경계를 알려준다.

연습에 있어서 앞에서 분석한 것처럼 지각 연습과 산출 연습을 모두 진행하여야 한다. 앞 절에서 제시했듯이 지각 연습에 있어 고변이 음성훈련과 결합하여 핵심적인 단서인 최고점 음높이에 의한 범주 경계에 대한 지각 자극을 반복해서 학습자에게 들려준 후 자극들에 대한 식별 실험을 진행하여 경계에 대한 지각 능력을 발전시켜야 한다. 이러한 훈련은 초점 부분의 최고점 음높이뿐만 아니라 후행 말토막을 초점으로 지각하는 데 필요한 전후 말토막의 음높이 차이에 대해서도 진행하여야 한다. 산출 훈련에 있어서 실제성을 지닌 발화와 함께 그에 대한 시각적 자료, 그리고 억양 변화에 대한 명시적인 설명 제공하여야 하고 자발적 산출을 촉진할 수 있는 역할극 하기와 같은 연습 활동도 진행하여야 한다. 마지막으로 마무리 단계에서 연습한 내용을 정리하고 반복적인 연습이 필요하다는 점을 학습자에게 알려 준다.

또한 앞에서 제시한 것처럼 초점 전달 기능에 대한 산출 연습과 지각 연습은 초급부터 고급까지 지속적으로 진행하여야 한다. 이상의 내용을 바탕으로 초급 단계를 위한 교육 방안을 예로 들어 문장 초점의 전달 기능에 대한 교수·학습 사례를 다음과 같이 제시하였다.

〈표 4-6〉 문장 초점의 전달 기능에 대한 교수·학습 사례

교육 단계	교수·학습 내용	
	목표	내용
도입	억양 단서와 초점 전달 간의 관계를 인지시킨다.	단계1: 문장들('엄마하고 영화 보러 가요'란 문장의 다양한 억양 실현 양상)을 듣고 해당하는 맥락이 무엇인지를 선택하도록 한다. (1) - 내일 뭐 해요? 　 - _____ 　(문장1: 초점이 실현되지 않은 발화) (2) - 아빠하고 영화 보러 가요? 　 - 아니요. _____ 　(문장2-1: 말토막 억양 경계 해지가 실현되며 '엄마'에만 초점이 실현된 발화)

		(문장2-2: 말토막 억양 경계 해지가 실현되지 않으며 '엄마'에만 초점이 실현된 발화)
		(3) - 아빠하고 연극 보러 가요?
		  - 아니요. _____
		  (문장3: '엄마'와 '영화'에 모두 초점이 실현된 발화)
		단계2: 앞에서 들려준 발화들 간의 어떤 차이가 있는지를 생각해 보고 초점 전달에 활용하는 억양 단서가 어떤 것이 있는지를 추측해 보도록 한다.

제시	최고점 음높이가 초점 전달에 영향을 미칠 수 있으며 최고점 음높이에 대한 지각 범주화 양상을 가르친다.	**단계1:** 도입 단계에서 활용하는 문장1과 문장2-2의 억양 곡선을 Praat를 활용하여 시각적으로 제시하고 최고점 음높이에 따라 의미가 달라질 수 있다는 점을 명시적으로 알려 준다. **단계2:** 최고점 음높이의 범주 경계에 대한 자극을 들려주고 범주 경계를 명시적으로 알려 준다.
	지속 시간이 초점 전달에 영향을 미칠 수 있으며 지속 시간에 대한 지각 범주화 양상을 가르친다.	**단계1:** 도입 단계에서 활용하는 문장1과 문장2-2의 억양 곡선을 Praat를 활용하여 시각적으로 제시하고 지속 시간에 따라 의미가 달라질 수 있다는 점을 명시적으로 알려 준다. **단계2:** 지속 시간의 범주 경계에 대한 자극을 들려주고 범주 경계를 명시적으로 알려 준다.
	말토막 경계 해지가 초점 전달에 영향을 미칠 수 있다는 것을 가르친다.	도입 단계에서 활용하는 문장1과 문장2-1의 억양곡선을 Praat를 활용하여 시각적으로 제시하고 말토막 경계 해지가 형성되면 앞부분이 초점이 된다는 점을 명시적으로 알려 준다.
	말토막 억양 경계 해지가 실현되지 않을 경우 전후 말토막의 최고점 음높이 차이와 초점 개수의 관계를 가르친다.	**단계1:** 도입 단계에서 활용하는 문장2-2와 문장3의 억양 곡선을 Praat를 활용하여 시각적으로 제시하고 전후 말토막의 최고점 음높이 차이가 초점 개수에 영향을 미칠 수 있다는 점을 명시적으로 알려 준다. **단계2:** 음높이 차이의 범주 경계에 대한 자극을 들려주고 범주 경계를 명시적으로 알려 준다.
연습	지각 능력의 향상 (음높이를 중심으로)	(1) 다양한 화자의 발화를 활용하여 최고점 음높이에 대한 지각 경계에 대한 지속적인 자극을 진행한다. (2) 다양한 화자의 발화를 활용하여 전후 말토막의 음높이 차이에 따른 의미 범주에 대한 지각 경계에 대한 지속적인 자극을 진행한다.

		(3) 다양한 화자가 실현하는 자극에 대한 식별 훈련을 진행한다.
	산출 능력의 향상	(1) 한국인의 발화들을 시각적 자료와 함께 제시하며 억양 특징을 명시적으로 알려 주고 학습자가 반복적으로 발화하도록 한다. (2) 학습자가 충분히 발화할 수 있도록 역할극 활동을 진행한다.
마무리	학습 내용을 정리하고 반복적인 연습이 필요하다는 점을 알려 준다.	

4.2. 말토막 억양 경계의 의미 전달 기능에 대한 교수·학습 사례

말토막 억양 경계의 의미 전달 기능에 대한 교수·학습에 있어서 도입 단계에서는 선행 말토막의 끝음절과 후행 말토막의 첫음절 간의 음높이 차이에 따라 전달하는 의미가 달라질 수 있다는 점을 인지시키는 데 목적을 둔다. 선행 말토막의 음절말 장음화가 합성어와 관계절 구분에 영향을 미치지 않은 것으로 나타났기 때문에 이에 대한 교육을 진행하지 않아도 된다. 따라서 한국인이 발음한 '큰 아버지'와 '큰아버지'를 학습자에게 들려주고 둘 사이에 어떤 차이가 있는지를 말해 보는 활동을 마련하였다.

제시 단계에서는 도입 단계에서 활용하는 발음을 시각적으로 제시하고 관계절과 합성어의 전후 말토막의 음높이 차이, 그리고 음높이 차이에 대한 범주 경계를 명시적으로 학습자에게 가르쳐 준다. 연습 단계는 앞에서 밝혔듯이 지각 연습과 산출 연습을 모두 진행하여야 한다. 지각 연습에 있어서 한국인의 자연 발화를 통한 연습이 충분하지만 교육 효과가 더 빠르게 일어나도록 지각 범주 경계에 대한 자극을 활용하는 방법도 활용할 수 있다. 지각 연습의 최종 목표는 범주의 형성이기 때문이다. 산출 연습은 실제성을 지닌 발화와 함께 그에 대한 시각적 자료, 그리고 억양 변화에 대한 명시적인 설명을 제공하여야 하고 자발적 산출을 촉진하도록 문장 만들고 발음하기와 같은 활동도 진행하여야 한다. 마지막으로 마무리 단계는 학습 내용을 정리하는 단계이다.

교육 시기에 있어서 앞에서 밝혔듯이 지각 교육은 초급과 중급에서, 산출 교육은 초·중·고급에서 진행하여야 한다. 이상의 논의를 바탕으로 초급 학습자를 위한 교육 방안을 예로 들어 말토막 억양 경계의 의미 전달 기능에 대한 교수·학습 사례를 다음과 같이 마련하였다.

〈표 4-7〉 말토막 억양 경계의 의미 전달 기능에 대한 교수·학습 사례

교육 단계	교수·학습 내용	
	목표	내용
도입	선행 말토막의 끝음절과 후행 말토막의 첫음절 간의 음높이 차이는 합성어와 관계절의 큰 차이점이라는 점을 인지시킨다.	한국인이 발화한 '큰아버지는 아버지보다 나이가 많은 형제이다.'와 '키가 큰 아버지는 마르시다'를 학습자에게 들려주고 '큰아버지'와 '큰 아버지'의 음높이 변화에 어떤 차이가 있는지를 말하도록 한다.
제시	선행 말토막의 끝음절과 후행 말토막의 첫음절 간의 음높이 차이에 따라 전달하는 의미가 다를 수 있으며 합성어와 관계절의 음높이 차이에 대한 지각 범주를 알려 준다.	단계1: 도입 단계에서 사용하는 두 문장의 억양 곡선을 Praat를 활용하여 시각적으로 제시하고 합성어와 관계절의 '큰'과 '아'의 음높이 차이를 명시적으로 가르친다. 단계2: 합성어와 관계절의 범주 경계에 대한 자극을 들려주고 범주 경계를 명시적으로 알려 준다.
연습	지각 능력의 향상	방법1: (1) 다양한 화자의 발화를 활용하여 음높이 차이에 대한 지각 경계에 대한 지속적인 자극을 진행한다. (2) 다양한 화자가 실현하는 자극에 대한 식별 훈련을 진행한다. 방법2: 다양한 화자의 자연 발화를 학습자에게 반복적으로 들려준다.
	산출 능력의 향상	(1) 한국인의 발화들을 시각적 자료와 함께 제

		시하며 억양 특징을 명시적으로 알려 주고 학습자가 반복적으로 발화하도록 한다. (2) 학습자가 충분히 발화할 수 있도록 문장 만들고 발음하기와 같은 활동을 진행한다.
마무리		학습 내용을 정리하고 반복적인 연습이 필요하다는 점을 알려 준다.

4.3. 자연스러운 억양의 형성 기능에 대한 교수·학습 사례

앞에서 밝힌 실험 결과를 바탕으로 말토막 패턴의 자연성에 대한 교육에서 약자음으로 시작하는 말토막 억양 패턴의 산출 능력 향상에 초점을 두어야 한다는 것을 알 수 있다. 이에 도입 단계에서는 첫음절과 두 번째 음절의 음높이 차이가 억양 자연성에 영향을 미칠 수 있다는 점을 인지시켜야 한다. 따라서 첫음절과 두 번째의 음높이 차이가 다른 '이쑤시개'의 발화를 학습자에게 들려주고 자연성 판단 활동을 마련할 수 있다. 이어서 제시 단계에서 자연스러운 첫음절과 두 번째 음절의 음높이 차이가 무엇인지를 학습자에게 명시적으로 알려준다. 산출 연습 단계에서는 자연 발화를 활용하는 방법이 산출 정답률을 향상시킬 수 있기 때문에 한국인의 자연 발화를 듣고 따라하는 방법을 활용할 수 있다. 또한 이 기능은 의미 전달에 영향을 미치지 않기 때문에 자발적 발화 연습을 진행하지 않아도 된다고 할 수 있다. 마지막으로 마무리 단계에서 학습 내용을 정리한다.

교육 시기에 있어서 초급 학습자와 중급 학습자의 산출 양상이 한국인과 차이가 나타났기 때문에 말토막 억양 패턴의 산출 교육은 초급과 중급에 도입하는 것이 적당하다고 할 수 있다. 이상의 논의를 바탕으로 초급 학습자에 대한 교육 방안을 예로 들어 자연스러운 억양의 형성 기능에 대한 교수·학습 사례를 다음 표와 같이 마련하였다.

〈표 4-8〉 자연스러운 억양의 형성 기능에 대한 교수·학습 사례

교육 단계	교수·학습 내용	
	목표	내용
도입	약자음으로 시작하는 말토막 억양의 경우 첫음절과 두 번째 음절의 음높이 차이가 발화의 자연성에 영향을 미칠 수 있음을 인지시킨다.	첫음절과 두 번째 음절의 음높이 차이가 다른 '이쑤시개'의 발화를 학습자에게 들려주고 자연스러운지를 물어본다.
제시	약자음으로 시작하는 말토막 억양의 경우 첫음절과 두 번째 음절의 자연스러운 음높이 차이 구간을 가르친다.	자연스러운 구간을 시각적 자료의 제공과 함께 학습자에게 들려주고 자연스러운 음높이 구간을 명시적으로 알려 준다.
연습	산출 능력의 향상	한국인의 발화를 듣고 따라하는 연습을 반복적으로 진행한다.
마무리	학습 내용을 정리하고 반복적인 연습이 필요하다는 점을 알려 준다.	

4.4. 문법적 기능에 대한 교수·학습 사례

4.4.1. 내림조로 실현된 의문문에 대한 교수·학습 사례

본 연구는 '지'의문문에 대한 분석을 통하여 내림조로 실현된 의문문에 대한 교육 방안을 제시하고자 한다. 앞에서 제시했듯이 내림조로 실현된 의문문에 대하여 초급 학습자의 산출 능력 향상에 초점을 두어야 한다. 초급 학습자의 산출 능력이 낮게 나타난 원인은 의문문이 내림조로도 실현될 수 있다는 점을 내재화시키지 못하였기 때문이다. 따라서 도입 단계에서 의문문을 내림조로 실현하여야 하는 경우도 존재한다는 것을 인지시켜야 한다. 이를 위하여 한국인이 발화하는 내림조로 실현된 의문문을 학습자에게 들려주고 끝부분의 음높이 변화가 어떠한지를 물어보는 활동을 진행할 수 있다. 이어서 제시 단계에서 내림조로 실현되는 '지'의문문과 설명의문문, 선택의문문을 학습자에게 들려주고 이 규칙을 명시

적으로 알려준다. 산출 연습에 있어서 자연 발화를 활용하는 방법이 산출 능력을 향상시키는 데 뚜렷한 효과가 있다고 밝혔듯이 한국인의 발화를 듣고 따라하는 연습을 진행할 수 있다. 또한 자발적 발화를 촉진하는 활동도 진행하여야 한다. 마지막으로 마무리 단계에서 학습 내용을 정리한다. 이상의 논의를 바탕으로 초급 학습자를 위한 내림조로 실현된 의문문에 대한 교수·학습 사례를 다음과 같이 마련하였다.

<표 4-9> 내림조로 실현된 의문문에 대한 교수·학습 사례

교육 단계	교수·학습 내용	
	목표	내용
도입	의문문을 내림조로 실현하는 경우도 존재한다는 것을 인지시킨다.	한국인이 발화한 '지'의문문 발화를 학습자에게 들려주고 끝부분의 음높이 변화가 어떠한지를 물어본다.
제시	의문문을 내림조 실현되어야 하는 경우를 명시적으로 가르쳐 준다.	'지' 의문문과 선택 의문문, 설명의문문에 대한 한국인의 자연 발화를 학습자에게 들려주고 의문문임에도 불구하고 끝부분의 음높이가 내려가야 한다는 규칙을 명시적으로 알려 준다.
연습	산출 능력의 향상	(1) 한국인의 자연 발화를 듣고 따라한다. (2) 자유 발화를 유발하도록 역할극 활동을 진행한다.
마무리	학습 내용을 정리한다.	

4.4.2. 설명의문문과 판정의문문에 대한 교수·학습 사례

앞에서 밝힌 내용을 통하여 알 수 있듯이 설명의문문과 판정의문문에 대한 교육은 설명의문문에 초점을 두어야 하고, 설명의문문에 대한 교육 중점은 의문사의 초점 실현과 핵억양의 패턴이다. 따라서 도입 단계에서 문말 억양 패턴의 내림조 실현과 전후 음절의 음높이 차이 조절을 통한 의문사의 초점 실현이 설명의문문의 두 가지 특징이라는 점을 인지시켜야 한다. 이를 위하여 한국인이 발화하는 설명의문문과 판정의문문을 학습자에게 들려주고 두 발화의 의문사와 끝부분의 패턴에 어떤 차이가 나타나는지를 물어보는 활동을 진행할 수 있다. 제시 단계에서 한국인의 발화를 시각적 자료와 함께 학습자에게 제시하고 설명의문문의 두 가지의 특징을 명시적으로 설명한다. 또한 의문사를 문장의 초점으로 실현하기 위하여 의문사와 이어지는 음절의 음높이 차이를 어느 정도로 조절하여야 하는지를 알려준다.

연습 단계에서는 앞에서 밝혔듯이 핵억양 패턴에 대한 지각 연습과 산출 연습은 한국인의 자연 발화를 활용할 수 있다. 의문사의 초점 실현에 대한 지각 연습에서 한국인의 자연 발화를 활용하는 연습이 충분하나 교육의 효과성을 고려하면 음높이 차이에 의한 범주 경계에 대한 자극을 활용하는 방법도 가능하다. 의문사의 초점 실현에 대한 산출 연습은 앞에서 논의하였듯이 실제성을 지닌 발화와 함께 그에 대한 시각적 자료, 그리고 억양 변화에 대한 명시적인 설명 제공하여야 하고 자발적 산출을 촉진할 수 있는 역할극 하기와 같은 연습 활동도 진행하여야 한다. 마지막으로 마무리 단계는 학습 내용을 정리하는 단계이다. 또한 실험 결과를 통하여 알 수 있는 것처럼 설명의문문에 대한 지각 능력의 향상을 위한 교육은 초급과 중급에서 진행하고 산출 능력의 향상을 위한 교육은 초급부터 고급까지 모두 진행하는 것이 적당하다. 이상의 내용을 바탕으로 초급 학습자를 위한 교육 방안을 예로 들어 설명의문문에 대한 교수·학습 사례를 다음과 같이 마련하였다.

〈표 4-10〉 설명의문문에 대한 교수·학습 사례

교육 단계	교수·학습 내용	
	목표	내용
도입	문말 억양 패턴의 내림조 실현과 전후 음절의 음높이 차이 조절을 통한 의문사의 초점 실현이 설명의문문의 두 가지의 특징임을 인지시킨다.	한국인이 발화한 설명의문문과 판정의문문을 학습자에게 들려주고 (1) 두 발화의 문말 억양 패턴이 어떻게 다른지를 물어본다. (2) 두 발화의 의문사 실현이 어떻게 다른지를 물어본다.
제시	내림조로 실현된 문말 억양 패턴과 의문사의 초점 실현이 설명의문문의 특징이라는 점을 가르친다.	도입 단계에서 사용하는 한국인의 발화를 시각적 자료의 제공과 함께 학습자에게 들려주고 설명의문문의 문말 억양이 내림조로 실현하는 점과 의문사의 끝음절과 후행 말토막의 음높이가 비슷한 점을 명시적으로 알려 준다.
	의문사의 끝음절과 이어지는 음절 간의 음높이 차이에 대한 지각 범주화를 가르친다.	한국인의 지각 범주 경계에 대한 자극을 시각적 자료의 제공과 함께 학습자에게 들려준다.
연습	핵억양 패턴에 대한 학습자의 지각 및 산출 능력 향상	(1) 한국인의 발화를 듣고 따라하는 방법을 활용한다.
	의문사에 대한 지각 능력의 향상	방법1: (1) 다양한 화자의 발화를 활용하여 음높이 차이에 대한 지각 범주의 경계를 지속적으로 자극한다. (2) 다양한 화자가 실현하는 자극에 대한 식별 훈련을 진행한다. 방법2: 다양한 화자의 자연 발화를 학습자에게 반복적으로 들려준다.
	의문사에 대한 산출 능력의 향상	(1) 한국인 모어 화자의 발화 양상을 시각적 자료와 함께 학습자에게 제시하며 반복적으로 발화하도록 한다. (2) 학습자가 충분히 발화할 수 있도록 역할극 하기를 진행한다.
마무리	학습 내용을 정리하고 설명의문문에 대한 반복적인 연습이 필요하다는 점을 알려 준다.	

4.5. 화용론적 기능에 대한 교수·학습 사례

앞에서도 언급하였지만 억양에 따라 전달하는 의미가 달라지는 어미에 대한 학습이 초급 단계에 포함되어 있지 않기 때문에 억양의 화용론적 기능에 대한 교육은 중급과 고급 단계에 도입하여야 한다. 또한 실험 결과를 바탕으로 알 수 있듯이 화용론적 기능에 대한 중급 학습자와 고급 학습자의 산출 능력이 높았으나 패턴에 대한 지각 능력이 낮은 것으로 나타났다. 즉 화용론적 기능에 대한 교육은 중급 학습자와 고급 학습자의 지각 능력 향상에 초점을 두어야 한다. 이어서 중급 학습자에 대한 교육 방안을 예로 들어 억양의 화용론적 기능에 대한 교수·학습을 논의하도록 하겠다.

화용론적 기능에 대한 교육의 도입 단계에서는 끝부분의 억양 패턴에 따라 전달하는 의미가 달라지는 경우가 존재한다는 것을 인지시키기보다는 패턴에 대한 학습자의 지각 범주화 양상이 한국인과 차이가 있을 수 있다는 것을 인지시키는 것이 더 적당하다. 의미 전달과 억양 패턴의 관계에 대한 명시적인 교육을 받기 전에 학습자가 패턴이 전달하는 의미를 알 수 없기 때문이다. 이 때문에 의미 전달에 영향을 미치는 억양 단서를 추측해 보는 활동도 의미가 없다. 이에 비하여 화용론적 기능의 핵심적 단서인 패턴에 대한 학습자와 한국인의 지각 양상이 다를 수 있다는 점을 인지시키는 것이 더 적당하다. 패턴에 대한 습득이 쉬워 보이기 때문에 패턴에 대한 학습자와 모어 화자의 지각 양상 간 차이가 있을 수도 있다는 점을 인지시켜야 학습자가 패턴 습득을 중요시하게 되기 때문이다. 따라서 화용론적 기능에 대한 도입 단계에서는 패턴에 대한 한국인의 지각 경계 자극을 학습자에게 들려주고 어떤 패턴으로 인지하는지를 물어보며 한국인의 지각 양상과 비교하는 활동을 진행할 수 있다.

제시 단계에서는 억양 패턴과 의미 전달의 관계, 그리고 패턴에 대한 한국인의 지각 범주 경계를 학습자에게 명시적으로 설명하여야 한다. 여기서 유의할 점은 지각 실험 결과에 따르면 패턴 자연성에 대한 학습자의 지각 양상이 한국인의 지각 양상과 차이가 있는 것으로 나타났으나 지각 훈련에서 패턴의 자연성에 대한 훈련을 진행할 필요가 없다. 그 이유는 첫째, 한국인의 발화가 자연스럽게 들리는지 아니면 자연스럽지 않게 들리는지는 학습자가 한국인의 발화가 전달하는 의미를 해석하는 데 영향을 미치지 않기 때문이다. 둘째, 학습자의 산출 능력이 높은 것으로 나타났듯이 발화 자연성에 대한 지각 차이는 학습자의 산출 능력에 부정적 영향을 미치지 않았기 때문이다.

연습 단계에서는 자연 발화를 활용하는 방법이 지각 능력 향상에 효과적이지 않기 때문에 범주 경계에 대한 자극을 활용하는 지각 훈련을 진행하여야 한다. 마지막으로 마무리 단계에서 학습 내용을 정리한다. 이상의 논의를 바탕으로 중급 학습자를 위한 교육 방안을 예로 들어 화용론적 기능에 대한 교수·학습 사례를 다음과 같이 제시하였다. 본 연구는 '-을걸'에 대한 분석만 진행했으나 밝힌 결과를 억양 패턴에 따라 전달하는 의미가 달라지는 다른 어미에 대한 교육에도 적용할 수 있다.

〈표 4-11〉 억양 패턴에 따라 전달하는 의미가 달라지는 어미에 대한 교수·학습 사례

교육 단계	교수·학습 내용	
	목표	내용
도입	억양 패턴에 대한 학습자의 지각 범주화 양상이 한국인과 차이가 있을 수 있음을 인지시킨다.	패턴에 대한 한국인의 지각 경계 자극을 학습자에게 들려주고 어떤 패턴으로 인지하는지를 물어보고 한국인의 지각 양상과 비교한다.
제시	억양 패턴과 의미 전달의 관계, 그리고 억양 패턴에 대한 지각 범주화를 가르친다.	(1) 어미의 억양 패턴에 따른 의미를 명시적으로 가르친다. (2) 패턴에 대한 한국인의 지각 경계 자극을

		시각적 자료의 제공과 함께 학습자에게 들려주고 한국인의 지각 범주 경계를 명시적으로 알려 준다.
연습	지각 능력의 향상	(1) 다양한 화자의 발화를 활용하여 패턴 지각 범주 경계에 대한 지속적인 자극을 진행한다. (2) 다양한 화자가 실현된 자극에 대한 패턴 식별 훈련을 진행한다.
마무리		학습 내용을 정리하고 반복적인 연습이 필요하다는 점을 알려 준다.

4.6. 감정 및 태도의 전달 기능에 대한 교수·학습 사례

감정 및 태도의 전달 기능에 대한 초급 학습자의 지각 능력과 산출 능력이 중급 학습자와 고급 학습자보다 낮은 것으로 나타났고 중급 학습자와 고급 학습자의 지각 및 산출 능력이 한국인과 같은 것으로 나타났기 때문에 감정 및 태도의 전달 기능은 초급 학습자를 중심으로 교육하여야 한다. 이어서 발화의 친절성을 예를 들어 초급 학습자를 위한 감정 및 태도의 교수·학습을 살펴보도록 하겠다.

도입 단계에서는 발화 친절성 전달에 영향을 미칠 수 있는 억양 단서를 인지시켜야 한다. 따라서 억양 단서의 음성학적 특질이 서론 다른 문장들을 들려주고 어떤 음성학적 차이가 있는지, 그리고 이에 따른 발화의 친절성이 어떻게 달라지는지를 물어볼 수 있다. 이어서 친절성 전달에 영향을 미칠 수 있는 억양 단서가 무엇이 있는지를 추축하는 활동을 진행할 수 있다. 제시 단계에서는 한국인의 발화를 시각적 자료와 함께 학습자에게 제시하며 친절성 전달과 깊은 관련을 맺는 억양 단서가 핵억양 지속 시간, 기본주파수, 패턴이라는 점을 명시적으로 가르쳐 준다.

연습 단계에서는 자연 발화를 활용하는 방법이 지각 능력과 산출 능력의 향상에 모두 효과적인 것으로 나타났듯이 자연 발화를 활용하는 지각 훈련과 산출 훈련을 진행할 수 있다. 또한 핵억양 지속 시간에 대한 초급 학습자의 습득 수준이 높은 것으로 나타난 것처럼 연습에서 핵억양의 기본주파수와 패턴에 초점을 두어야 한다. 마지막으로 마무리 단계에서 학습 내용을 정리한다. 이상의 논의를 바탕으로 초급 학습자를 위한 감정 및 태도의 전달 기능에 대한 교수·학습 사례를 다음과 같이 정리한다.

〈표 4-12〉 감정 및 태도의 전달 기능에 대한 교수·학습 사례

교육 단계	교수·학습 내용	
	목표	내용
도입	억양 단서와 발화 친절성의 관계를 인지시킨다.	**단계1**: 문장들을 듣고 문장이 전달하는 친절성 간 차이가 있는지를 물어본다. (1) 핵억양의 지속 시간이 긴 문장과 핵억양의 지속 시간이 짧은 문장 (2) 핵억양의 기본주파수가 높은 문장과 핵억양의 기본주파수가 낮은 문장 (3) 핵억양 패턴이 오름조인 문장과 핵억양 패턴이 내림조인 문장 **단계2**: 발화 친절성에 영향을 미칠 수 있는 억양 단서가 어떤 것이 있는지를 추측해 보도록 한다.
제시	핵억양의 지속 시간, 기본주파수, 패턴에 따라 전달하는 친절성이 달라질 수 있음을 가르쳐 준다.	도입 단계에서 활용하는 한국인의 발화를 시각적 자료의 제공과 함께 학습자에게 들려주고 발화 친절성에 영향을 미치는 억양 단서를 명시적으로 알려 준다.
연습	지각 능력 및 산출 능력의 향상	(1) 억양 단서가 서로 다른 한국인의 자연 발화들을 듣고 따라한다. (2) 학습자가 충분히 발화할 수 있도록 역할극이나 상황재연 등 활동을 진행한다.
마무리	학습 내용을 정리한다.	

V 나가며

　기존의 억양 교육 연구 중 학습자의 산출 양상에 초점을 둔 연구에 비하여 학습자의 지각 양상을 분석한 연구가 현저히 적었다. 음높이에 대한 지각 능력이 인간의 타고난 능력이라는 인식이 일반적이기 때문에 제2언어교육에서 억양에 대한 지각 연구가 부족하다는 결과를 초래할 수 있다. 그러나 음높이에 대한 지각 능력이 선천적이지만 모국어 배경이 음높이에 대한 지각에 큰 영향을 미치기 때문에 제2언어 교육에서 목표어 억양에 대한 지각 능력이 자연스럽게 습득된 것이 아니다. 다시 말해서 억양에 대한 지각을 하나의 독립된 연구 분야로 삼을 필요가 있다.
　또한 억양 교육 방법에 대한 연구 결과를 살펴보면 한국인의 발화를 듣고 따라하는 교육 방법처럼 지각 훈련을 통한 억양 산출 능력의 향상이 중요한 위치를 차지하였다. 이는 억양 지각과 억양 산출이 긴밀하게 연결되어 있다는 것을 전제로 한다. 그러나 학습자의 실제 습득 양상을 보면 억양에 대한 지각 능력과 산출 능력 간 높은 상관관계가 존재하지 않는 경우가 있다. 이러한 습득 양상이 나타난 원인은 첫째, 억양 발화의 다양성 때문이라고 할 수 있다. 즉 학습자가 전달 의미와 관련되는 하나의 억양 형태를 습득할 수 있기만 하면 억양을 정확하게 표현할 수 있으나 그 의미에 대한 한국인의 다양한 억양 발화를 모두 정확하게 지각하는 데 어려움을 겪을 수 있다. 또한 학습자가 지각적으로 습득된 내용을 내재화시켜 산출에 전이하지 못하는 것도 억양에 대한 지각 능력과 산출 능력 간 비례적 상관관계가 존재하지 않는다는 결과를 일으킬 수 있다. 따라서 억양 교육에서 흔히 사용하는 모어 화자의 자연 발화를 모방하는 방법은 억양에 대한 학습자의 지각 능력과 산출 능력을 향상시키는 데 한계점을 지닐 수 있다. 다시 말해서 적절한 억양 교육 방법을 마련하기 위하여 지각과 산출 간 긴밀한 상관관계가 존재한다는 일반적 인식에서 벗어나 지각과 산출의 관계를 보다 정확하게 밝혀야 한다. 이상의 논의를 바탕으로 본 연구는 기존의 연구에서 충분히 다뤘던 억양 산출 양상뿐만 아니라, 억양 지각 양상, 그리고 억양에 대한 지각 및 산출의 관계도 함께 분석하였다.

본 연구는 교육 가능성이 높고 의사소통에서 중요한 역할을 수행하는 억양의 기능을 중심으로 억양을 가르쳐야 한다고 주장하고 한국어 억양의 기본 단위인 핵억양과 말토막 억양이 수행하는 기능을 여섯 가지로 분류하며(핵억양의 문법적 기능, 화용론적 기능, 감정 및 태도의 전달 기능 및 말토막 억양의 문장 초점의 전달 기능, 말토막 억양 경계의 의미 전달 기능, 자연스러운 억양의 형성 기능) 기존의 연구에 대한 검토를 통하여 각 기능에 관한 억양 단서가 무엇인지를 밝혔다. 이 단서들에 대한 분석은 바로 본 연구의 주된 연구 내용이다.

실험 마련에 있어서 억양 지각에 대한 기존의 연구들을 살펴보면 한국인의 자연 발화에 대한 학습자의 지각 양상을 분석한 연구가 큰 비중을 차지하였다. 그러나 화자에 따른 억양 실현 양상이 크게 달라지기 때문에 몇 명의 발화에 대한 지각 결과를 통하여 학습자의 지각 양상을 분석하는 것이 적당하지 않다. 억양 발화의 다양성으로 인하여 실험에서 활용한 모어 화자의 발화를 제대로 지각한다고 해서 모든 모어 화자의 발화를 제대로 지각할 수 있는 것이 아니기 때문이다. 또한 자연 발화를 활용하는 실험은 학습자의 지각 정오만 분석할 수 있다는 한계점도 지닌다. 다시 말해서 의미를 전달하는 데 각 억양 단서의 상호작용이 어떠한지, 단서에 대한 학습자의 지각 범주화 양상이 어떠한지를 밝힐 수 없다. 이 때문에 억양 교육에 제공할 수 있는 시사점도 제한적이다. 이와 달리 각 억양 단서의 음성학적 특징을 인공적으로 조절하여 작성한 자극 연속체에 대한 지각 양상을 분석함으로써 억양 단서에 대한 청자의 지각 범주화 양상, 단서들 간의 상호작용과 같은 세미한 지각 양상을 분석할 수 있다. 따라서 본 연구는 억양 단서의 음성학적 특징을 점차적으로 변하는 자극 연속체를 활용하여 각 기능에 관한 억양 단서들에 대한 초·중·고급 중국인 학습자 57명과 한국인 모어 화자 19명의 지각 범주화 양상을 밝혔고, 단서들의 상호작용이 어떠한지, 그리고 각 기능을 수행하는 데 핵심적인 단서가 무엇인지, 학습자의 지각 능력이 어떠한지도 밝혔다. 또한 학습자의 숙달도에 따른 지각 양상에 대한 분석을 통하여 자연 발화에 노출된 빈도가 억양 지각 능력에 긍정적 영향을 미칠 수 있는지, 그리고 각 기능에 대한 지각 교육을 언제 도입하여야 하는지를 밝혔다.

산출에 대한 분석에서는 한국인 모어 화자와 초·중·고급 학습자의 발화 1140개를 실험음성학적으로 분석하였다. 이를 통하여 각 집단의 단서 산출 양상을 비교하였고, 어떤 단서를 활용하여 의미를 전달하는지를 밝혔다. 이 외 학습자의 산출 능력을 분석하기 위하여 한국인 모어 화자 5명이 학습자의 발화 정확성에 대한 청취평가를 진행하였다. 또한 학습자의 숙달도에 따른 습득 양상에 대한 분석을 통하여 자연 발화에 노출된 빈도가 억양 산출 능력에 긍정적 영향을 미칠 수 있는지, 그리고 각 기능에 대한 산출 교육을 언제 도입하여야 하는지를 밝혔다.

지각과 산출의 상관성 분석에서는 첫째, 밝혀진 각 기능에 대한 학습자의 지각 능력과 산출 능력에 대한 상관분석을 진행하였다. 이를 통하여 지각과 산출 간 유의미한 상관관계가 존재하는지를 밝히고 지각 훈련과 산출 훈련을 따로 진행할 필요가 있는지 확인하였다. 또한 교육 방법에 대한 시사점을 제시하였다. 둘째, 지각 양상과 산출 양상을 함께 분석함으로써 각 기능을 수행하는 데 핵심적 역할을 수행하는 억양 단서가 무엇인지를 밝혔고 교육 내용에 대한 시사점을 제시하였다.

마지막으로 교육 방안의 마련에서는 우선 억양 교육에 대한 기초적인 원리가 무엇인지를 검토하였다. 그 다음 실험 결과를 바탕으로 억양 기능에 따른 교육 내용, 그리고 숙달도에 따른 교육 내용을 제시하였다. 이어서 억양 지각 훈련 방법과 억양 산출 훈련 방법에 어떤 방법이 있는지를 살펴보고, 지각과 산출의 관계에 따른 억양 훈련 방법을 제시하였다. 마지막으로 기존의 연구에 대한 검토를 통하여 '도입-제시-연습-마무리'의 교육 모형을 확립하였고, 교육 원리, 교육 내용, 교육 방법과 결합하여 각 기능에 대한 교수·학습 사례를 마련하였다.

참고문헌

가맹맹(2018), 중국인 고급 학습자를 위한 부정적 감정 표현의 억양 교육 연구, 서울대학교 석사학위논문.
가맹맹(2019), 중국인 학습자의 한국어 억양 발달 과정에서 나타난 언어 보편성과 모국어 전이, 이중언어학 77호, 이중언어학회, 1-36쪽.
가맹맹(2020a), 중국인 학습자의 한국어 말토막 억양에 대한 지각 및 산출 연구, 한국언어문화학 17권 1호, 국제한국언어문화학회, 1-33쪽.
가맹맹(2020b), 고변이 음성훈련과 저변이 음성훈련이 중국인 초급 학습자의 억양 지각에 미치는 영향– 억양의 문법적 기능과 감정 및 태도의 전달 기능을 중심으로, 한국어교육 31권 3호, 국제한국어교육학회, 1-22쪽.
고려대학교 한국어문화교육센터(2011), 재미있는 한국어, 교보문고.
곽선우(2014), 중국인 학습자를 대상으로 한 한국어 초점 실현 양상 연구, 한국외국어대학교 석사학위논문.
곽선우(2019), 한국어 핵억양 유형에 따른 태도 지각 양상 연구, 한국언어문화학 16권 1호, 국제한국언어문화학회, 1-37쪽.
구려나(2017), 중국인 학습자의 확인의문문 억양 연구, 이중언어학 67호, 이중언어학회, 31-62쪽.
구본관·박재연·이선웅·이진호·황선엽(2015), 한국어 문법 총론 I, 집문당.
국립국어원(2005), 외국인을 위한 한국어문법2 용법 편, 커뮤니케이션북스.
권성미(2009), 초점의 음성적 실현에 나타난 영어 화자의 한국어 운율 체계 습득 양상 연구, 한국어교육 20권 2호, 국제한국어교육학회, 1-27쪽.
권성미(2010), 연결어미의 종결어미적 쓰임에 나타나는 억양의 중간언어 연구, 한국어교육 21권 4호, 국제한국어교육학회, 1-23쪽.
권성미(2011a), 중국인 한국어 학습자의 중간언어에 나타나는 억양의 특성 연구 문두 강세구와 문말 억양을 중심으로, 이중언어학 45호, 이중언어학회, 1-25쪽.
권성미(2011b), 중국인 학습자의 한국어 억양에 나타나는 비언어적 양상 연구: 평서문의 문말에 나타나는 친절성을 중심으로, 언어연구 27권 1호, 한국현대언어학회, 1-22쪽.

권성미(2016), 억양의 기능에 따른 한국어 억양 교육 내용 고찰, 언어와 문화 12권 4호, 한국언어문화교육학회, 27-53쪽.

권성미(2017a), 한국어 발음 교육론, 한글파크.

권성미(2017b), 한국어 학습자의 감탄사 '어'의 억양 정보 습득 연구, 언어 42권 4호, 한국언어학회, 639-662쪽.

권영실(2004), 표준중국어 억양 연구의 현황과 방향, 중국학연구 30호, 중국학연구회, 323-341쪽.

김미란·신동현·최재웅·김기호(2000), 초점과 관련된 의문문 억양 패턴 실험, 음성과학 7권 4호, 한국음성학회, 203-217쪽.

김서윤(2010), 한국어 학습자의 감정 및 태도 표현 기능으로서의 억양 실현 연구, 상명대학교 석사학위논문.

김선철(2013), 국어 억양의 음운론, 경진.

김선희(2013), 베트남어권 여성결혼이민자를 위한 한국어 억양 교육 방안 연구 - 부정적, 긍정적 감정별 억양의 차이를 중심으로, 경희대학교 석사학위논문.

김수미(2017), 한국어 학습자의 중간언어 변이 양상 연구: 공명 자음의 지각과 산출을 중심으로, 한국언어문화교육학회 전국학술대회논문집, 한국언어문화교육학회, 201-209쪽.

김수현(2010), 외국어로서의 한국어 억양 교육 연구, 한국문화연구 18권, 이화여자대학교 한국문화연구원, 69-87쪽.

김영은(2018), 한국어의 종결 억양 습득 연구 - '-고, -ㄴ데, -니까'를 대상으로, 한국외국어대학교 박사학위논문.

김은경·인지영·성철재(2017), 중국인 한국어 학습자의 한국어 모음 어와 오에 대한 산출과 지각 상관성 연구, 한국어교육 28권 1호, 국제한국어교육학회, 1-21쪽.

김은애·박기영·박혜진·진문이(2008), 한국어 억양 교육을 위한 방법론적 고찰 - 교재 개발의 측면에서, 한국어교육 19권 2호, 국제한국어교육학회, 1-31쪽.

김종덕(2009), 일본어권 학습자의 한국어 의문문 억양 연구 - 의문사 있는 "네/아니요 의문문"을 중심으로, 언어사실과 관점 24권, 연세대학교 언어정보연구원, 69-99쪽.

김주연(2017), 한국어 종성의 지각과 산출에 대한 종단 연구, 한국일본어문학회 학술발표대회논문집, 한국일본어문학회, 72-77쪽.

김지은(2010), 지각 훈련을 활용한 한국어 분절음 교육 방안: 중국인 초급 학습자의 파찰음 지각과 산출을 중심으로, 고려대학교 석사학위논문.

김지현(2017), 문말 억양에 나타나는 화자의 태도에 대한 중국인 한국어 학습자의 인식과 산출 연구, 이화여자대학교 석사학위논문.

김태경(2015), 제2언어 학습 과정에 나타난 한국어 음운 지각과 산출-중국인 학습자의 중첩자음과 단자음 변별을 중심으로, 언어연구 30권 4호, 한국현대언어학회, 787-805쪽.

김태경·백경미(2016), 중국인 학습자의 한국어 습득 과정에 나타난 강세구 실현 양상 연구, 우리말글 68호, 우리말글학회, 93-114쪽.

김태경·이필영(2012), 관형 구성에서의 운율 실현 양상 연구, 언어과학연구 61호, 언어과학회, 49-70쪽.

김희선(2006), 한국어 억양 습득과 지도 방법 연구: 영어권 학습자를 대상으로, 한국어교육 17권2호, 국제한국어교육학회, 69-94쪽.

리득춘(1991), 중국인에 대한 한국어교육, 외국어로서의 한국어교육 15권 1호, 연세대학교 한국어학당, 69-77쪽.

민광준(2004), 한일 양 언어 운율의 음향음성학적 대조 연구, 제이엔씨.

민광준·최영숙(1994), 한·일 양언어의 초점에 관한 음향음성학적 대조연구-초점의 실현에 관여하는 소리의 높이, 세기, 길이의 역할, 일본학보 32호, 한국일본학회, 61-88쪽.

박기영(2009), 한국어 학습자를 위한 한국어 종결어미의 억양 교육 방안: 특히 양태 의미에 따른 억양 차이를 중심으로, 우리어문연구 34호, 우리어문학회, 373-397쪽.

박기영·이정민(2018), 한국어 발음 어떻게 가르칠까, 역락.

박재연(1999), 국어 양태 범주의 확립과 어미의 의미 기술: 인식 양태를 중심으로, 국어학 34권, 국어학회, 199-225쪽.

박재연(2006), 한국어 양태 어미 연구, 태학사.

박정아(2021), 한국어 학습자의 종결어미의 의미에 따른 억양 판별 및 산출 양상-종결어미 '-고', '-다고', '-네', '-다더라', '-다니', '-(으)ㄹ걸'을 중심으로, 우리말연구 65권, 우리말학회, 61-89쪽.

박지연(2009), 중국어권 학습자의 한국어 억양 실현 양상 연구-대화체 문장을 대상으로, 이화여자대학교 석사학위논문.

박지연(2010), 중국인 한국어 학습자의 한국어 단모음 산출과 지각 관계 연구, 고려대학교 석사학위논문.

박지연(2016), 부담줄이기 기능의 종결어미 '-는데'와 '-거든'에 얹히는 문말 억양 연구-

중국어권 한국어 학습자들을 대상으로, 이중언어학 64호, 이중언어학회, 1-20쪽.
박지현(2012), 중국인 학습자와 한국인의 억양 비교 연구, 한양대학교 석사학위논문.
박해연(2007), 한국어 억양 발음 교육: 한·중의문문 억양 곡선 비교를 중심으로, 선청어문 35권, 서울대학교, 185-213쪽.
박현진(2019), 베트남인 한국어 학습자의 한국어 운율 분석-중급 수준의 학문 목적 학습자를 대상으로, Journal of Korean Culture 44권, 한국어문학국제학술포럼, 129-155쪽.
범류(2009), 중국어권 학습자를 위한 한국어 발음교육 연구의 현황과 과제, 이중언어학 40호, 이중언어학회, 79-108쪽.
서울대학교 언어교육원(2013), 서울대 한국어, 투판즈.
성철재(1991), 표준 한국어 악센트의 실험음성학적 연구, 서울대학교 석사학위논문.
송암(2016), 한국어 동형다의 종결어미의 억양 실현 양상과 인지에 대한 실험음성학적 연구-중국어권 중급, 고급 학습자를 대상으로, 한국어외국어대학교 석사학위논문.
송윤경·김윤신·이동은(2012), 중국인 한국어 학습자의 발음과 억양 연구-요청/거절 화행을 중심으로, 언어학 62호, 한국언어학회, 145-171쪽.
신영선·정홍모(2021), sns를 활용한 한국어 발음 억양 지도-위챗(wechat)을 활용한 피드백, 한민족문화연구 73호, 한민족문화학회, 223-246쪽.
신지연(2000), 어말어미 '-거든'에 대한 연구, 텍스트언어학 8권, 한국텍스트언어학회, 251-270쪽.
신지영(2017), 구어에서 운율 표지와 형태 표지의 분포와 기능, 한국어학 77호, 한국어학회, 37-63쪽.
신지영·장향실·장혜진·박지연(2015), 한국어 발음 교육의 이론과 실제, 서울: 한글파크.
신지영·차재은(2006), 우리말 소리의 체계, 한국문화사.
안미애(2015), 한국어 낭독체의 운율구 형성 및 음조 실현 양상 연구-인도네시아인 한국어 학습자를 중심으로, 어문론총 63권, 한국문학언어학회, 9-40쪽.
안병섭(2010), 한국어 운율과 음운론, 월인.
양나임(2016), 일본인 한국어 학습자의 한국어 억양의 특징, 한국일본어교육학회 학술발표논문집, 한국일본어교육학회, 49-55쪽.
양숙영·김영주(2019), 한국어 종결어미 '-거든'의 억양-모어 화자와 6급 학습자의 예, 새국어교육 121호, 한국국어교육학회, 411-442쪽.

오미라(2006), 한국어 억양음운론의 최적성이론 분석, 국제한국언어학회 창립 30주년 기념논문집, 박이정, 81-98쪽.
오미라(2008), 운율과 정보구조: 한국어 초점과 주제의 음성적 실현, 음성과학 15권 2호, 한국음성학회, 7-19쪽.
오미라·이해영(1994), 외국어로서의 한국어 억양 교육, 한국어교육 5호, 국제한국어교육학회, 109-125쪽.
오선화(2015), 중국인 한국어 초급 학습자의 억양 특성 연구– 강세구와 문말 억양을 중심으로, 한국(조선)어교육연구 11호, 중국한국(조선)어교육학회, 89-108쪽.
오재혁(2011a), 종결법을 결정하는 운율 단서에 대한 지각적 연구, 한국어학 51호, 한국어학회, 117-140쪽.
오재혁(2011b), 국어 종결 억양의 문법적 기능과 음성적 특징에 대한 지각적 연구, 고려대학교 박사학위논문.
오재혁(2014a), 한국어 억양 곡선의 정규화 방안에 대한 연구, 한국어학 62호, 한국어학회, 395-420쪽.
오재혁(2014b), 자유 발화 자료에서 나타나는 한국어 억양 곡선의 기울기 특성에 대한 연구, 말소리와 음성과학 6권 1호, 한국음성학회, 21-30쪽.
오재혁(2014c), 숙달도에 따른 중국인 학습자의 한국어 억양 실현 양상, Journal of Korean Culture 26호, 한국어문학국제학술포럼, 35-61쪽.
오재혁(2018), 한국어 억양 교육 연구의 현황과 과제, Journal of Korean Culture 43호, 한국어문학국제학술포럼, 69-101쪽.
오재혁·이정란(2012), 외국인 유학생의 한국어 종결 억양 지각 양상, 담화와 인지 19권 1호, 담화인지언어학회, 1-19쪽.
왕요(2020), 중국에서 출판된 한국어 교재의 문제점 고찰– 자음의 발음 교육 부분을 중심으로, 반교어문연구 56호, 반교어문학회, 437-477쪽.
원유권(2019), 한국어 초점의 음성적 특징에 대한 지각적 연구, 건국대학교 석사학위논문.
위로로(2018), 한국어 종결어미 '-거든'의 억양 지각 및 산출 연구– 중국인과 일본인 고급 학습자를 중심으로, 서울시립대학교 석사학위논문.
윤영숙(2010), 중국인 학습자들의 한국어 억양구 경계톤 실현 양상, 말소리와 음성과학 2권 4호, 한국음성학회, 39-49쪽.
윤영숙(2012), 중국인 학습자들의 한국어 강세구 실현양상과 오류진단 및 교정방안 연구, 말소리와 음성과학 4권 2호, 한국음성학회, 51-59쪽.

윤은경·김슬기(2011), 문미억양의 길이 변화에 따른 청자의 지각 반응 비교, 국제한국어교육학회 국제학술발표논문집, 국제한국어교육학회, 243-248쪽.

윤은경·자오원카이(2017), 한·중 청자의 음높이 변화에 대한 지각 연구, 한국어교육 28권 3호, 국제한국어교육학회, 25-51쪽.

이명진(2015), 한국어 의문문 억양 교육 방안 연구, 국제어문 64호, 국제어문학회, 297-321쪽.

이서배(2014), 억양의 근접복사 유형화를 이용한 감정음성의 음향분석, 말소리와 음성과학 6권 3호, 한국음성학회, 131-138쪽.

이숭녕(1960), 국어학 논고, 동양출판사.

이영근(1989), 한국어 억양의 형태와 기능에 관한 연구, 말소리 15권, 한국과학기술정보연구원, 37-56쪽.

이정민·박기영(2018), -다고의 종결어미적 사용에 나타나는 한국어 학습자의 억양 실현 양상 연구, 어문론집 74호, 중앙어문학회, 261-288쪽.

이주미(2012), 중국인 학습자를 대상으로 한 한국어 종결표현의 지각·산출 연구: '-기만 하다', '-(으)ㄹ 줄 알다'를 중심으로, 한국어교육 23권 4호, 국제한국어교육학회, 261-282쪽.

이지연·이호영(2013), f0 변화율로 본 한국어 억양 패턴의 음향 특성, 말소리오 음성과학 5권 1호, 한국음성학회, 123-130쪽.

이지은(2019), Praat을 활용한 한국어 수업의 효과 연구, 화법연구 43호, 한국화법학회, 89-108쪽.

이해영(2011), 고급 학습자를 대상으로 한 '-을걸' 억양의 변별 교육 및 효과에 관한 연구, 한국어교육 22권 3호, 국제한국어교육학회, 257-283쪽.

이현복(1973), 현대 한국어의 악센트, 서울대학교 문리학보 19권.

이현복(1976), 한국어 단음절의 억양 연구, 언어학 1호, 한국언어학회, 131-143쪽.

이호영(1991), 한국어의 억양체계, 언어학 13호, 한국언어학회, 129-151쪽.

이호영(1996), 국어 음성학, 태학사.

이호영(1997), 국어 운율론, 한국연구원.

이호영(1999), 국어 핵억양의 음향음성학적 연구, 말소리 38, 한국과학기술정보연구원, 25-39쪽.

이호영·손남호(2007), 한국어 말토막 억양 패턴의 인지, 한글 277호, 한글학회, 5-45쪽.

인지영·성철재(2013), 중국인 학습자의 한국어 강세구 성조패턴과 기울기 특성, 말소리와 음성과학 5권 3호, 한국음성학회, 47-54쪽.

임수현(2018), 영어권 학습자의 한국어 억양 산출과 인지 양상 연구 –문장종결 위치의 '-(으)ㄹ걸' 실현 문장을 중심으로, 이화여자대학교 석사학위논문.

임현진·이쌍·이지은(2019), 프라트(Praat)를 활용한 한국어 연구 동향 분석 – 국어학, 한국어교육학, 대조언어학 분야를 중심으로, 우리말연구 59호, 우리말학회, 229-263쪽.

장경희·김태경(2005), 발화의 음 산출에 관여하는 화용론적 용인, 한국어 의미학 18호, 한국어의미학회, 175-196쪽.

장혜진(2015), 한국어 교육을 위한 억양 교육 항목에 대하여, 한국어학 67호, 한국어학회, 193-215쪽.

장혜진(2019), 베트남인 학습자의 한국어 음운구 실현 양상 – 음운구 성조 유형과 성조 간 음높이 차이를 중심으로, 겨레어문학 63호, 겨레어문학회, 333-353쪽.

전다은·심지혜(2020), 한국어 통합교재에서의 억양 교육 실태, 한성어문학 44호, 한성대학교 한성어문학회, 111-136쪽.

정명숙(2002), 한국어 억양의 기본 유형과 교육 방안, 한국어교육 13권 1호, 국제한국어교육학회, 225-241쪽.

정명숙(2003), 일본인과 중국인의 한국어 억양, 한국어교육 14권 1호, 국제한국어교육학회, 233-247쪽.

정명숙(2005), 중국어권 학습자를 위한 한국 억양 교육 방안, 한국(조선)어교육연구 3호, 중국한국(조선)어교육연구학회, 355-374쪽.

정혜인(2014), 중국어 경성이 한국어 문말 억양에 미치는 영향, 한국외국어대학교 석사학위논문.

제갈명(2010), 한국어 억양 교육 방안 연구, 계명대학교 박사학위논문.

제갈명·김선정(2010), 화용론적 기능 중심의 억양 교육을 위한 기초연구: 중국인 학습자의 한국어 억양 분석, 교육문화연구 16권 2호, 인하대학교 교육연구소, 191-215쪽.

조민하(2018), 발화 말 억양의 양태성 연구 – 인식 양태 어미를 중심으로, 민족문화연구 80권, 고려대학교 민족문화연구원, 205-226쪽.

조윤형(2012), 한국어 부정적 감정 표현 상황에서 핵억양 실현 양상 연구, 한국외국어대학교 석사학위논문.

최서원(2018), 한국어 평음 경음 격음의 지각과 산출 – 중국어권 학습자를 중심으로, 언어학 연구 47호, 한국중원언어학회, 21-36쪽.

최시라·김영주(2017), 스페인인 초급 학습자의 한국어 억양 실현, 우리말글 72권,

우리말글학회, 67-93쪽.
최정원(2017), 일본인 한국어 학습자의 [아, 그래요] 발화의 감정별 억양- 한국어 모어 화자의 청각평가와 음향분석 결과를 중심으로, 국제한국어교육학회 학술대회논문집, 국제한국어교육학회, 485-496쪽.
최주희(2010), 한국어 교육을 위한 화용적 기능의 종결어미 억양 분석 연구- 중국인 고급 학습자를 대상으로, 경희대학교 석사학위논문.
최현정(2009), 중국인 한국어 학습자의 강세 오류에 대한 실험음성학적 고찰을 통한 운율 교육 방안 연구, 고려대학교 석사학위논문.
최현정(2011), 음절 길이 교육을 통한 중국인 학습자의 운율 오류 수정 효과 연구, 이중언어학 45호, 이중언어학회, 309-330쪽.
편집부(2008), 서강한국어, 서강대학교 한국어교육원.
허용·김선정(2006), 한국어 발음 교육론, 박이정.
홍진혁(2017), 한국어 발음 교육을 위한 발음의 '지각'과 '산출'의 상관성에 관한 연구, 이중언어학 67호, 이중언어학회, 335-367쪽.
황선영(2014), 핵억양에 나타나는 화자의 태도에 대한 한국어 고급 학습자의 인식 연구, 화법연구 25호, 한국화법학회, 252-272쪽.
황유미·조혜숙·김수진(2002), 일본어 화자의 한국어 평음/기음/경음의 지각과 산출, 말소리 44호, 대한음성학회, 61-72쪽.
황현숙(2004), 중국인 학습자의 한국어 억양 실태 연구- 두 가지 의문문을 중심으로, 인문학연구 31권 2호, 충남대학교 인문과학연구소, 161-182쪽.
황현숙(2006), 중국인의 문미 억양 실현 분석과 교육 방안- 반복의문문을 중심으로, 새국어교육 73호, 한국국어교육학회, 285-318쪽.
鮑懷翹·林茂燦(2014), 實驗語音學槪要, 北京大學出版社.
北京大學 외(2002), 標準韓國語, 北京大學出版社.
崔剛(2015), 神經語言學, 淸華大學出版社.
金重燮 著, 苗春梅 譯(2005), 新標準韓國語, 外語敎學與硏究出版社.
呂士楠·初敏·許潔萍·賀琳(2012), 漢語語音合成:原理和技術, 科學出版社.
圖雅(2004), 關於聲學語音學硏究方法的幾個問題, 內蒙古大學學報(人文社會科學版) 36(6), 94-98쪽.
王士元·彭剛(2006), 語言、語音與技術, 上海教育出版社.
席潔·姜薇·張林軍·舒華(2009), 漢語語音範疇性知覺及其發展, 心理學報

41(7), 572-579等.

延世大學韓國語學堂 著, 張光軍·張威威·範若冰 譯(2007), 韓國語教程, 世界圖書出版公司.

趙元任(2002), 趙元任語言學論文集, 商務印書館.

朱曉農(2010), 語音學, 商務印書館.

Allen, V.(1971), Teaching intonation, from theory to practice, *TESOL Quarterly* 5(1), pp.73-81.

Bot, K. & Mailfert, K.(1982), The teaching of intonation: Fundamental research and classroom applications, *Tesol Quarterly* 16(1), pp.71-77.

Bradlow, A. R. & Pisoni, D. B.(1997), Training Japanese listeners to identify English /r/ and /l/: IV. Some effects of perceptual learning on speech production, *Journal of the Acoustical Society of America* 101(4), pp.2299-2310.

Bradlow A. R., Yamada, R. A., Pisoni, D. B., & Tohkura, Y.(1999), Training Japanese listeners to identify English /r/ and /l/: Long-term retention of learning in perception and production, *Perception & Psychophysics* 61(5), pp.977-985.

Chang, L. & Amanda, R.(2012), Categorical perception of intonation contrasts: effects of listeners' language background, *Journal of the Acoustical Society of America* 131(6), pp.427-433.

Chapman, M.(2007), Theory and practice of teaching discourse intonation, *ELT Journal* 61(1), pp.3-11.

Chen, A.(2009), Perception of paralinguistic intonational meaning in a second language, *Language Learning* 59(2), pp.367-409.

Christine, C. M.(1994), Exploring the teaching of discourse intonation, *Relc Journal* 25(1), pp.77-98.

Chun, D. M.(1988), Teaching intonation as part of communicative competence: Suggestions for the classroom, *Teaching German* 21(1), pp.81-88.

Collier, R.(1975), Perceptual and linguistic tolerance in intonation, *International Reviews of Applied Linguistics in Language Teaching* 13, pp.293-308.

Derwing, T. & Munro, M.(2015), *Pronunciation Fundamentals: Evidence-based Perspectives for L2 Teaching and Research*, John Benjamins Publishing Company.

Eady, S. J. & Cooper, W. E.(1986), Speech intonation and focus location in matched statement and questions, *Journal of the Acoustical Society of America* 80(2), pp.402-416.

Edwards, J. H. & Zampini, M. L.(ed.)(2008), *Phonology and Second Language Acquisition*, John Benjamins Publishing Company.

Frota, S., Butler, J., & Vigario, M.(2014), Infants' perception of intonation: Is it a statement or a question?, *Infancy* 19(2), pp.194-213.

Gårding, E. & Abramson, A. S.(1965), A study of the perception of some American english intonation contours, *Studia Linguistica* 19, pp.61-79.

Gilbert, J. B.(1993), *Clear speech: Pronunciation and listening comprehension in North American English*, Cambridge University Press.

Grant, L. & Brinton, D. M.(ed.)(2014), *Pronunciation Myths: Applying second language research to classroom teaching*, University of Michigan Press.

Gussenhoven, C.(2004), *The Phonology of Tone and Intonation*, Cambridge University Press.

Halle, P., Chang, Y., & Best, C.(2004), Identification and discrimination of Mandarin Chinese tones by Mandarin Chinese vs. French listeners, *Journal of Phonetics* 32, pp.395-421.

Han, J.(2009), Task effects on the perception of phonological contrast by korean monolingual adults, *Korean Journal of Linguistics* 34(3), pp.737-759.

Hirsch, I. J.(1959), Auditory perception of temporal order, *Journal of the Acoustical Society of America* 31, pp.759-767.

Johnson, K.(2012), *Acoustic and auditory phonetics*, Wiley-blackwell.

Jun, S.(1998), The accentual phrase in the Korean prosodic hierarchy, *Phonology* 15, pp.189-226.

Jun, S.(2000), K-ToBI(Korean ToBI) labelling conventions, 음성과학 7권 1호, 한국과학기술정보연구원, 162-188쪽.

Keitel, A., Prinz, W., Friederici, A. D., Hofsten, C. V., & Daum, M. M.(2013), Perception of conversations: The importance of semantics and intonation in children's development, *Journal of Experimental Child Psychology* 116, pp.264-277.

Kim, J.(2018), Categorization and production in lexical pitch accent contrasts of North Kyungsang Korean, 말소리와 음성과학 10권 1호, 한국음성학회, 1-7쪽.

Kim, S., Mitterer, H., & Cho, T.(2018), A time course of prosodic modulation in phonological inferencing: The case of Korean post-obstruent tensing, *PLOS ONE* 13, pp.1-28.

Klatt, D. H.(1973), Discrimination of fundamental frequency contours in synthetic speech: Implications for models of pitch perception, *Journal of the Acoustical Society of America* 53(1), pp.8-16.

Kong, E. J.(2019), Individual differences in categorical perception: L1 English learners' L2 perception of Korean stops, 말소리와 음성과학 11권 4호, 한국음성학회, 63-70쪽.

Ladd, D. R & Morton, R.(1997), The perception of intonational emphasis: continuous or categorical?, *Journal of Phonetics* 25, pp.313-342.

Levis, J. & Pickering, L.(2004), Teaching intonation in discourse using speech visualization technology, *System* 32, pp.505-524.

Liberman, P.(1965), On the acoustic basis of the perception of intonation by linguists, *Word* 21(1), pp.40-54.

Logan, J. S., Lively, S. E., & Pisoni, D. B.(1991), Training Japanese listeners to identify English /r/ and /l/: A first report, *Journal of the Acoustical Society of America* 89(2), pp.874-886.

Luthy, J.(1983), Nonnative speakers' perceptions of english "Nonlexical" intonation signals, *Language Learning* 33(1), 1pp.9-36.

Major, R. C.(2008), *Foreign accent: the ontogeny and phylogeny of second language phonology*, Psychology Press.

Matewski, W. & Blasdell, R.(1968), Influence of fundamental frequency cues on the perception of some synthetic intonation contours, *Journal of the Acoustical Society of America* 45(2), pp.450-457.

Mitrofanova, Y.(2012), Raising EFL students' awareness of English intonation functioning, *Language Awareness* 21(3), pp.279-291.

Oh, M., Kang, S., & Kim, K.(2004), Intonational characteristics of Korean focus realizations by American learners of Korean, *Speech Sciences* 11(1), pp.131-145.

Ortega, M., Nemoga, M., & Presson, N.(2015), Long-term experience with a tonal language shapes the perception of intonation in English words: How Chinese-English bilinguals perceive "Rose?" vs. "Rose.", *Bilingualism: Language and Cognition* 20, pp.1-17.

Pakosz, M.(1982), Intonation and attitude, *Lingua* 56, pp.153-178.

Pierrehumbert, J.(1979), The perception of fundamental frequency declination, *Journal of the Acoustical Society of America* 66(2), pp.363-369.

Pisoni, D. B.(1973), Auditory and phonetic memory codes in the discrimination of consonants and vowels, *Percept Psychophys* 13, pp.153-160.

Reetz, H. & Jongman, A.(2009), *Phonetics: Transcription, Production, Acoustics, and Perception*, Wiley-Black Well.

Rodero, E.(2011), Intonation and emotion: Influence of pitch levels and contour type on creating emotions, *Journal of Voice* 25(1), pp.25-34.

Seddoh, A., Blay, A., Ferraro, R., & Swisher, W.(2018), Prosodic perception in aging individuals: a focus on intonation, *Current Psychology* 39, pp.1221-1233.

Shen, X.(1990), *The Prosody of Mandarin Chinese*, University of California Press.

Sliverman, K.(1987), The structure and processing of fundamental frequency contours, PhD thesis, Cambridge University.

Steppling, M. L. & Montgomery, A. A.(2002), Perception and production of rise-fall intonation in American English, *Perception & Psychophysics* 64(3), pp.451-461.

Taylor, D. S.(1993), Intonation and accent in English: What teachers need to know, *IRAL* 31(1), pp.1-21.

Taylor, L.(1993), *Pronunciation in Action*, Prentice Hall.

Wang, Y., Spence, M., Jongman, A., & Sereno, J.(1999), Training American listeners to perceive Mandarin tones, *Journal of the Acoustical Society of America* 106, pp.3649-3659.

Weijer, J., Heuven, V., & Hulst, H.(ed.)(2003), *The Phonological Spectrum Volume II: Suprasegmental Structure*, John Benjamins.

Weltens, B. & Bot, K.(1984), The visualisation of pitch contours: Some aspects of its effectiveness in teaching foreign intonation, *Speech Communication*

3, pp.157-163.

Windsor, J.(1969), *A guide to English pronunciation*, Universitetsforlaget.

Xu, Y., Gandour, J., & Francis, A.(2006), Effects of language experience and stimulus complexity on the categorical perception of pitch direction, *Journal of the Acoustical Society of America* 120(2), pp.1063-1074.

Yuan, J. H.(2011), Perception of intonation in Mandarin Chinese, *Journal of the Acoustical Society of America* 130(6), pp.4063-4069.

찾아보기

ㄱ

감정 및 태도의 전달 기능 6, 25, 66, 67, 78, 93, 276, 284, 288, 304

강세 37, 38, 39, 40, 41

억양 교육의 원리 30, 269

교재 분석 31, 91, 269, 271

국제 통용 한국어 표준 교육 과정 92, 96

기본형 THLH에 의한 첫 번째 음절과 두 번째 음절의 기울기 83

ㄷ

담화 기능 31, 67, 74, 75, 76, 77

대응표본 T검정 228, 229, 234, 237, 249, 250

독립표본 T검정 217, 218, 232

ㅁ

말마디 억양 24, 43, 44, 46, 53, 54, 56, 61, 62, 93

말토막 억양 경계 해지 27, 59, 83, 106, 108, 109, 128, 131, 132, 133, 134, 138, 227, 230, 231, 244, 255, 262, 291

말토막 억양 경계의 의미 전달 기능 6, 55, 58, 59, 83, 107, 144, 145, 148, 149, 150, 163, 173, 234, 257, 259, 263, 273, 292, 293, 304

모국어 15, 16, 17, 33, 37, 87, 89, 99, 303

문법적 기능 6, 25, 31, 32, 67, 68, 74, 83, 93, 284, 304

문장 초점의 전달 기능 55, 284, 288, 304

ㅂ

발화 자료 작성 102, 144, 165, 175, 188, 202

범주 전환점 86

분절음 14, 29, 144

ㅅ

상관분석 6, 115, 155, 209, 219, 220, 221

선행 말토막의 음절말 장음화 83, 147, 163

선형회귀분석 140, 141, 142, 223, 224, 225, 230

중국어 성조 16, 40, 65

숙달도에 따른 억양 교육 내용 277

시각적 자료 33, 286, 287, 288, 290, 292, 297
실험음성학 34, 205

ㅇ

양태 어미 74, 76, 77
억양 기능에 따른 교수·학습 사례 288
억양 기능에 따른 교육 내용 7, 93, 272, 275
억양 단서 21, 41, 96, 223, 254, 259, 275
억양 단위 275, 277
억양 산출 14, 20, 21, 22, 24, 27, 36, 73, 226, 284, 285, 286, 303, 304, 305, 306
억양 산출 능력을 향상시키는 방법 284
억양 지각 14, 15, 17, 18, 19, 20, 21, 22, 23, 24, 28, 29, 34, 35, 76, 83, 84, 87, 278, 279, 280, 303, 304, 305, 306
억양 지각 능력을 향상시키는 방법 278
억양 체계 24, 43, 45, 46, 48, 51, 68
음길이 56, 57, 58, 59, 74, 83, 104, 106
음성학적 특징 6, 18, 34, 57, 84, 88, 97, 102, 281, 305
인공적으로 조절된 자극 24

ㅈ

자극 범주 판단 106
자극들의 배정 시간 간격 109
자극 쌍의 설정 109

두 자극의 제시 순서 110
자연 발화 6, 7, 17, 18, 24, 35, 51, 69, 84, 89, 90, 96, 97, 143, 165, 257, 258, 260, 261, 262, 263, 264, 266, 267, 268, 279, 281, 282, 283, 284, 285, 286, 287, 288, 292, 293, 294, 296, 297, 298, 300, 301, 304, 305
자연스러운 억양의 형성 기능 6, 62, 66, 83, 165, 166, 168, 169, 173, 183, 239, 240, 260, 274, 276, 277, 286, 287, 288, 294, 295, 304
점진하강 83, 87, 110
지각 구별 실험(discrimination) 6, 85, 86, 109, 110, 112, 149, 150, 169, 182, 191, 192, 207, 280
지각 범주화 6, 16, 18, 21, 83, 84, 85, 86, 87, 97, 105, 106, 107, 114, 118, 119, 121, 122, 127, 128, 138, 143, 157, 160, 161, 163, 165, 169, 173, 181, 200, 201, 274, 279, 281, 282, 283, 291, 299, 300, 305
지각 식별 실험(identification) 6, 85, 86, 112, 149, 150, 169, 183, 192, 206, 207, 280
지각 훈련 5, 19, 29, 33, 89, 90, 257, 260, 264, 266, 267, 268, 277, 278, 279, 280, 281, 282, 283, 284, 300, 303, 306
지각과 산출의 관계 1, 5, 6, 7, 19, 20,

21, 24, 33, 35, 65, 66, 88, 89, 90, 91, 97, 101, 142, 205, 254, 259, 304, 306

ㅊ

참여자 측면 254, 255, 258
청각적 자료 284
청취평가 6, 21, 34, 35, 101, 102, 227, 240, 305
초성의 성질에 의한 기본형 THLH의 실현 83
초점 개수 273, 291
최고점의 음높이 83, 109, 113, 273

ㅌ

통계분석 6, 34, 35, 74, 100, 113, 129, 140, 142, 185, 186, 217, 256, 267

ㅍ

프라트(Praat)를 통한 억양 조작 104, 144, 165, 167, 175, 177, 189, 202

ㅎ

한국인 모어 화자의 원시 발화 수집 102, 104, 144, 165, 189, 202
합성어와 관계절 161, 165, 235, 237, 239, 273, 292, 293
핵억양 패턴 20, 25, 45, 48, 49, 51, 68, 69, 70, 71, 72, 74, 77, 78, 80, 81, 82, 83, 178, 179, 180, 187, 189, 190, 193, 197, 200, 204, 206, 217, 220, 223, 224, 226, 243, 244, 246, 251, 252, 254, 262, 263, 264, 266, 275, 276, 282, 283, 287, 288, 297, 298, 302
핵억양의 기본주파수 83, 212, 213, 214, 215, 216, 217, 220, 223, 250, 266, 275, 276, 302
핵억양의 변화 정도 71, 83, 205, 220, 266
핵억양의 지속 시간 82, 83, 181, 204, 205, 207, 208, 209, 210, 211, 212, 216, 223, 224, 225, 249, 254, 266, 302
화용론적 기능 6, 25, 26, 31, 32, 67, 68, 74, 76, 77, 79, 83, 93, 176, 178, 181, 188, 189, 190, 192, 246, 249, 264, 274, 275, 276, 277, 281, 283, 284, 299, 300, 304
후행 말토막 첫음절의 음높이와 선행 말토막의 끝음절 음높이의 상대적 관계 83

A

ANOVA 분석 120, 127, 158, 162, 185, 218, 219, 225, 226, 228, 229, 231, 232, 233, 234, 235, 240, 241, 242, 245, 246, 247, 248, 249, 250, 251, 252

G

G-Power 프로그램 100

S

S형 86, 114, 115, 118, 121, 123, 138,
153, 187, 193, 209, 210, 211, 212, 215

U

U자형 228, 237

한국문화사 국제 한국학 총서

중국인 학습자를 위한 한국어 억양 교육 연구

1판 1쇄 발행 2024년 5월 31일

지 은 이 | 가맹맹(贾萌萌)
펴 낸 이 | 김진수
펴 낸 곳 | 한국문화사
등 록 | 제1994-9호
주 소 | 서울시 성동구 아차산로49, 404호(성수동1가, 서울숲코오롱디지털타워3차)
전 화 | 02-464-7708
팩 스 | 02-499-0846
이 메 일 | hkm7708@daum.net
홈페이지 | http://hph.co.kr

ISBN 979-11-6919-217-0 93710

- 이 책의 내용은 저작권법에 따라 보호받고 있습니다.
- 잘못된 책은 구매처에서 바꾸어 드립니다.
- 책값은 뒤표지에 있습니다.

오류를 발견하셨다면 이메일이나 홈페이지를 통해 제보해주세요.
소중한 의견을 모아 더 좋은 책을 만들겠습니다.